报人時代

邵飘萍与《京报》

林溪声　张耐冬◎著

中华书局

图书在版编目(CIP)数据

邵飘萍与《京报》/林溪声,张耐冬著.—北京:中华
书局,2008.8
(报人时代)
ISBN 978 - 7 - 101 - 06143 - 7

Ⅰ.邵… Ⅱ.①林…②张… Ⅲ.①邵飘萍—生平事
迹②京报—史料 Ⅳ.K825.42　G219.296

中国版本图书馆 CIP 数据核字(2008)第 061887 号

书　　名	邵飘萍与《京报》	
著　　者	林溪声　张耐冬	
丛 书 名	报人时代	
责任编辑	刘树林	
出版发行	中华书局	
	(北京市丰台区太平桥西里 38 号·100073)	
	http://www.zhbc.com.cn	
	E - mail:zhbc@zhbc.com.cn	
印　　刷	北京未来科学技术研究所有限责任公司印刷厂	
版　　次	2008 年 8 月北京第 1 版	
	2008 年 8 月北京第 1 次印刷	
规　　格	开本/630×960 毫米　1/16	
	印张 16½　插页 2　字数 150 千字	
印　　数	1 - 6000 册	
国际书号	ISBN 978 - 7 - 101 - 06143 - 7	
定　　价	28.00 元	

目录

目录

引言 理想主义者的哀伤与宿命

中国的知识分子大抵都是有一些普世情怀的,理想主义者的精神气质和道德准则,被认为是衡量一个知识分子历史地位的重要标准。报业知识分子,作为与公众接触最多、为公共领域服务最为直接的群体,更能体现出中国知识分子那种以思想、学说、文章济世救国、劝民教民的特色。

在刚刚过去不久的 20 世纪,中国报业经历了此前从未有过的辉煌,一群杰出的报业知识分子更是令人怀念。黄远生、邵飘萍、林白水、张季鸾等中国早期的职业报人,继承和发扬了中国知识分子身上那种济世救国的理想主义情怀,他们用自己的新闻实践和精神气质影响了中国人对记者这个职业的理解。回到 20 世纪初的历史语境之中,怀抱理想的职业记者的出现更有着无比重要的意义。

中国人自写文章始,就有传道、授业、解惑的传统,体现在新闻业上,就是讲究"开民智"、"立民言","铁肩辣手"是那一时期新闻记者最经典的信条。他们将"道义"与"文章"结合在一起,作为发布真相、号召大众、监督政治的重要手段。即使在现代传媒高度商业化的今天,生存的压力巨大,广告的多少决定着一家报社的生死,报纸上最重要的版面也还是时政新闻和社论时评,这几乎已经成了规矩,对报人和读者来说均是一种习惯,更是一种传统、一种精神的体现。

这种话语表达方式并非一朝一夕形成的。追寻中国第一代现代意义上的知识分子(如康有为、梁启超、严复、章太炎等),到五四时代的启蒙思想家、文学家和学人(如鲁迅、胡适、陈独秀、李大钊、梁漱溟、周作人等)的思想轨迹,不难发现,他们都把报刊作为宣传新思想、新文化,推动社会进步的强力工具。

在中国近现代史上,无论是著名的报刊还是著名的记者,评价其社会影响和贡献,首先看的就是在传播新思想和新文化上所起到的启蒙作用,其次是针砭时弊、自由议政的舆论监督力度,而作为最基本的新闻职业的功能——报道新闻、传递信息,则被放在了最次要的位置。也就是说,中国新闻人身上的理想主义是具有血脉道统的。那么为什么黄远生、邵飘萍、林白水等人的殉道会使记者这个职业光芒万丈呢?说明这个问题,必须从中国数千年的文化和生活传统说起。

"报刊按其使命来说,是公众的捍卫者,是针对当权者的孜孜不倦的揭露者,是无处不在的眼睛。"马克思这样定义报刊的功能。民主政体之下的当权者必须乖乖地接受报刊的监督,尽管他们的很多做法其实就是一种做秀,是不得不做出来给选民看的,但他们至少在表面上,是万万不敢忽略民意,藐视民意,更不敢弹压民意的,甚至可以说,通过媒体给民众留下好的印象是他们最重要的工作之一。

专制政体之下的当权者则正好相反,在几乎不存在任何可以挑战他们的力量的情况下,践踏民意,对他们来说没有任何危险,因为他们可以用枪杆子对付笔杆子,用种种禁令和新闻检查来压制和管理舆论。中国的数千年历史,绝大多数时间,就是处于这样的制度之下,无论知识分子,还是普通民众,都习惯于高压政策。

早在两千八百多年前的西周时期,召公谏周厉王弭谤:"防民之口,甚于防川,川雍而溃,伤人必多,民亦如之。是故为川者,决之使导,为民者,宣之使言。"意思是对待百姓要让他们畅所欲言,说出真心话,否则,后果不堪设想。周厉王不但不听,反而变本加厉,采取更为严厉的高压手段,致使人人自危,路上熟人相见,只敢以目相视。秦朝统一中国之后,在丞相李斯建议下颁布了一道法令,实行言禁,其结果如司马迁在《史记》里所记载:"使天下之士,倾耳而听,重足而立,钳口而不言。"到了汉朝,太学生因为议论朝政,攻击宦官专权,而酿成了"党锢之祸"。据记载,当时封建王朝的统治者严格禁止士民谈论国事,甚至出现三人以上"无故聚饮"也要被科以重罚的案例。后朝的管制更加严厉,宋朝时因为谈论时事而被"刺配"、"流放"、"斩首"处分的记载比比皆是。元明清以后,甚至为违背禁令的人设计了很多种灭绝人性的酷刑。

因为言论控制之严厉,忍耐几乎成了中国人的国民性。林语堂在《中国人之德性》一文中这样评述"忍耐":"忍耐为中国人民之一大美德,无人能猜想及有受批驳之虞。实际上它所应受批驳的方面,直可视为恶行。中国人民曾忍受暴君、虐政、无政府种种惨痛,远过于西方人所能忍受者,且颇有视此等痛苦为自然法则之意,即中国人所谓天意也。……吾们的顺从暴君之苛敛横征,有如小鱼之游入大鱼之口,或许吾们的忍苦量虽假使小一些,吾们的灾苦倒会少一些,也未可知。可是此等容忍磨折的度量今被以'忍耐'的美名,而孔氏伦理学又谆谆以容忍为基本美德而教诲之,奈何奈何。"可见,专制制度是将"忍耐"塑造成中国国民性的体制背景,而这种国民性形成之后,进而成为助长专制暴力的温床。

在这样一种文化传统统治民众思想的国度,办报立言对文人政客来说既是争取书写胸怀、指点江山的阵地,也是有所为、有所不为的一种两难抉择。

19 世纪初，传教士创办了第一份中文报纸《察世俗每月统记传》，此后一发不可收拾，从 1840 年到 1890 年的五十年时间里，传教士在中国创办了一百七十余种中外文报刊，这些林林总总的出版物培养了中国最早一批读者，也为部分仕途失意的文人提供了活动的舞台。出于生计的无奈，他们开始涉足外报，帮助传教士或外商主理笔政，具有近代意义的职业报人由此诞生。

晚清时期，"启蒙"、"救亡"成为主旋律，经由康有为、梁启超等人推动的政治改革，报刊的影响力在中国达到一个高峰。在国人第一次办报高潮中，当之无愧的领袖人物是梁启超。他先后创办的《时务报》与《新民丛报》成为 1890—1910 年代最具影响力的报纸。他以自己汪洋恣肆的情感表达和雄辩凌厉的笔锋，感染了那个时代的读者，无论是江南才俊邵飘萍还是湖南少年毛泽东都被他的文章激得血脉贲张，梁启超也进一步夯实了由王韬等人开创的文人论政的办报风格。从此，中国近代历史的起伏跌宕，无不与报刊密切相关，几乎所有重要的思想家、文学家、政治家，都直接介入了报刊的编辑出版工作。从清末民初到"五四"新文化运动时期，黄远生、邵飘萍等人横空出世，他们以名副其实的职业报人身份，登上了报业的舞台，并最终有所作为。在他们理想主义情怀的关照之下，记者成为受人尊重的职业，而不再是早期那种被人蔑视的"访员"。

然而，在他们生活的时代里，封建帝制虽然已经被推翻，但整个中国社会仍然呈现出一幅与现代文明对立的现实场景：在政治上，民主共和的政治构想始终无法彻底贯通，甚至出现了渴望君臣、父子、夫妻关系封建式样重建的逆流；在社会生活中，小脚、姨太太、贞洁牌坊和残暴的监狱与法庭，依然具有暧昧、狰狞的象征意义；在价值体系的链条上，贵贱、上下、尊卑的不平等关系环环相扣，民本主义仍然只是一个美好的愿望。

"时局纷乱积淀,乃国民毫无实力之故耳。"邵飘萍的这句话表明,他当然清楚自己面对的是怎样的社会现实,而他敢于直面现实,并且挺身而上的勇气,是记者这一职业赋予的秉性和本能。

　　"应该争论的,刀放在脖子上还是要说"、"不怕得罪人,知道的就要照直说",这两句话是著名报人彭翼仲说的,时间比邵飘萍早了二十年。1904 年,彭翼仲在北京创办旨在"输进文明,改良风俗,以开通社会多数人之智识"的《京话日报》,通篇采用京话,针砭时弊,直言不讳。1905 年 8 月,不畏权势的《京话日报》追踪报道那王府活埋侍妾的新闻,派人深入王府内部打探真相,并连续发表《不近人情》、《王府活埋人》、《三记活埋人的事》、《四记活埋人的事》等报道和评论。

　　很快,创刊不到一年的《京话日报》成为北京第一家发行超过万份的报纸,其对民众和政界的影响力已逐渐显现。《大公报》创始人英敛之对其赞誉有加:"北京报界之享大名者,要推《京话日报》为第一。"然而,不幸注定会到来,1906 年 9 月,《京话日报》与《中华报》因讥讽当时深得慈禧宠幸的直隶总督、北洋大臣袁世凯而被封禁,主笔杭辛斋、彭翼仲均遭逮捕。作为连续出版物,《京话日报》只存活了七百五十三期,彭翼仲更为"刀放在脖子上还是要说"而付出了沉重的代价——被流放新疆。

　　1926 年 4 月,邵飘萍被军阀张作霖以"勾结赤俄,宣传赤化"的罪名杀害。邵飘萍死后三个多月,1926 年 8 月,著名报人林白水同样因言致祸,被张宗昌下令枪杀。"萍水相逢百日间",邵飘萍和林白水被杀害,在世界历史上也是堵塞言路的典型案例。几年之后,1933 年 1 月,江苏镇江《江声日报》"铁犁"副刊的编辑刘煜生被国民党江苏省政府主席顾祝同以触犯《出版法》为由下令拘押,后又依据所谓《危害民国紧急治罪法》将他枪决。实际上,刘煜生获罪的原因并不在于他编发的小说如何反动,而是由于他此前报道过省府鸦片公卖的秘闻,妨碍了顾祝同中饱私囊的行为,因而招致嫉恨。同年,还有《时事新报》驻京记者王慰三遭到军方枪杀。

最可怕的政治气氛,并不是专制,而是打着共和的旗号行专制之实,因此鲁迅才说"共和使人沉默"。但是,职业报人们并没有放弃他们的文化、政治与新闻理想,而是不屈不挠地斗争着。作为从传统士子营垒中蜕化出来的新型文人,这些早期报人大多饱读圣贤书,深受传统文化的熏陶,在西方现代文明的冲击下,他们的思想中又带有较强的反叛意识。他们的职业理想是非常难得和宝贵的,但注定会以悲壮的殉道式的归宿为结局,从而实现了作为悲剧英雄的角色定位。

从 1912 年袁世凯窃取辛亥革命果实,到 1927 年蒋介石形式上统一中国,这十几年的时间是中华民国北京政府时期,亦称北洋军阀统治时期。在这一段历史时期内,当政者频繁更替,但军阀统治的本质却没有任何变化。在人们长期的印象中,这一时期是 20 世纪中国历史上最黑暗的一页,特别是政治方面,腐败、专制、独裁几乎是这一阶段的代名词。然而在这样的时代里,又是如何孕育出邵飘萍这样有理想主义情怀的记者的呢?

事实上,北洋军阀统治时期,辛亥革命的成果虽然被窃取,但这场革命带来的民主共和观念却深入人心,广大民众不能再接受任何人以任何方式恢复封建专制制度,袁世凯的下场是一个最好的说明。在现存的民国文献中,我们不但可以看到此时期倡言民主、宣传共和主张的正面宣传,还能看到反抗专制、嘲讽暴政的言论,如讥讽"总统门生"沈佩贞对《神州报》的报复行为所作的打油诗。可见,鲁迅的那一句"共和使人沉默"并非此时期报刊舆论的真实状况,传统士大夫"宁鸣而死,不默而生"的格言依然发挥着极强的作用。

而且,由孙中山等革命派建构的一整套资产阶级民主政治的基本框架仍然存在,每一派军阀控制中央政府后,为证明自己的合法地位,都不得不在形式上保留三权分立的政权机构以及其他相应制度,这就使革命派或其他派别的政治力量在一定程度上可以通过国会来反对政府的某些方针政策,使政府无法完全专行,二次革命、护法运动就是明例。在动荡的社会环境中,各种政治力量比较均衡,形成相互制衡的关系,实际上削弱了严密的专制统治。北洋军阀时期,政权虽一直由北洋各军阀把持,但军阀内部又分为直系、皖系、奉系等各派,各派之间存在诸多利益冲突,他们相互竞争,实力又相对均衡,这样造成的结果就是:没有任何一派拥有压倒性优势,可以实行严密的专制统治。

而且,凡是动荡、混乱的历史时期,政治控制往往松弛,思想言论趋于活跃,最典型的就是春秋时期的"百家争鸣"。北洋军阀时期,中国人几千年来第一次有了利用舆论阵地对政府进行合法监督的机会。《东方杂志》《民国时报》《新青年》《每周评论》等一批有影响的报刊先后创立,民间办报、言论相对宽松的社会条件,促发了新文化运动。1919年2月初,《民国时报》披露中国作为战胜国,按国际惯例,有权向和会提出废除不平等条约及秘密协定,但却遭到了日本政府蛮横干涉。消息通过报章传出之后,引起了中国民众的普遍不满,在民众的压力下,北洋政府最终拒绝在和约上签字,并最终导致"五四"运动的爆发。在这样的背景之下,不难理解民主政治和言论自由为什么会相对得以发展。

"苟见有强凌弱、众暴寡之行为,必毅然伸张人道。而为弱者吐不平之气,使豪暴之徒不敢逞其志,不能不屈服于舆论之制裁。"邵飘萍能形成这样的新闻观,除了当时相对开放的言论环境的依托和记者职业理想的支撑,西方专业主义新闻理念的影响不容忽视。

西方政党报刊以言论为主,很多报刊在经济上依附于政党的资助,从而沦为政论斗争的工具。随着廉价报刊的出现,西方政论报纸被商业化的新闻纸取代。但在黄色新闻时期,报刊为取得商业利益的最大化又走向了另一个极端，以庸俗化的信息取悦受众，没有起到报刊应有的社会作用。

在经历了政党报刊和黄色新闻时期后，西方新闻事业的社会角色开始重新调整和定位，主流报刊开始以"独立"、"客观"、"公正"为标榜的目标。例如，《泰晤士报》声称自己"独立于党派之外"，"有害于公众利益的（消息）一定予以保留，否则，适当而正确的消息均予以发表"。《纽约时报》的首页标题刊登的标语也是"刊登所有适合刊登的新闻"，力图塑造自己"不偏不倚、不党不私"的形象。

《独立宣言》的起草人之一、美国第二任总统托马斯·杰斐逊甚至认为自由的报刊应该成为对行政、立法、司法三权起到某种制衡作用的"第四种权力"。这种"第四种权力"的出现对西方整个社会系统的运转产生了巨大的影响，中立的立场、客观的报道为新闻业提供了一个可以操作的判断标准，成为通行的基本新闻价值观，在某种程度上，确立了报人的政治地位，也使中国新闻人萌生了做"无冕之王"的职业理想。

邵飘萍曾说过，"夫新闻社为社会机关，在社会上有独立之地位，且此种独立地位，与任何国家机关，皆属平等"，这句话说明邵飘萍对新闻传播者的角色权利是有深刻认知的。然而，与其说他是一位在"西风渐进"的时代风云中的职业记者，莫如说他是集报人、学者和政治家三种角色于一体，有着中国文化背景又被西方新闻专业主义理念影响的新闻人。

邵飘萍曾呼吁，"吾人既为中国之从事新闻业者，决不能谓闻学之进步须坐待夫新闻业之进步。尤不能谓新闻业之进步，须坐待社会之进步而始进步也"，"新闻业之发达与社会之发达与否，两者处于互为因果的关系"……这些都说明在邵飘萍的新闻观中，除了"铁肩担道义，辣手著文章"外，他更认为新闻媒介的功效就在于对政府的监督和对社会环境的监测。因此，他主张新闻知识应列为国民普通知识之一，中学以上的学校都应开设新闻课程,大学应设立新闻系。

他呼唤新闻自由,对反动政府对新闻自由的压制,他坚决反抗。他甚至说:"尤有当警告该秘书长者,报纸登载失实,更正亦至平常……岂并世界新闻惯例而丝毫不知,竟动辄以警厅'严切根究依法办理'腐败官话来相恫吓……苟下次再有此种可怜之事,请恕忙碌,相应不理。"这是当时知识分子追求民主与自由的时代精神的反映。

他始终以"探究事实不欺读者"为新闻报道的第一信条,在《京报》上自诩"本报刊载新闻向极慎重",申明"本报不肯随便乱来之态度"可以大白于天下;他强调报纸的指导性,反对所谓的"有闻必录"和"趣味至上";他的文章以议论见长,但注重用事实说话……但是,就是这样一位有着热烈的报国热情和高远志向的新闻记者,却不能把自己的理想坚持到底,并要用自己的生命来祭奠理想。

中国报人的理想主义情怀,并非邵飘萍独有,准确地说,邵飘萍是具有理想主义情怀的中国报人的代表。在邵飘萍生活的时代,除了谋生之外,相当多数的报人,对自己所从事的职业还是有着理想化要求的。1926 年 9 月,吴鼎昌、张季鸾、胡政之三人接管了 1902 年创刊的《大公报》,提出"不党、不卖、不私、不盲"的"四不"主义,这是倡导"独立、客观、公正"的西方新闻专业主义理念的中国版。上世纪 30 年代初,胡政之曾说:"办报要有原则,政治是灵魂,对国家社会提不出主张,起不了作用,光是想赚钱,又有什么意义?"在这样的理念指导下,《大公报》既坚持了理念,也赚到了足够的钱来维持报纸的运营。和《大公报》相比,倒是那些试图依附于某种势力苟活,或是一味靠迎合受众来获取利润的报纸,在历史上没有留下任何印记就销声匿迹了。

在 1941 年接受密苏里新闻学院的荣誉奖章时,《大公报》总编辑张季鸾说:"中国报有一点与各国不同,就是各国的报是作为一种大的实业经营,而中国报原则是文人论政的机关,而不是实业机关。这一点可以说中国落后,但也可以说是特长。民国以来中国报也有商业化的趋向,但程度还很浅。以本报为例,假若本报尚有渺小的价值,就在于按照商业经营,而仍能保持文人论政的本来面目。"从这段话可以看出,中国早期职业报人虽由传统文人过渡而来,却有着政治家的理想;他们试图通过办报促进社会的进步,而不是仅仅获得经济上的回报;他们肩负着"先天下之忧而忧"的历史使命,又履行着西方新闻专业主义的职业操守⋯⋯

但是,这些具有高度道德和理性精神的人们,却注定要比常人忍受更多的煎熬,经历更多的苦难,付出更大的代价,有时甚至是生命的代价。做一位仗义执言的"无冕之王",做一位良知灼然的"社会公人",以新闻警世,以新闻救国,以新闻记者终其身⋯⋯这些豪情满怀的理想宣言早已成为历史的回声,然而那些为理想而殉难的中国新闻人却拥有了生如夏花般的绚烂,那段历史也因为他们的存在而不断地引人追寻⋯⋯

第一部分
邵飘萍：报界巨子　新闻导师

　　19世纪末20世纪初，正是中国在制度、思想、生活方式上全面走向近代化的时期。除了社会上汹涌澎湃的革命与改革浪潮，以及如雨后春笋般出现的各类新名词和新事物，在精神领域，也掀起了一场风暴。

　　作为当时精神文化领域最引人注目的报刊，是各种思想、各种政治与社会主张碰撞的第一现场。而报刊上凡是出现梁启超的名字，都会引来举国上下的关注。可以说，在这个时期，雄踞报刊主笔前三位的人，只有梁启超、梁启超、梁启超。梁启超的名字，甚至就是新思想、新潮流的代名词，他的文章，更是影响了两三代热血青年，进而影响了一个时代新闻界的气象。这不仅表现在他一支如椽巨笔写就的激情四射的文章里，更表现在他所提倡的新社会、新思想的主张上。

梁启超

有一位青年从《新民丛报》上读到梁启超的文章,从此便萌发了"要做一个新闻记者的动机"和"新闻救国"的理想。后来,这位青年先后在浙江、日本、上海和北京从事新闻事业,用自己的实践履行着当年的理想。他是中国新闻史上第一个享有特派员称号的记者,为了改变外国通讯社"任意左右我国之政闻"的状况,他创办了北京新闻编译社。1918年10月,他独立创办大型日报《京报》,自任社长。

在中国新闻事业起承转合、风起云涌的历史时期,他以笔为旗,推崇民主自由,担当社会道义,孜孜于救国纾难。他致力于新闻教育,享有"吾国新闻学泰斗"之美誉。1926年,他被反动军阀公然杀害,写下了中国新闻史上最悲壮的一页。

邵飘萍

他,就是中国报界的先驱者、中国新闻学研究的奠基人,被毛泽东称赞为"具有热烈理想和优良品质的人"——邵飘萍。

一、革命时代的翩翩少年

东阳邵氏

作为中国近代新闻界的风云人物,邵飘萍是如何一步步走上报业之路的?这是每个关注中国近代报业发展、中国近代文化的人都想问的一个问题。同样,为何在那个时代,会涌现一批以天下为己任、以新闻为理想的报人?

且先从邵飘萍的家世说起。按照近代心理学的说法,早年的成长环境,会对一个人的理想塑造与前途抉择起到很大的影响。那么,邵飘萍又是在怎样的环境中成长的?

邵飘萍出生在浙江东阳大联乡紫溪村。这个地名可能让人觉得陌生,确实,在辽阔的中国版图中,这片土地并不显眼,既非军事要地,也非商业重镇。不过,东阳虽不能和绍兴、宁波等浙江文化重镇相比,但也自有其文化底蕴与特色。

东阳地处浙江腹地,公元195年(东汉献帝兴平二年)建县制,迄今已有一千八百多年历史,有"婺之望县"、"歌山画水"的美称。这里文化朴茂,教育鼎盛,素有"勤耕苦读"之风。历史上英才辈出,古代有名宦舒之舆、乔行简、张国维等,近代有北伐名将金佛庄、物理学家严济慈、植物学家蔡希陶、报业巨子王惕吾等。

具体说到邵飘萍的出生地紫溪,是人名,也是村名、溪名。相传,该村的古名为黄毛塔,汤、朱、张三姓是这里的原住民。北宋末年,邵平的世裔孙邵雍与邵亢(官至吏部侍郎、枢密副使)兄弟由河南迁居浙江东阳,自此江南有了邵姓。邵雍在中国哲学史上是举足轻重的人物,他死后还获得了朝廷赐予的谥号"康节",并且在《宋史》中有传,可见其地位之高。由此说来,邵飘萍也可称为"名门之后"了。

南宋末年,邵亢的第七世裔孙邵养元到黄毛塔定居,成了当地邵姓第一世,并繁衍成一个大族,其他三姓后裔逐渐减少,在村里也逐渐式微。到了明朝,邵氏家族出了一位监察御史,名为邵幽(1481—1539),号紫溪。这是一件光宗耀祖的喜事,经族人商议,就此将村名更为紫溪村,那条自北向南终年流水潺潺的蜿蜒小溪,也就有了"紫溪"的名字。

紫溪是个人杰地灵的好地方。东西有"伏虎"、"飞凤"二山,北有"巨人"石佛守护,南接"珉牛"山头,山脚有半月形的门口塘,被人赋予"卧牛向月"的美称。村口那两棵古老的香樟树,记录了岁月的年轮,也见证了邵氏家族的风风雨雨。

邵飘萍是近代新闻界开风气之人,但他的家族并未想过要把他培养成这样的民之喉舌、世之导师,相反,他们希望出现的,是一个能够"学而优则仕"的旧式读书人。说起来,这也算是中国传统的书香门第的共同追求。清代著名诗人龚自珍年少时,他的外家长辈,著名学者段玉裁曾经说过,希望这个孩子长大成为名臣,名臣若做不成,应该做个名儒,但千万不要做名士——但龚自珍最后非但没有成为名臣、名儒,反而成为当时最负盛名的名士。邵氏家族怀着传统儒士的愿望,希望子孙成为循规蹈矩、出人头地的官僚。但正是这样一个带有点保守风气的家族,却造就了一代报业巨子,不能不说,在时代的洪流面前,一切家族文化也好,地域传统也罢,都难以困守自己的阵地。

邵飘萍的曾祖父邵棕球虽"学窥渊海,蜚声泮沼",但向来不置家业,颇有豪侠之风。他为人耿直公道,重视教育,曾在掌管宗祠产业期间创立养贤田,规定:凡邵氏子孙,不分男女,只要肯读书,一律免交学费,对学有所成者,不仅分给租谷,还给养贤田种。这些举措激励着邵氏家族努力培养自己的后代走读书通仕的道路。

金华太平天国侍王府

邵飘萍的祖父邵煜光青年时租田而耕,在太平军侍王李世贤攻克东阳时,随军南下福建,自此音讯全无,留下三个孩子靠母亲织布换钱勉强维持生计。所幸的是,飘萍之父邵桂林因自小天资聪颖,得到了伯父和堂兄、堂嫂的关照,使他在一个贫困的农家学成诗礼。但终因生活所迫,在伯父和堂兄去世后,邵桂林只好辍学,做了乡间的教书先生,不但生活清贫,而且前途渺茫。因此,他希望自己的孩子不要像自己一样,而是应该学成而赴科举,以功名求仕进。

1886 年 10 月 11 日,邵飘萍就出生在这个穷儒之家。此时,在清政府统治下的中国已经岌岌可危:东南的台湾危机、西南的中法战事、北部的沙俄蚕食中国领土,无不体现出山雨欲来之势。然而,此时清政府的执政者却仍以粉饰太平为要务。

就在这一年,李鸿章派丁汝昌率"定远"、"镇远"等六艘军舰访问日本并晋见日皇,定镇两舰的坚甲巨炮震撼了日本全国上下。但当时的东京吴镇守府参谋长东乡平八郎大佐上舰参观后却对旁人说此舰队必不堪一击,因为清朝水兵竟在堂堂主炮上晾晒衣裤,后来证明东乡所见果然不假。这就是著名的"定远"舰"炮上晾裤"的故事。

我们不愿将邵飘萍的出生与北洋水师的"炮上晾裤"之举做某种联系,但是否可以说,在钢铁铸成的枪炮成为士兵的晒衣工具而暗哑的同时,由激情与思想炼成的舆论枪炮正慢慢推近,并有一日将如江河奔流之势向旧时代开火?

生逢乱世,对一个普通人而言,固然是一种不幸,而如果能肩负起终结乱世,或引导人们终结乱世的任务,这时势自然就是可遇而不可求的一种机遇了。恰巧,邵飘萍就生于这样一个乱世,虽然这位书生报人不能独立扛起终结乱世的大任,但他以自己的笔与报,在新闻界开始了建设中国现代报业的尝试。

当时,中西方的差距不仅仅体现在坚船利炮上,作为"软实力"的舆

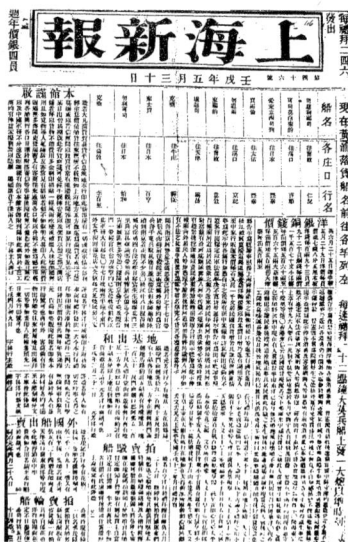

早期的《上海新报》

论与传媒宣传,也体现了两个不同世界的距离。中国虽然是世界上最早有"报纸"的国家之一,但长期以来,报业却并未真正形成,而是作为政治、经济机构的附庸存在。但外来的报刊业在中国却发展甚快,从 1815 年《察世俗每月统记传》始,到 19 世纪末,外国人办报占到同时期中国报刊总量的 95% 左右,比较著名的有《上海新报》、《字林沪报》、《申报》、《新闻报》、《万国公报》等。这些报纸的创办人绝大多数都是传教士,他们为了达到一定的传播效果,竟也模仿起了中国人的语气和文体来,并在一定程度上培养了中国部分阶级成员的阅报习惯和最早的一批新闻从业者。

从 19 世纪 50 年代开始,以《中外新报》、《华字日报》为代表的资产阶级报刊逐渐兴起。到了 70—90 年代,王韬等资产阶级报人开始走上前台,《循环日报》、《中外纪闻》等陆续问世,它们甫一出现就表现出与西方不一样的特点——思潮、政潮与报馆绾结,文人、报人与政客三位一体。

这些新闻界的变化,与在紫溪生活的邵飘萍一家可以说是风马牛不相及,但一切事情都有凑巧,生逢乱世的邵飘萍没在东阳老家呆多久,他的父亲为了改善家境,就决定举家迁往金华。

太平天国革命之后的金华,土地荒芜,人口锐减,很多地方"百里无人烟"、"田亩无主",人多地少的东阳人纷纷迁来,不少穷书生也随迁坐馆。邵桂林仍操旧行当,办起了私塾,对学生他管之极严,教之不苟,不久,门生中就有一批中了秀才,邵桂林声名鹊起,"身价日增"。

现在浙江金华旌孝街 191 号,金华造漆厂仓库两层砖木结构的矮楼屋,就是当年邵家在家境好转后的居所,邵桂林"署其所曰甘棠艺圃"。家境好转,不仅使全家的生活得到改善,也为后来邵飘萍的读书深造打下了必要的经济基础。更重要的是,迁入金华,让邵飘萍得以接触到"外面的世界",这对于他以后选择以新闻为业是极为重要的一个契机。

早慧的少年

迁居金华,为邵飘萍日后接触到新式报刊提供了条件,但他是否能在报业洪流中做出一番事业,还要靠个人的努力与学养。

童年的邵飘萍在父亲开馆教学时,常相伴左右,未满三岁,就学而不忘,邵桂林对此兴奋不已,他把自己未尽的希望寄托在这个聪慧可爱的儿子身上。于是,邵飘萍 5 岁起便进父亲的私塾读书,每日"闻鸡起舞",夜里还要温习功课,练书法是每天的必修课,父亲规定他点完一支香,写出五百字,稍有差错和懈怠,就要体罚。

在父亲的教导下,邵飘萍在少年时代便为了参加科举而苦读,四书五经之类的典籍是考试必读书。但是,相比之下,他更喜欢历史,《史记》、《左传》中的许多名篇他都能背诵。他不但好学,而且好问好议,善于思索,并写得一手好字,日后《京报》的报名和其他多种附刊的名字都由他亲笔书写,不可不归功于此时的勤学苦练。

在严父的精心培育下,邵飘萍才智日进,不到 10 岁,就已能作文答对,并和许多神童学子一样,也流传有"对对子"的神奇故事。

传说,某天,金华知府继良(光绪的表叔)到鼓楼游玩,偶然遇到年幼的邵飘萍。知府觉得这孩子不但乖巧,而且思路敏捷,回府后就派人把邵飘萍招进府内,对他测试了一番。继良拿起一个有缺口的铜钮要他打谜,邵飘萍毫无怯态,随口应答:"不成方圆。"继良大喜,称他"奇才",以后经常派人把邵飘萍接到府里吟诗作对。小小年纪就受到知府的器重,邵飘萍逐渐在金华有了名气。

1899年,老少童生齐集金华应考秀才,13岁的邵飘萍也跃跃欲试。开考之日,试士院门口多了一副对联,邵飘萍见了,就仰头细看,评点起对联上的字来。恰好主考官经过门口,听他出口不凡,就以"小少年,蓝布衫拖地"戏之,邵飘萍听到戏言,不假思索就以"大官人,红顶帽朝天"作答。主考官听了很惊讶,随即再以"小学生"、"小东西"相戏,邵飘萍立即以"小时小学生,大来大将军""小小东西能烧万重山"回答。主考官对他的才智和谈吐非常惊讶,当即带他进考场,发卷试笔。

放榜那天,邵家喜气洋洋,邵飘萍中了秀才,成绩可列金华府属八县榜首,但主考官怕他年少气傲,便有意将他降至第十名。邵飘萍13岁中秀才的消息传遍东阳,也成为美谈。

报界巨子的启蒙者

对少年时期的邵飘萍影响最大的,除了严父邵桂林对他学业的督促之外,就要算好友张恭在思想上对他的熏陶了。而且,对他日后的人生选择和事业而言,张恭的影响似乎还要更大一些。

张恭(1877—1912),12岁中秀才,26岁中举,也有"神童"的美誉。他曾接受维新改良思想,又受到浙东反清会党的影响,是一位比较成熟的旧式民主主义革命者。他赞同用武力推翻清政府,先后在金华创立"积谷会"、"千人会",接着组织龙华会。不久龙华会并入光复会,他担任分统,整日弄枪习武,准备举旗反清。为了宣传革命思想,他创办了人称"张恭大班"的剧社,到各处巡演,以扩大革命组织的群众基础。那时金华、义乌一带,常有戏班演唱按民主革命家陈天华的《猛回头》、《警世钟》编写的小戏,影响广泛。

张恭和邵飘萍的情谊始于两人的父辈。张恭的父亲张炎和邵桂林

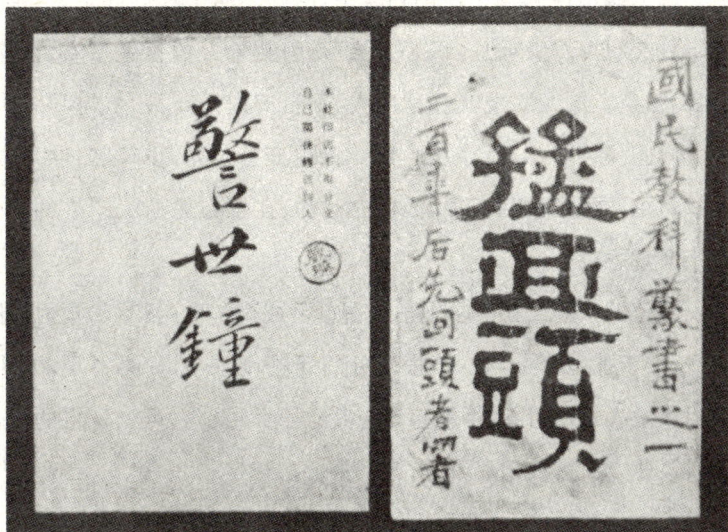

陈天华《猛回头》、《警世钟》

两人都寓居金华,都是私塾先生,都过着清贫的生活。相似的经历让两家走得很近,两家的儿子张恭和邵飘萍,也自然而然地相识、相知。更难得的是,这两位少年都曾被誉为"神童"、"奇才"。相似的家世、一样的身份,使得他们情谊甚笃,无话不谈。

他们谈论的内容,不外乎当时外界的时势。这一时期,国家前途、民族存亡已经成为头等大事,摆在每一个人的面前。中国的政治家们自觉充当了启蒙大众的精英角色,报纸成了他们最有力也是最便利的工具,各色报刊林林总总地出现了,其情形正如《新闻报》主笔张铁明所言:"甲午以后,士大夫渐知新学,始憬然于报纸具宣传文化之用,以多为贵,而指导舆论针砭政府亦于是乎赖,由是办报者接踵而起。"张恭和邵飘萍所接触的,正是通过报纸传播的各种政见,他们的心对报刊有一种亲近感,认为那是真正的民之喉舌。

1904年5月14日,张恭、蔡汝霖、刘琨、盛俊等人创办了金华有史以来的第一张报纸《萃新报》。《萃新报》实际上是一份文摘半月刊,是主题严肃的政治性刊物。在创刊号中,明确表明了其创办主旨:"时轴艰难,靡能梦见;双瞳如豆,识等夏虫;纷纷数十万群盲聚一室,社会腐朽,可为极点。同人鉴之,创《萃新报》采辑海内外新报之学说丛谈,为我桑梓同胞作警晓钟,渡津筏。异日者跳出黑暗界,步行红日中,或起于是欤。"由此可见,《萃新报》的创办目的,在于力促浙江同人的觉悟,坚定革命意志。

邵飘萍的家离设在金华中学堂右首吕成今祠内的《萃新报》报社很近,虽然关于他是否参与过该报事务的问题,现在因资料不足,无从考证。但从两人的友情看,邵飘萍参与其中不无可能。可以肯定的是,邵飘萍在报业方面的最初启蒙,来源于张恭。

近水楼台的条件,耳濡目染的影响,让《萃新报》成为邵飘萍的人生启蒙。通过张恭和《萃新报》,邵飘萍获得了报业知识,并知晓了办报的功用。也许,正是因为年少时的这段经历,让他对报业的启蒙功用十分推崇,可以说,这是后来邵飘萍从事新闻工作的"第一推动力",也是他毕生理想的"第一推动力"。

渐习新风的浙高时代

年少好学的邵飘萍思想日趋激进,在国家危亡的现实面前,他越发觉得四书五经和八股文既无益于济世救民,同时因明清官方与腐儒们的教育方式,也成为抑制人性的桎梏。因此,在中了秀才之后,他就绝意赴举,打算学习近代科。

1903 年,邵飘萍进入浙江省立第七中学(现金华一中),改读声光电化等自然科学。——看起来,这是他的个人选择,但只要考察一下近代中国的一批文化巨人的人生选择,无论是鲁迅、郭沫若,还是孙中山,在少年时代也都经历过一个主动或被动选择近代学校而非传统官学或书院的过程。正是这样的一批人,改变了中国,无论是现实世界还是精神世界。

而且,就在邵飘萍做出这一选择的两年之后,公元 1905 年,清政府正式宣布废除科举制。可见,靠四书五经和所谓的伦理纲常维系的社会,已经难以为继了。也许,正是因为有千万个如邵飘萍一样的有志青年选择了新式学堂,才让清朝这个"老大帝国"进退维谷,不得不主动迎合,废除了科举制度。

1906年,邵飘萍考进浙江省立高等学堂(今日浙江大学的前身)。该校师资上乘,并有自治自重的教学风气,学生可以根据自己的兴趣自由选课。而且该校位于浙江政治、经济、文化的中心杭州,毗邻上海,风气较为开放。邵飘萍在大学里用学名锡康,攻读师范科,同窗有邵元冲、陈布雷、张任天等人。

在杭州,邵飘萍的天地比在金华大了许多,他如鱼得水,广泛阅读《复报》《民报》《新世纪》《清议报》《新民丛报》等报刊,尤其喜欢梁启超"略不检束,笔锋常带感情"的政论。

梁启超的文才在戊戌变法时期便已举世闻名,变法失败后一度流亡在外,不断思索能够真正拯救中国的良方。他在海外期间,接触了很多西方的思想与政治著作,此后写出的作品不但颇具深度,而且因针砭时弊而令人读来酣畅淋漓。那一篇篇挥洒自如、文笔犀利、鼓动性极强的文章,不仅使邵飘萍洞悉了时代的风云变幻,也点燃了他心中以报业为国民启蒙的理想之火。梁启超在《报馆有益于国是》中提出的"两大天职"说("监督政府"与"向导国民"),深深影响了这位充满理想情怀的年轻学子。

为什么邵飘萍日后会如此坚定地以报业为自己的一生要务?如果仅有梁启超的影响,那是远远不够的;好友张恭所办的《萃新报》对他的影响,也并不是下定决心的关键砝码。在民主革命的宣传过程中,20世纪初《民报》与《新民丛报》的那场大论战才是真正震动他的内心、让他决心投身于报业的重要原因。

1905年8月,中国同盟会在东京成立,经过短期筹备,同年11月,

《天讨》(1907 年 4 月 25 日
《民报》临时增刊)

同盟会的第一份机关报《民报》创刊。《民报》最初的编辑人兼发行人是张继,实际的主要编辑人是胡汉民,主要撰稿者有胡汉民、汪精卫、陈天华、朱执信、宋教仁、马君武等,编辑部设在东京。接下来的一年多时间里,孙中山一直留在日本,除策划在国内外成立同盟会支部,他还指导《民报》的编辑工作,有些重要文章就是由他确定题目,口述大意,再组织专人执笔用笔名发表的。在《民报》的发刊词中,孙中山第一次公开提出了"民族、民权、民生"三大主义。在正面鼓吹革命主张的同时,《民报》还向改良派发起了进攻。

1905—1907 年,以孙中山为代表的资产阶级革命派同以康有为、梁启超为代表的资产阶级改良派展开了一场革命与改良的大辩论。所谓"革命派"和"改良派",是一个大概的说法,基本可以认为,以孙中山为代表的、提倡资产阶级民主革命、要求建立资产阶级共和国并推进民权的一派,是革命派;而以康有为代表的、倡导以清政府为核心的政体改革、实行君主立宪制政府并逐渐推进资本主义改革为一派,是改良派。他们代表的都是资产阶级的政治主张与利益,不同之处就在于革命派代表的是资产阶级中下阶层的利益,而改良派则是资产阶级上层的代言人。立场的不同,政见的不同,导致了这两大派别在报纸上诉诸笔端的论战。

这场论战涉及的范围很广,主要有三个方面:要不要革命,要不要推翻清政府;要不要兴民权,建立资产阶级共和国;要不要改变封建土地制度,"平均地权"。

论战时间之长,规模之大,涉及问题之广,都是空前的。经过这场大论战,西方的资产阶级民主思想和孙中山的三民主义思想得到了更广泛的传播,进一步划清了革命派和改良派的界限,使人们清楚地认识到实行民主革命的必要性,纷纷脱离改良派,参加到革命行列,就连改良派也不得不承认,经过论战,"革命党之势力","如决江河,沛然而莫之能御也"。论战也使相当一部分人改变了过去那种"一报社之主笔访员,均为不名誉之职业,不仅官场仇视之,即社会亦以搬弄是非轻薄之"的看法,报纸再也不是一些失意的知识分子的"末路之选",反而成为时代之先锋了。

这样撼动思想界的大事,对于邵飘萍又有怎样的影响呢?

1908 年春,浙江开省运动会,实际上是杭州公、私立各校在梅登高桥体育场举行联合运动会,校外爱好者也可以报名参加,到会者三千人,还邀请社会名流观光。邵飘萍不爱好运动,没有参加任何竞赛项目。他和同窗张任天、陈布雷在图画老师包蝶仙的指导下,办了个《一日报》。因为运动会只开一天,所以就取了这样一个报名。三个人分了工,陈布雷为编辑,张任天和邵飘萍为访员(记者)。《一日报》为蜡纸版,十六开油印而成,共出二十余期,每期印一百二十多份,分发给学校的先生、同窗和社会名流,很受大家的欢迎。这也是可以考证的邵飘萍办报生涯的开始。

当年,邵飘萍的成绩居全班之冠,他的国文、历史更是出类拔萃,深为师生器重,与身边人的关系也颇为融洽。后来成为蒋介石"文胆"的陈布雷当时面颊圆润丰满,面包的英文为"bread",译音为"布雷",邵飘萍便开玩笑说他是面包孩儿。对此,陈布雷曾回忆"余好撰文投报馆,以布雷自拟,亦甚有趣云尔"。后来,"陈布雷"三字流传开来,甚至代替了原来的陈训恩这个名字。

课余时间,邵飘萍喜欢为报纸写稿,他到处采访,为了采得好稿,甚至跑去鸦片馆采访。他的文章写得又快又好,当他刚开始为沪上《申报》写地方通讯时,他曾刻意模仿过梁启超的文风,以激烈的言论,抨击地方豪绅的种种恶行。在写这些评论的时候,邵飘萍摒弃了自小学起的八股文,他认为那种死的文字绝不能传播活的思想,必须要用新的形式承载新的思想。他针对张之洞在《劝学篇》中提出的"旧学为体,新学为用"等维护封建伦理纲常、反对社会变革的观点,专门撰文予以批驳。他还多次把自己的这些思想写进试卷,为此,差点被在政治上守旧的校方开除。

与"鉴湖女侠"的忘年交

1906 年 12 月至 1907 年春,革命女侠秋瑾先后三次到金华会见张恭。秋瑾如此频繁地与张恭碰头,是要商议一件惊天动地的大事——皖浙起义。就像我们今天所知道的,起义最后失败了,作为起义组织者的徐锡麟和秋瑾也被清政府逮捕杀害,但我们不知道的则是这场起义背后的一些细节,那就是秋瑾对邵飘萍的青睐与赏识。

正在浙江高等学堂就学的邵飘萍,这时已经是一位愤时政之腐败、抱"新闻救国"之志的革命青年了。秋瑾对邵飘萍这样一位热血青年关爱有加,而邵飘萍对秋瑾这位女侠也是尊崇备至,他们之间常有书信来往。

据郭左唐所著《邵飘萍年谱》记载:

> 秋瑾被捕前,曾有信给邵飘萍。邵飘萍收到信后,才得悉秋瑾被害。飘萍对此慨叹不已。时飘萍与徐锡麟等均有联系,并搜罗秋瑾等人事迹。

邵飘萍与秋瑾的友谊,不知是源于张恭之故,还是始于其他渠道。这些历史细节,早已因为当事者的去世而成谜,今日只能从一些蛛丝马迹中探索一二。

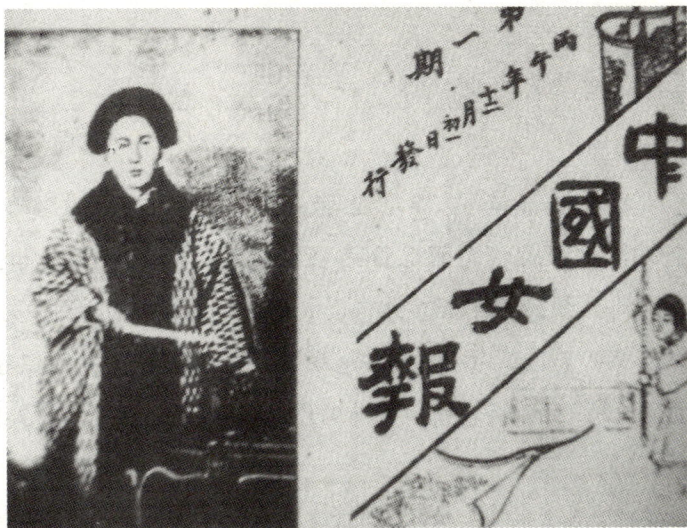

秋瑾与她创办的《中国女报》

邵飘萍曾在1911年12月31日《汉民日报》的《振青随笔》中有云：

> 偶捡敝筐，得秋女侠手翰。尝忆接到此书时，距秋女侠之死已半月。初闻之而大惊，继审视邮票上之月日，知为秋女侠被害之前五日所发者。欲寄回书，已无从寄矣。呜呼！

秋瑾于1907年7月13日被捕，7月15日被害。就此推算，秋瑾是在7月10日给邵飘萍寄去此信的。在时局紧张、起义工作紧锣密鼓的时候，秋瑾手书给邵飘萍，不仅说明两人交情匪浅，还让人联想：邵飘萍是不是与皖浙起义有关？可惜的是，原信无存，知情者也都已不在，围绕着这封信的很多问题也就无从解答了。

光复会组织的皖浙起义失败之后，张恭隐姓埋名，并用火烫菜油泼脸毁容，逃亡日本。这次起义的失败、相关革命党人的离散，并没有阻碍辛亥革命的到来。爱国学生们关注国家的命运，纷纷闹起了学潮，清政府终日惶惶不安。天性洒脱的邵飘萍也面临着选择自己人生道路的关键时刻——一介书生在动荡纷乱的时局中究竟应该如何选择自己的人生呢？

二、以新闻为志业

初执教鞭

1909年夏天,邵飘萍大学毕业,被金华中学堂监督余敏时聘为教员。金华中学堂的前身为丽正书院,现在称为金华一中,在20世纪初年,它是金华的最高学府,学生来自金华所辖各县,大多为富绅子弟。

当时,资产阶级革命派正在各地联络会党、新军将士与知识分子,为发动全面起义做准备。暴风雨前的片刻宁静,正是邵飘萍初入社会时的真实景况。

余敏时毕业于京师大学堂,对邵飘萍十分欣赏,给他分派了国文、历史等重要课程。该校《校友录》上有"邵康·振青·东阳·历史国文教员·金华旌孝门内"的记载。虽然这些课程看上去不大具有"时事性",但"文以载道"的方式正是中国传统知识分子传播理论与观点的常用形式。

1909年秋天,由父母做主,邵飘萍迎娶了结发妻子沈小仍。沈小仍是典型的旧中国女性,她与邵飘萍成亲时,双脚正要紧缠(缠脚一般要经过试缠、试紧、紧缠三个阶段)。受过新式教育的邵飘萍并不在乎妻子的脚是不是"三寸金莲",当他看到沈小仍缠脚时的痛苦样子,就用刀把裹脚布剁成了几段。

邵、沈夫妻二人虽无太多共同语言,却也相敬如宾、相安无事。虽然身为革命者,但邵飘萍同时也是一个受到传统文化影响很深的知识分子。他知道包办婚姻的残酷性,但也抱着士大夫悲天悯人的情怀去同情那些包办婚姻下真正的弱者——女性。所以,尽管沈氏夫人和他不能做过多的精神交流,但他依然对她关爱有加。值得一提的是,邵飘

萍的两个儿子、三个女儿(长子
贵生、次子祥生、长女乃贤、次
女乃偲、小女乃奇)均为沈夫人
所生。

在金华时,邵飘萍因常去
位于酒坊巷的照相馆而结识了
汤修慧。汤修慧聪明灵秀,非
常能干,但没有接受过太多正
规教育,邵飘萍就出面劝说她
的父亲,让她出去见见世面,并
由他出资把汤修慧送到了杭州
女子师范学校深造。读书期
间,两人鸿雁传书,感情日增,
终于在 1912 年结为连理。汤

邵飘萍子女合影

修慧后来成为邵飘萍事业上最得力的同伴和助手。

关于邵飘萍在金华一中的教学,流传着几段逸事。

当时虽然八股文已被废除,但学生大多仍用文言文写作文,不长的
文章充斥着"之、乎、者、也、而、矣、盖"等,读起来文理不通,甚为可笑。
邵飘萍有一次批改作业,见一学生用"而"甚多且不当,便在逐个改正
后,在文章结尾写了这样一条批语:"当而而不而不当而而而而今而后
已而已而。"加上标点就是:"当而,而不而。不当而,而而。而今而后,
已而,已而。"读来妙趣横生、令人忍俊不禁。

还有一次,邵飘萍批阅学生作文,有几位学生的作文实在太差,批
改都无处下笔,他就把那几位学生喊来教训了一通,大意:你们个个
生得牛高马大,读起书来却心不在焉,文章写得太糟糕,我无法批改下
去。学生们挨了批评,又误以为邵飘萍以"牛马"相讥,心生不满。几个

人串通一气找到邵飘萍责问,并以退学相威胁。邵飘萍一笑了之,仍旧对学生严格管教。

每当考试,邵飘萍就让学生前后排倒坐,形成一个前高后低之势,他从后门进入教室,也不吭声,发现谁从口袋里拿出夹带的纸片,就会悄悄地走近抽走。

看起来,邵飘萍像一个普通教员一般,兢兢业业地完成自己的教学任务,但实际上,他的心里波涛汹涌。现实的工作与理想的事业之间的差距,让他总是回忆起在杭州求学的时光。

《浙江潮》

据1903年的《浙江潮》调查,当时在杭州发行的各种报纸,发行量达到五百份以上的就有《杭州白话报》、《申报》、《中外日报》等,其中《杭州白话报》的发行量最大,有八百份左右。两百份左右的有《译书汇编》、《新闻报》、《新民丛报》等;再次为《苏报》等。这些报纸往往由志同道合的人一起创办,往往只为了一种社会目的而出版,而且大多以学会作为依托,初现"同人办报"的气象。报刊、学会与先进的邮政、电报技术的结合,进一步促进了报业的发达。但是,金华与杭州相比,在政治气象、社会风气、物质条件上,都不具备那种发展报业、宣传思想的条件。因此,已经习惯了杭州那种各类思想自由交锋、互相激荡的舆论环境的人,在金华这种波澜不惊的状况下自然会感到莫名的失落。

邵飘萍不是没有苦恼的,但他天生就不是一个抱怨客观环境的人。因此,在无法选择自己生活的环境时,他宁愿选择主动去追求自己向往的事业。

经过一番努力,他成为《申报》的特约通讯员,为上海的报纸写通讯,投寄有关杭州和金华的地方通讯。对此,后来邵飘萍在《愚与我国新闻界之关系》中说:

> 自浙江高校毕业而后,曾为中学高小等国文历史教员之生活者三年,即兼地方报纸通讯之职务,因此关系,辛亥革命之岁,遂与杭辛斋君经营浙江之《汉民日报》。

25 岁的《汉民日报》主笔

1911 年,辛亥革命已成燎原之势,邵飘萍打算到杭州从事他朝思暮想的新闻工作。于是,他离开金华,来到杭州名士杭辛斋的府邸拜访。

杭辛斋是何许人也? 他 1897 年和严复、王修植、夏曾佑等人一起创办《国闻报》,并一度担任主笔。1904 年应彭翼仲之邀,在北京担任《中华报》的主笔,并协助创办《京话日报》。后因彭翼仲抨击清政府而受牵连,被押解回海宁老家拘禁。获释以后,杭辛斋在杭州继续创办报纸,并加入了同盟会,成为杭州的知名人物。

革命军占领杭州后,为鼓舞革命士气,激扬社会风气,军队司令部于 11 月 9 日"照会白话新报馆主笔杭绅辛斋,将旧有之官报局改为军政府机关报馆,名曰《汉民日报》"。正是这样一个文化政策,给邵飘萍进入新闻界开启了一条便利通道。杭辛斋与来访的邵飘萍一见如故,商定了开办《汉民日报》之事。

1911 年 11 月 18 日,杭辛斋在革命派的要求下,与当地文坛、政界人士合作,在原来《杭州白话新报》的基础上创办了《汉民日报》。报纸"以尊崇人道,提倡民权,激励爱国尚武之精神,建设完全无缺之共和政府为唯一宗旨",实际上起着浙江都督府机关报的作用。受到杭辛斋的器重,邵飘萍当仁不让成为主笔。这份工作,可以说是邵飘萍直接参与到报业核心事务的第一步。这一年,邵飘萍25岁。

25岁成为地方机关报主笔,这在今天几乎是不可能的事。但在那个时代,25岁的主笔,已经不算是"少年得志"了,只要看看梁启超、邹容等人成名时的年纪,就会发现,那个时代,确实是一个"少年中国"时代。

同年11月22日,《浙江军政府公报》创刊,经理为马叙伦,总编纂为杭辛斋,邵飘萍为编辑。他们十分默契,互相配合,把报纸办得有声有色。一年后,被推举为众议院议员的杭辛斋赴京任职,于是《汉民日报》就交给邵飘萍一人主持。此外,邵飘萍还兼任着沪上大报《申报》、《新闻报》的特约通讯员,可谓一身兼数职。

邵飘萍主持下的《汉民日报》日出对开两大张,广告和新闻各占四版。新闻版共分:公告类的特别启事、军政府专电;评论类的时评一、时评二;通信类的本馆专电、国内外要电、新闻;读者往来类的来稿、来件,以及副刊类的小说、谐铎等。这是一份以报道时政为主的政论性报纸,而非以花边新闻、风花雪月见长的谈资报刊。当然,这份报纸最引人关注的,还是邵飘萍的评论。

无论是时代的影响,还是个人的经历,都让邵飘萍自然而然地亲近革命者,之前提到的他与秋瑾之间的通信就是一例。而求学时代耳闻目睹的革命派与立宪派的论战,也使得邵飘萍对民主革命抱有极大的热情,对朝夕变幻的时局洞若观火,经常能关注到常人不能捕捉的异常,这就使得他的评论文章卓尔不群,受人瞩目。他"亟亟希望中华民国之完全成立",对一切非革命的行径进行口诛笔伐:

> 革命非行乐事,乃不得已而为此剧烈之举动也。

> 故革命所以救同胞,非以造饭碗。存争饭碗之心,则政治黑暗且甚于昔日,何必多此一举哉!

> 愿诸君每作一事,必自问曰:为大局乎,抑为私利乎?若良心

上认为私利,则弗为也。

诸君当知,此次革命可以强国,亦可以亡国。譬之大厦一齐推倒,能从速建设,则洵然善也。若各怀私利,取其木料砖瓦以充私室之用,则昔之大厦终成一片空基而已。

1911 年 10 月 30 日,冯国璋下令焚烧汉口街市

邵飘萍具有非凡的新闻敏感,他比同时代人更冷静更明智,自一开始就未对坐拥重兵、权倾一时的军阀政客抱有种种不切实际的幻想。辛亥革命爆发后,当冯国璋率部反扑,攻下汉口,被清廷授予二等男爵时,邵飘萍拍案而起,对冯国璋和冯国璋背后的袁世凯进行猛烈的抨击:

冯国璋以奴隶之性,贪残之心,焚掠汉阳,惨杀同胞无算。

呜呼! 此非人道主义之毒蛇猛兽,人人得而诛之者乎? 乃袁世凯内阁方以其能涂炭生灵,赏给二等男爵,然则袁贼之居心可知矣。

粉冯之骨,碎冯之身,为汉阳人民吐冤气。磔袁之魄,斩袁之头,为中华民国定大局。

呜呼,男儿勉乎哉!

可见,邵飘萍在时局非常微妙的情况下,就出于对政治的敏感、对新闻的敏感,指出了革命最大的阻碍,是军阀对清政府为代表的旧制度的依附和拥护,如不铲除这种旧制度,则革命无法彻底成功——而若要铲除旧制度,光是在战场上打败冯国璋是不够的,还要将在背后操控一切的袁世凯内阁揪出来,将袁世凯和旧制度一起埋葬。

这是多么具有预见性的言论,可惜,没有人真正重视他的这段评论,或者当时的革命领袖们觉得这只不过是一个书生的牢骚之词,或者领袖们根本就没见到这段评论。无论如何,之后的历史证明,邵飘萍的话没有错。可是,历史就偏偏喜欢捉弄当事人,将智者的预言与当事人的短视并列放在后人的面前,让后人体会其中的滋味。

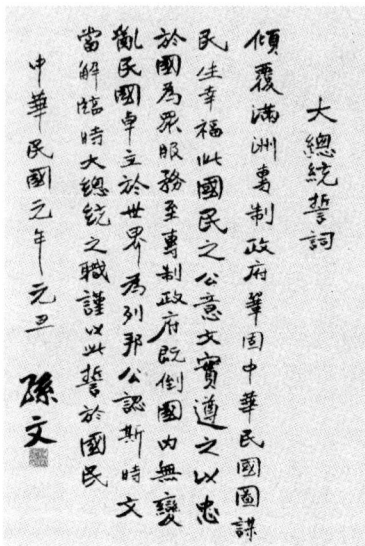

大总统誓词

1912 年 1 月 1 日,时年 46 岁的孙中山在南京宣誓就任中华民国第一任临时大总统,并宣读了如下誓词:

> 倾覆满洲专制政府,巩固中华民国,图谋民生幸福,此国民之公意,文实遵之,以忠于国,为众服务。至专制政府既倒,国内无变乱,民国卓立于世界,为列邦公认,斯时文当解临时大总统之职,谨以此誓于国民。中华民国元年元旦。

誓词虽然短暂,但却是中华五千

年政治史上一座里程碑式的宣言,它宣告了这个绵延数千年的封建国家,开始由"专制"转向"民主",由"帝制"转向"民治"。然而,相辅相成、一转百转的国家机器并不是说停就停的,更何况与之配合的文化体系、社会生活方式以及价值体系的转型更非三年五载就能完成的,其艰巨程度完全可用"路漫漫,其修远兮"来形容。而之前邵飘萍所指出的驱逐军阀,消灭旧制度,惩办袁世凯内阁等问题,却在孙中山的就任誓词中被忽略了。

袁氏当国

邵飘萍的呼吁不是没有道理,更非空穴来风。事实上,虽然辛亥革命轰轰烈烈、摧枯拉朽,但根基并不稳固,很多地区的控制权还是在倾向于清政府的人手中,而他们往往又手握兵权,成为潜在的威胁。新生的南京临时国民政府很快就面临着一场权力——革命派与北洋军阀——之争。就当时的政治形势而言,在许多人的心目中,孙中山并非中华民国总统一职的不二人选,论实力、论资历、论经验,北洋新军的领袖袁世凯完全有资格与中山先生一较高下。袁世凯不是一个简单的军阀,而是一个以军事发家的政客。中国古代不乏此类政客,比如韩信、安禄山、年羹尧,但如果说到政治手腕、阴谋诡计,却无人能出袁世凯之右。自从在小站训练"新军"开始,袁世凯就成为晚清政坛一颗冉冉升起的明星。他所操练的新军,就是后来左右政坛近二十年的北洋军。这支军队军纪严明、训练有素,而且只效忠于袁世凯,除袁氏之外几乎无人能够调动,尤为特殊的是,在革命派渗入各地新军、获得中下级军官的支持时,革命理论始终未能渗入北洋军内部,可见袁世凯在组织上、思想上对这支军队控制之严格。

1901 年,李鸿章因为多次签订对外不平等条约,已经成为国人心目中的头号卖国贼(当然,中国的百姓往往只恨"奸臣"而不恨"昏君",所以成为众矢之的人是李鸿章,而不是慈禧太后和光绪皇帝),而素有美誉的袁世凯也顺理成章地占据了李鸿章的政治地位,被任命为直隶总

袁世凯戎装照

督、北洋大臣。袁世凯也曾是个维新人物,并是当年立宪运动的积极推动者。此外,"王莽谦卑未篡时",谦虚、谨慎的袁世凯给朝野内外都留下了极好的印象。

1908年,由于光绪皇帝和慈禧太后相继去世,新登基的小皇帝溥仪年仅3岁,一切大权都由他的父亲载沣一手操纵。因为手握兵权,袁世凯早已成为皇族的眼中钉。因此,载沣执政后的头等大事就是扳倒袁世凯。为了暂避摄政王的锋芒,权倾一时的袁世凯被迫"退休",韬光养晦。

赋闲在家的袁世凯专门请来天津照相馆的摄影师,拍摄了一幅在洹水垂钓的照片,送到上海《东方杂志》上发表。照片似乎向世人传达这样一种信息:他从此隐居,退出政坛。同时,他选择了邻近京汉铁路的洹上村,建造了占地两百亩的巨大宅院。这里昼夜都能听到火车的汽笛声,一旦朝中局势发生变化,马上就会有亲信沿铁路送来报告,他时刻关注着京汉线上传来的消息。作为政客,袁世凯当然知道自己的分量。

辛亥革命爆发后,垂死的清政府和民国的革命者都把未来的希望寄托在他的身上。清廷要对付革命党,必要借重袁世凯手中的北洋军,而要调遣北洋军,非起用袁世凯不可。隆裕太后于是任命袁氏为全权总理大臣,并不惜让小皇帝溥仪的生父摄政王载沣交出权力;而革命党人也体会到,要"驱除鞑虏,建立民国",非有在军界享有盛名之人参与不可,但革命党手中的新军力量却严重不足。举目四望,在革命党阵营之外,可称军界领袖者、思想较开通者、与清廷上层有矛盾者,只有袁世凯一人而已。于是,革命党人中的各派,包括孙中山和黄兴都向袁世凯示意,如果他赞成共和,大总统的位置将非他莫属。

长袖善舞的袁世凯十分清楚自己在这个"新旧交替"的时刻所能起到的作用,也深知无论是清政府还是革命党,都并不是真心想要让自己成为政治领袖,而都是将他袁世凯在新军中的威望作为实现平稳过渡的安全阀。于是,他一面应承着隆裕太后,一面敷衍着孙中山,他的真正目的,是要借势崛起,成为清政府与同盟会之外,独立于政界的一支力量,并抓住机会操控全局,独霸中国。

1912年1月6日,袁世凯进宫面见太后和小皇帝溥仪,并递上了一份密折。后来,溥仪在《我的前半生》这样回忆当时的情景:

> 我糊里糊涂地做了三年皇帝,又糊里糊涂地退了位。在最后的日子里所发生的事情,给我的印象最深的是有一天在养心殿的冬暖阁里,隆裕太后坐在靠南窗的炕上,用手绢擦眼,面前地上的红毡子垫上跪着一个粗胖的老头子,满脸泪痕。我坐在太后的右边,非常纳闷,不明白两个大人为什么哭。这时殿里除了我们三个,别无他人,安静得很,胖老头很响地一边抽缩着鼻子一边说话,说的什么我全不懂。后来我才知道,这个胖老头就是袁世凯。这是我看见袁世凯唯一的一次,也是袁世凯最后一次见太后。如果别人没有对我说错的话,那么正是在这次,袁世凯向隆裕太后直接提出了退位的问题。

在袁世凯的哄骗与利诱下,宣统二年,即公元1912年2月2日,末代皇帝爱新觉罗·溥仪宣告逊位。2月13日,袁世凯声称赞成"共和"。2月14日,孙中山信守诺言,请辞临时大总统之职,推荐袁世凯继任。4月1日,孙中山正式辞去临时大总统的职务。4月2日,临时参议院在袁世凯的操纵下决定将临时政府迁往北京。由于革命派的软弱和妥协,成立才三个月的南京临时政府夭折,辛亥革命的果实被袁世凯篡夺了。

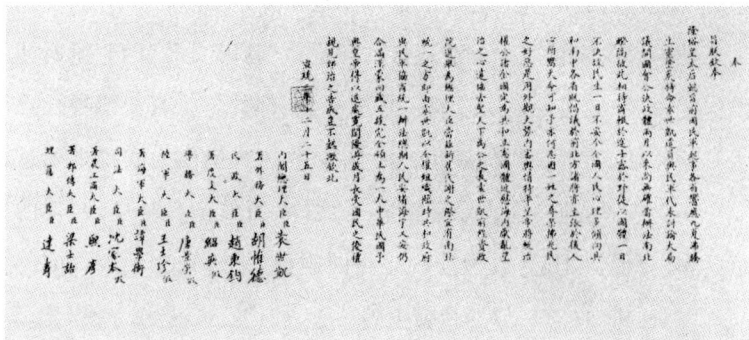

清帝逊位诏书

邵飘萍对南方革命党人的软弱可欺、麻痹大意和短视浅见深感忧虑,他早就看穿了袁世凯"共和其名,专政其实"的本质。1912 年 1 月,邵飘萍即发表时评,揭露袁世凯的心机,忠告同胞:

同胞乎!果以袁世凯为能逼清帝退位与同胞开诚布公建立统一共和国乎?

袁世凯而果若是,何必至今日而始为此迂缓之举动?袁世凯决不然也。

帝王思想误尽袁贼一生。议和、停战、退位、迁廷,皆袁贼帝王思想之作用耳。清帝退位,袁贼乃以为达操莽之目的,故南北分立之说,今已隐有所闻矣!

同胞苟无统一南北之能力,旷日相持,各国将群起而收渔人之利,瓜分惨剧乃见诸实行。袁贼信有罪,吾民之坐误时机,岂能辞亡国祸首之名哉?

呜呼!当断不断,反受其乱。袁贼不死,大乱不止。同胞同胞,岂竟无一杀贼男儿耶?

其后,邵飘萍的时评更是一针见血地指出,孙中山与袁世凯私相转让总统一职的举动实属荒谬绝伦,违背约法:

> 总统非皇帝。
>
> 孙总统有辞去总统之权,无以总统让与他人之权。
>
> 袁世凯可要求孙总统辞职,不能要求总统与己。
>
> ……
>
> 夫和平解决,因吾人所甚愿。然苟欲保目前之和平,即授总统于袁以了事,是总统为皇帝之变名,前日革命之功归于乌有,将来革命之祸且起不旋踵矣。盖总统非皇帝,诚不可以一二人预为授受者也。

中华民国的各项制度、法律,应如何在日常的政治行为中表现出来,是邵飘萍所关注的,在他的心里,这是个重要问题,如中华民国无共和国性质,那么当初那些令人心潮澎湃的革命宣言又应如何看待?也许,在写这段时评的时候,邵飘萍想到了秋瑾,想到了那些为民主革命而牺牲的英雄们,他不希望他们的牺牲换来的是一个换汤不换药的假共和国,因此,孙、袁"禅让"之事,也就自然成了他考问中华民国性质与制度的典型案例。

可惜,天下之大,又有谁能够改变此事的进程、改变中国的命运呢?此时固然已非皇帝家天下的时代,民众的共和热情已被唤醒,但也绝非民主的时代,因为无论国家机器、国家力量、国际关系还是政治气氛,都不足以支撑起一个民主的共和国。于是,邵飘萍对这场荒诞的"总统转让"事件的批判,只能作为有政治理想、有道德良知的知识分子的对天呼号,而并不能成为激发民众起而抗争的号角。

袁世凯就职后,外交、内政、陆海军、财政和交通等要害部门掌控在亲袁派手中,其他如司法、教育、农林、工商等部门则由革命派填补。当时的内阁成员主要有:临时大总统:袁世凯;副总统:黎元洪;国务总理:唐绍仪;外交总长:陆徵祥;内务总长:赵秉钧;陆军总长:段祺瑞;海军总长:刘冠雄;财政总长:熊希龄;司法总长:王宠惠;教育总长:蔡元培;农林总长:宋教仁;工商总长:陈其美;交通总长:施肇基;南京留守:黄兴。

袁世凯采用的是法国式责任内阁政体,这也是对孙中山等革命党人的妥协。早在民国未立之时,以宋教仁为首的革命党人就主张实行内阁制——即民选总统,议会内部多数党党首任总理。可孙中山却不同意,他不愿被放到神圣的位置上却干不了具体的事情。孙的声望毕竟大一些,同盟会同仁只好听从他的意见,实行总统制,即总统民选,总理由总统任命。可是等到南北议和成功,总统权力将要移交袁世凯之前,孙中山却又一改初衷,力主实行内阁制了。老谋深算的袁世凯知道此举是对他的防范和牵制,但要让他依法行事,放弃实权,更无异于与虎谋皮。

因缘际会,袁世凯当上了总统,耐人寻味的是,就职地点选在紫禁城太和殿,这是当年皇帝登基的地方——他做梦都想当皇帝。"袁贼不死,大乱不止",在当时,这八个字可谓先知先觉,振聋发聩,可惜的是邵飘萍的远见并没有警醒革命党人。邵飘萍不仅洞见了袁世凯无意共和,而是积极预备家天下的阴谋,还以"秃笔诛之",对袁世凯的黑暗统治极尽揭露、嘲讽:

> 现在有一班人,身怀手枪,恐怕别人不晓得,一定要说出来。又自云我是为防身起见的。唉!我想这一班人有哪个的贱手来打你呀。须要晓得被人行刺,也要有资格的呢!

> 南北两方面的饭碗,不知何时可以分好。各饭碗中的小饭碗,各小碗饭中的饭米粒,又不知何时可以分好。呜呼,海内纷纷何时定乎?

有志都督总统者注意！

　　我辈为养成都督人材起见，创设都督
养成所。六个月毕业，每人学费一万元。
都督毕业，送入总统养成所。一年毕业，
每月学费十万元。

　　袁总统令云：苞苴贿赂一体禁绝。振
青曰：请自大总统始。

　　一种职务，须有一种学问，一种才略。
对于此种职务，我学如何？我才如何？他
人不知，已当知之。

　　乃君等竟以万能自命，不思称职与
否，唯问有钱与否。

　　这番话，风格犀利、笔法圆熟、语意辛辣。

袁世凯的名刺

谁能想到，这是出自一个二十六岁的年轻人之
手。又有谁能想到，在袁氏窃国后的恐怖气氛中，这位青年将以他坚韧
的个性，继续向袁氏政府投掷标枪与匕首——这不但需要过人的智慧，
更需要过人的胆识。

宪政！共和！

　　1912 年 8 月，国民党在北京召开成立大会，宋教仁当选为当时中国
第一大政党的党魁。宋在政治上是典型的理想主义者，在他看来，中国
要真正强大起来，必须采用西方的民主政体，实行三权分立、政党竞选。
只可惜，他错生在一个没有法度规则和任何民主基础的国度里，这就注
定有一天，他要为这种理想付出代价。

　　宋教仁的好朋友谭人凤说过："国民党中人物，袁之最忌者惟宋教
仁。"为拉拢宋教仁，袁世凯曾差人专程送给他西服，尺寸拿捏得非常准
确，足见用心良苦。袁曾送给宋一本某银行空白支票簿，供宋自由取

用,宋却只用了二三百元,离京南下时让赵秉钧交还给了袁世凯。当宋教仁从唐内阁下岗后,袁还曾赠送五十万金以维持其退休生活,被宋婉言拒绝。

一直到了1913年2月,在宋教仁亲自策划和领导下,国民党在选举中获得压倒性的胜利,国民党的反对者组成的民主、共和、统一三党的得票总数,不及国民党票数的三分之二,不能影响国民党组阁的大局,宋教仁在内心深处认定,自己的宪政理想就要实现了。他从老家长沙出发,途经武汉、安徽、上海,再到杭州、南京,一路上到处发表演讲,批评袁世凯政府,阐述自己的宪政理想。他在杭州留有这样的诗句:"徐寻屈曲径,竟上最高峰",语气中已明显流露出舍我其谁的气魄。

遇刺后的宋教仁

"不能用之,则必杀之",袁世凯认识到,再不杀宋,自己苦心经营的独裁局势将不保,更别想做什么皇帝梦了,于是袁世凯下手了。1913年3月20日晚,宋教仁在上海火车站被退伍兵武士英开枪刺杀。还没来得及仔细审讯,武士英在被转到中国监狱后就自杀了。紧接着,幕后人物国务总理赵秉钧也被毒死。邵飘萍第一时间认定此案决不简单,"瓜蔓藤牵,有行凶者,有主使者,更有主使者中之主使者",邵飘萍的矛头直指袁世凯。

在当时没有公开案情内幕、没有详细资料的情况下,更重要的是,在袁世凯极力隐瞒真相、企图让舆论的说法与自己的谎言一致的时候，邵飘萍凭着自己的新闻敏感和政治直觉，点破了"总统的新装"这个事实。有时候，他直率得就像个孩子，直言无忌，令当事者如坐针毡。

孙中山在日本得悉宋教仁被刺的噩耗后，立即于3月26日返回上海召开紧急会议，商讨对策。6月26日，宋教仁公葬于上海，送葬者达万人之多。各地报刊抨击袁世凯为"全国人民之公敌"，呼吁国民奋起"诛奸讨逆"。革命形势的不断高涨，大大增强了孙中山等人的信心，他们毅然重新举起民主革命旗帜，准备发动"二次革命"，武力讨袁。

但是，革命者们准备好了吗？或者说，这次反袁斗争，究竟是革命者没有准备好，还是袁世凯准备得太好了，导致了最后"二次革命"的失败？

就在孙中山等组织武力讨袁之时，袁世凯则加紧反革命部署，积极准备内战。帝国主义为了扶植袁世凯，五国银行团同袁世凯政府签订"善后借款合同"，借款两千五百万英镑，作为袁世凯发动内战的经费。袁世凯先发制人，5月初，北洋第六师、第二师在湖北都督、副总统黎元洪支持下相继入鄂，统制湖北地面，并监视江西。6月，袁世凯又下令罢免坚决反袁的赣督李烈钧、粤督胡汉民、皖督柏文蔚，悍然剥夺国民党所掌握的几省军政大权。

罢免地方军政长官，是一件很大的事情。但是，无论是这些被罢免的地方长官，还是革命者的领袖孙中山，面对袁世凯此举，都没能拿出有力的反击武器。其实，这恰恰说明从临时国民政府成立时就出现的问题一直没有解决——革命者没有成熟而有力的武装，军事实力集中在北洋军阀手中。若不改变这一基本局势，革命就不会真正胜利。因此，从这个角度来看，革命者完全没有做好推翻北洋军阀统治的准备，更没有足够的实力来打碎旧世界。

地方统治权丧失殆尽，孙中山、黄兴等革命党人才共同决定起兵应战。7月12日,李烈钧接受孙中山的指令,正式宣布江西独立,发表檄文历数袁世凯"乘机窃柄,帝制自为,暗杀元勋,弁髦约法,擅值巨款"等罪行,宣布这次起兵的目的是"保卫共和,驱除民贼"。7月15日,黄兴宣布江苏独立,要"努力驰驱,不除袁贼,誓不生还"。安徽、广东、福建、湖南、四川等省也先后宣布独立。但是,由于袁军实力超过国民党,独立各省之间在军事上又缺乏统一指挥,在北洋军水陆夹攻下,湖口、南昌相继陷落,李烈钧败走云南。不及两月,各地讨袁军相继失败,长江各省被袁控制,"二次革命"失败。孙中山、黄兴、李烈钧等先后逃亡日本。袁世凯通过残酷的暴力镇压,终于完成反革命的武力"统一"。

对于"二次革命"以失败告终、袁世凯以武力压服地方之事,邵飘萍极度愤慨。他在报纸上发表《政党政治之危机》、《谁不顾全大体》等文章,抨击袁世凯的行为。但是,无论是革命者的首脑如孙中山,还是新闻界的佼佼者如邵飘萍,都没能认识到"枪杆子里出政权"的道理。在他们的心中,可能革命就是巴黎居民攻占巴士底狱那样的市民运动,而不是国民自卫军推翻波旁王朝的军事较量。

刚好这一年秋天,袁世凯的故乡河南又发生了"白狼"起义。白狼者,非狼也,而是位农民起义的领袖,本名白朗。这支起义军的崛起恰逢袁对南方用兵,把北洋军主力都调到南方去打国民党,白朗遂纠合退伍军人和樊枣一带的溃兵,纵横于舞阳等县。白朗打出"打富济贫"的口号,很快聚集了数万之众。后院失火,袁世凯惊恐万分,以大总统的名义发布了多道命令,而且还要缉拿黄狮、绿狼。对此,邵飘萍又发文《草木皆兵》进行辛辣的讽刺,将这位兵权在握,大权独揽的独裁者内心的空虚揭露无遗。

还是做记者

镇压了"二次革命"之后,为了堵塞言路,禁锢思想,袁世凯开始变本加厉地迫害报馆,导致国内的新闻空气空前紧张。中国的历代统治者对言论的限制都是苛刻的,即使在现代报业萌发之际也不能幸免。早在 1906 年,清政府就颁布过一个《大清印刷物专律》,分为大纲、印刷人、记载事件、毁谤、教唆、时限等六章四十一款。1908 年 1 月,又推出《大清报律》,对所有报刊的申报要求和刊载内容进行了更严格的界定。南京临时政府成立后,内务部就赶紧发布了"暂行报律"三章,后来遭报界反对,临时大总统孙中山才下令撤销。

在袁世凯统治的几年间,全国至少有七十一家报馆被封,四十九家受传讯,九家被捣毁,报刊工作者有二十五人被杀害,六十人被捕入狱。这场近代中国新闻史上的灾难最为严重的就是在 1913 年,即农历癸丑年,所以被称为"癸丑报灾"。

这一年,袁世凯下令,在全国范围内对国民党系统的报刊和一切反袁报刊进行"扫荡"。在这股风潮下,查封报馆、迫害报人的事件层出不穷,邵飘萍亦不能幸免。

一天深夜,一群流氓潜入《汉民日报》社纵火,妄图将邵飘萍葬身火海,幸亏被印刷工人及时发现扑灭。还有一次流氓寻衅滋事,故意将邵飘萍的眼镜撞落,企图挑起事端,深知其意的邵飘萍迅速从地上爬起来,把摔碎了的眼镜拾起重新戴上,然后拱手说声"对不起",拍拍尘土,抬腿就走。

最危险的一次是邵飘萍坐轿去编辑部,遇上两名刺客。幸好坐在轿中的邵飘萍察觉到情况有异,就急中生智地自言自语起来,说邵振青啊邵振青,你可真该死。刺客听到轿内人在嘲骂邵飘萍,一时弄不清楚,未敢贸然下手,他才又一次化险为夷。

尽管有这些幸运的经历,但邵飘萍还是无法在袁世凯极端的舆论管制下保全报社。1913 年 8 月初,浙江都督朱瑞秉承袁世凯的旨意,一天之内连封四家报馆,疯狂钳制舆论。邵飘萍依然我行我素,短评、随笔无丝毫隐忍退让。8 月 10 日,当局以"扰害治安罪"和"二次革命"嫌疑犯罪名,查封报馆,逮捕了邵飘萍。

不过,这段"忽忽三载,日与浙江贪官污吏处于反对之地位,被捕三次,下狱九月"的办报经历并没有熄灭邵飘萍的热情。相反,他更加向往新闻独立、舆论自由的共和政体。出狱那天,听罢狱吏"今后要安分守己"之类的训话,他伸手从口袋里掏出个大纸包,把自己在狱中无事可做抓来的上百只臭虫洒在案桌上。

"报馆可封,记者之笔不可封也。主笔可杀,舆论之力不可蒯","余百无一嗜,惟对新闻事业乃有非常趣味,愿终生以之",就这样,邵飘萍为自己选定了毕生的事业。

三、东渡扶桑,崭露头角

歌罢掉头东

出狱后,邵飘萍回到家乡金华小憩。因反袁而获罪,因政论而入狱,使他获得了人们更多的尊敬与推崇。闲居期间,登门拜访者络绎不绝。

在家乡热闹了一阵后,邵飘萍重返杭州,到汤修慧就读的浙江省立女子师范学校当教员。

这时的中国,内有北洋军阀的飞扬跋扈,外有帝国主义列强的鲸吞蚕食,内忧外患使得邵飘萍愁眉不展,苦闷异常。怎么办?

清朝灭亡了,但国家并未振作;中华民国建立了,但人民并未自主。中国究竟应向何处去? 这是邵飘萍百思不得其解的问题。想起少年时,看陈天华在《猛回头》中曾经讲过的一番话:"要学那,法兰西,改革弊政。……要学那,德意志,报复凶狂。……要学那,美利坚,离英自立。……要学那,意大利,独自称王。"邵飘萍不由得起了亲身去体验一下这几个国家的现实的念头。

为着生计与现实的可行性考虑,邵飘萍准备东渡日本求学。当时的日本,通过明治维新很快成为东亚的强国,成为东方各国求学者的聚集地,于右任在筹办《神州日报》前,就曾专门赴日本考察过两大民间报纸:《朝日新闻》和《每日新闻》。很多中国人东渡扶桑的动机是单纯的,学习新知,力图革新,甚至也有点"光宗耀祖"的意味。

日本学者青柳笃恒在一篇文章中描述了中国留学生蜂拥来日的情况:

1913 年,"二次革命"后,邵飘萍在日本

学堂虽得开设,代替昔日科举;惟门户狭隘,路径险阻,攀登甚难,学子往往不得其门而入,伫立风雨之中;惟舍此途而外,何能跃登龙门,一身荣誉何处而求,又如何能讲挽回国运之策?于是,学子互相约集,一声"向右转",齐步辞别国内学堂,买舟东去,不远千里,北自天津,南自上海,如潮涌来。每日赴日便船,必制先机抢达,船船满座。中国留学生东渡心情既急,至于东京各校学期或学年进度实况,则不暇计业,即被拒以中途入学之理由,亦不暇顾也。总之分秒必争,务求早日抵达东京,此乃热衷留学之实情也。

这段话生动形象地说出了中国留学生赴日求学的"壮观"场面,也点破了一个事实:在科举制度被废除之后,在国家破败衰亡之时,很多学生都把到日本求学作为立身、立家、立国的一个方向。

在 19 世纪末 20 世纪初,为了学习日本"明治维新"的经验,中国就有很多留学生负笈东渡,但其中鱼龙混杂,良莠不齐。鲁迅在他的小说与散文中对那时留学生的状况进行了辛辣的讽刺。不过,邵飘萍则显得十分不同，他既不是来学一技之长，也不是来混日子喝花酒，而是想要在日本感受明治维新的气氛，体察这个新强国的气象。

1914年春，邵飘萍在友人的帮助下来到东京，这里是中国留日学生的大本营，在国内遭到迫害的各色人等纷纷聚集在这里抨击时政，鼓呼革命。邵飘萍就读于浪人寺尾亨为中国人办的法政大学，学习法律政治，与潘公弼是同学。

在东京的街头，邵飘萍可称得上是"斯人独憔悴"。他为国家、民族的前途命运而憔悴，更在东渡之旅中累积了太多的乡愁与思考。

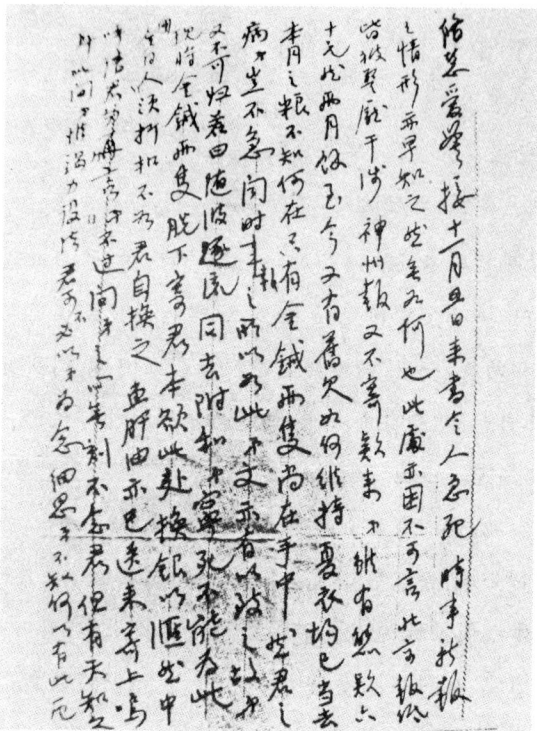

1913年，邵飘萍流亡东京时期致汤修慧的信

邵飘萍的生活很拮据，刚去日本又遇潘公弼被抢劫，分去他一半的生活费，以致囊中羞涩，连汤修慧病了也无能为力。他去信劝慰汤修

慧:"盖弟爱君,誓必自始至终,毋负君也!"同时他也表明自己的心迹:"弟以傲骨天成,岂能寄人篱下,故惟有勉励所为,欲以新闻记者终其身,不事王侯,高尚其志,君亦赞成否?"

邵飘萍几乎从不写诗,但远在东京的他破例为汤修慧写了两首七绝:

(一)

六和塔高接云霄,

飞度登临伴阿娇。

最是可憎三眼佛,

至今触绪便魂销。

(二)

人生悲乐总春常,

才说欢娱又断肠。

塔上佛前私语后,

归来别去太匆忙。

无情未必真豪杰,多情未必不丈夫! 而立之年的邵飘萍,背井离乡,与爱人天各一方,心里总是有些不忍,但纵然是"归来别去太匆忙",也怀有"人生悲乐总春常"的暖暖希望,这份希望为了自己,也为了这个国家。

离乡未敢忘忧国

1914 年 7 月,第一次世界大战爆发。德奥同盟国为一方,向俄、英、法协约国开战,欧洲大陆陷入战火之中。中国政府外交部宣布局外中立,要求交战各国不要在中国领土与租借地交战。对于中国人来说,参加世界战争似乎还很遥远,多一事莫不如少一事。

但事与愿违,就在这个时候,德国租借青岛,引起了日本的不满。8月 1 日,青岛宣布戒严,德国守军警惕地注视着胶州湾,他们特别担心日本军队的进攻。日本的《朝日新闻》发表了《中日新议定书》六条,说中国已经同意成为日本的保护国,第三国不得侵害中国,否则日本将采取必要措施。这条消息其实是日本想独霸中国的信号。

对于日本的这一野心,邵飘萍早有预料。在法政大学读书的他密切关注着日本的一举一动。他与潘公弼、同乡马文车一起办起了"东京通讯社",为国内的报刊提供稿件,把在日本所见的真实情况及时通告国人。《中日新议定书》一出,邵飘萍立即通过东京通讯社把这条消息传到了国内。果然,日本不久就以其要替中国收回德国的租借地为借口,对德宣战,派军队强占了青岛和胶济路全线。

袁世凯与外国公使

刚刚坐稳总统宝座的袁世凯此时正幻想着进一步强化权力,黄袍加身,复辟帝制。早在1914年初,袁世凯就解散了国会,并公布了《约法会议组织条例》。3月18日,约法会议开会,这个会议是袁世凯的御用工具,完全仰承袁世凯的鼻息。5月1日,袁世凯公布《中华民国约法》,废除了《临时约法》。"袁记约法"改责任内阁制为总统制,废除国务院,设国务卿"赞襄"总统,于总统府内设政事堂,作为办事机构。由总统任命若干参政,组成供咨询的参政院,并代行立法机关的权力。至此,辛亥革命后所建立的资产阶级民主制度,包括《临时约法》、国会等等,统统被摧毁,"中华民国"名存实亡。12 月 29 日,袁世凯公布《修正大总统选举法》,规定总统任期十年,且可连选连任。这样,总统的权利实际已和专制皇帝无甚差别了。

1915 年 1 月 18 日,日本政府将五大项共二十一条要求送到袁世凯面前,作为支持他称帝的交换条件。其主要内容大致如下:

第一号关于山东问题四条:日本拟向德国协定取得德国在山东享有的一切权力利益;日本建造由烟台或龙口连接胶济路的铁路;中国从速自动开放山东省内各主要城市作为商埠等。

第二号关于日本在南满及东部内蒙古"享有优越地位"的七条:将旅顺、大连租借期限及南满、安奉两铁路期限均展至 99 年;日本臣民可在南满及东部内蒙古地区任便居住往来,并经营商工业各项生意;可获得该地区的开矿权等。

第三号关于汉冶萍公司二条:俟将来机会相当,将该公司作为两国合办事业;所有属于该公司各矿之附近矿山,如未经该公司同意一概不准该公司以外之人开采。

第四号一条:中国政府允准,所有中国沿岸港湾及岛屿,概不让与或租与他国。

第五号共七条:在中国中央政府,须聘用有力之日本人充当政治、财政、军事等项顾问;所有在中国内地设立的日本医院、寺院、学校等,概允其土地所有权;须将必要地方的警察作为中日合办等。

这些条件苛刻无比,就连曹汝霖都说:"凡此苛刻条件,思以雷霆之压力,一鼓而使我屈服。若使遂其所欲,直可亡国。"袁世凯很头疼,无论答应与否,对他都是两难的抉择,无奈之下只好采取拖延战术,他派员与日方进行拉锯式谈判。

1915年2月上旬,外电详细透露了袁世凯和日本秘密进行"二十一条"谈判的内容。邵飘萍从外国报纸获悉真相后,迅速将这一消息传回了国内。在邵飘萍揭露"二十一条"时,李大钊也在日本。几乎在同一时间,李大钊拟写了一份《警告全国父老书》,呼吁全国人民一致抵抗日本的侵略,挽救民族危亡。两人一揭一呼,为反日倒袁做了有力的舆论动员。

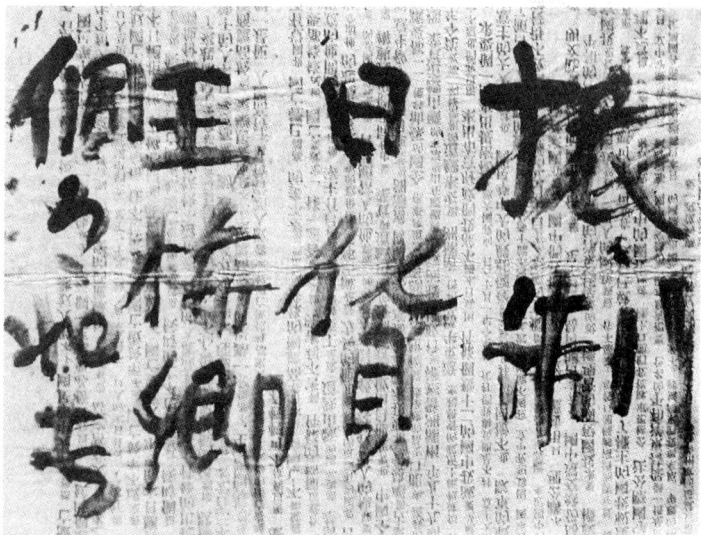

民众抵制日货标语

2月11日,东京千余名流亡人士、留学生等在日本基督教青年会堂集会,表明一致对外的决心,主张抵御外侮,誓死不承认日本的无理要求。2月12日,邵飘萍撰写了《留东我国民之空前大会》一文,刊载于18日沪上的《时报》,详细介绍了此次集会的情况。此后,邵飘萍陆续报道了青山、早稻、神田、小石川等地在日国民举行集会的情况。2月21日的《时报》还详细刊载了中国留学生组织归国请愿团、归国参军团的行动和华人在驻日使馆前抗议的情况。这些报道,不啻于及时雨,将最新、最有鼓动性的时事与观点奉献给祖国的读者。

我们不能忽略这样一些历史的细节与线索：如果没有邵飘萍和李大钊最早揭破关于"二十一条"的谈判内幕，如果没有邵飘萍那一系列介绍留日学生反对签订此条约的快讯，如果没有邵飘萍一贯所坚持的独立报道与评论的新闻精神，也许国人就不会如此迅速得知此事，也不会如此迅速对此事做出反应，由此而产生的反袁、反卖国的运动与国民积极的参政意识或许也不会像我们今天所看到的那样呈现了。所以说，邵飘萍留日期间所做的新闻报道，既是他个人新闻工作的延续，更是对国内反帝爱国运动的推动，不但功不可没，而且应该被作为中国民主运动史上的重要内容来记载。

在邵飘萍一系列报章通讯与评论的鼓舞下，在全国人民同仇敌忾一致反袁、反卖国、反帝制的旗帜下，反袁运动开展得轰轰烈烈。为此，袁氏政府电令驻日公使陆宗舆，解散留日学生总会，并以停发官费胁迫学生放弃反袁。邵飘萍立即于3月1日发表《解散留学生总会之失国体》一文，直言政府"以官力压制国人"、"处置该会以解散实为极不得体"，谴责陆宗舆"与亡国之外交官有相似处"。

袁世凯没有想到，民众对"二十一条"之事竟如此关注。消息被邵飘萍等人披露并连续报道，使他的压力骤然增大。事实上，他也不想全盘接受日本的不平等条约，即使他签订了条约，得到了日本的支持，但也相当于做了日本人控制下的傀儡，这与他自己设想的独裁帝制是有很大差距的。因此，自中日谈判"二十一条"起，中方不断泄露谈判内容，以期触动各有关协约国，让他们给日方施加压力。但各协约国担心日本与德国议和，同时顾及自己在中国的利益，对日本的行为并不加干涉，只是通过国际压力，迫使日本删去了对各国有威胁的内容。

在各国作壁上观的情况下，卖国亲日之举又被揭露，袁世凯进退维谷，深恐此事不成，自己的威望与权力将一落千丈。因此，他既希望日本对自己伸出援手,又希望日本能放弃吞并中国的野心。但是,他的如意算盘注定是要落空的。

1915年5月7日,日本提出最后通牒,限四十八小时内答复,否则将采取军事行动。8日下午,袁世凯在总统府召集会议,仅段祺瑞一人表示要以武力相抗,但袁世凯以国力未足,加以拒绝。9日,袁政府宣布接受最后通牒。消息一经传出,群情激愤,举国认为是奇耻大辱。

签约当天,湖南学生彭超留下血书,愤然投江自杀。天津南开学校17岁的学生周恩来上街演讲,号召人们振兴经济,誓雪国耻。毛泽东也在湖南师范刊印的《明耻篇》封面上写道:"五月七日,民国奇耻,何以报仇,在我学子。"北京二十万人到中央公园集会,捐款一百万元作为救国基金。全国教育联合会甚至决定,各校以每年5月9日为"国耻纪念日"。上海各界召开国民大会,到会数万人,一致表示拒日到底。各城市爱国团体,纷纷集会,拒不承认"二十一条"。

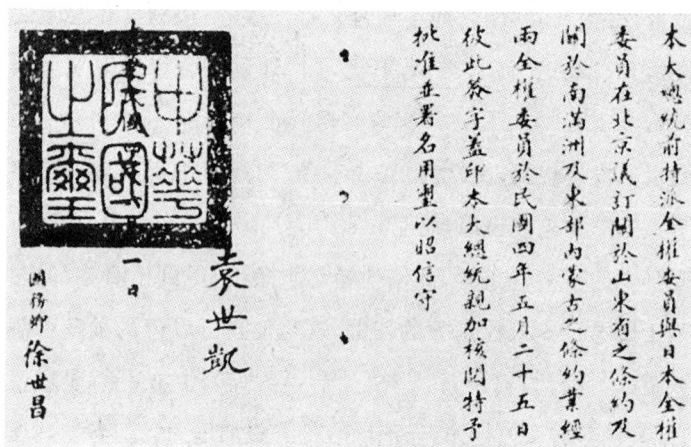

袁世凯在"二十一条"上的签字

民国名记者陶菊隐在他的《袁世凯传》中记叙到,袁世凯被迫在"二十一条"上签字后,好多天神志为之不宁。他让丁佛言撰写了一本书,叫《中日交涉失败史》，印刷了五万册，密存山东模范监狱中。他经常对左右说："勾践不忘会稽之耻，最后终于打败了吴国；那些咄咄逼人的人终有肉袒牵羊之一日，到那时，此书就可以问世啦。"此话听上去虽多有无奈，但作为一国统领，袁世凯毕竟不能摆脱卖国的干系。

"称帝门"中的报业丑闻

在中国政坛上，袁世凯一直都被看成"英美派"，日本政府一向对他虎视眈眈。但是"二十一条"之后，他在国人心目中的形象，已经比李鸿章还要"卖国"了。对此，袁世凯自然心知肚明，不过让他略感欣慰的是，他自觉日本不会反对他做皇帝了，但这只是他的一厢情愿。在袁世凯称帝的过程中，由于他听不得反面意见的脾性，使得此时期在新闻界出现了几桩笑谈。第一件，自然是他的儿子、"大太子"袁克定主办"一人报"的笑话。

《顺天时报》是日本人办的中文报纸，一贯是代表日本政府讲话的。袁世凯因对日本的态度最敏感，所以每天都读《顺天时报》。随着袁世凯复辟帝制的活动日益频繁，连这张报纸上都出现了反对帝制的言论。为了坚定袁世凯称帝的信心，袁克定亲自出马，耗资三万元，印制了一份专供袁世凯一人看的《顺天时报》。这份报通篇都是拥护洪宪帝制的文字，这对袁氏决心称帝，发挥了关键性影响。后来袁克定妹妹的侍女回家省亲，从家里带回一张《顺天时报》包东西，仔细核对后才发现它与新华宫中的《顺天时报》不同，这才戳破了假《顺天时报》的骗局。袁世凯为之大怒，将袁克定罚跪，用皮鞭抽打，并大骂其"欺父误国"，然木已成舟，悔之晚矣。

从对帝制的积极性来说，袁世凯的儿子袁克定似乎还胜一筹，他把自己的前途寄托在未来的袁家王朝的成败上，所以他对复辟帝制表现出超常的热情。除了他之外，大批帮闲们的鼓动、怂恿也让袁世凯有了非当皇帝不可的冲动。

1915 年发生的另一件报业笑谈，就是"总统门生"沈佩贞大闹《神州报》的事情。

沈佩贞是杭州人，早年间曾留学日本，并参加过革命党组织的杭州女子敢死队。辛亥革命胜利之后，她还组织过一支"女子尚武会"。从她的个人经历看，似乎是一位敢于为国为民抛头颅、洒热血的巾帼英雄，其实不然。早在 1912 年，因为宋教仁改组的国民党不允许女子入党，她就伙同他人殴打宋教仁以泄愤，变成了一个滥施武力的泼妇。

1915 年，《神州报》爆出新闻，称沈佩贞与当时的步军统领江朝宗在某酒楼有不雅行为，江统领当众嗅了沈的小脚，并以报道花边新闻的口气对此进行渲染、讽刺，惹恼了沈佩贞，她一怒之下砸了《神州报》报馆主人汪寿臣在北京的家。因为沈当时担任袁世凯政府的"总统府顾问"，而且她还以"总统门生"自我标榜，于是她怒砸汪公馆之事，便被人写成一首打油诗："最是多闻汪寿臣，醒春嗅脚说来真。何人敢打神州报，总统门生沈佩贞。"

沈佩贞与《神州报》之间的恩怨，其实只不过是因为一桩私事被公开报道而引起的私怨，但由于沈佩贞的身份，以及她与袁世凯之间的关系，加上《神州报》一贯反对袁世凯称帝的背景，于是此事就变成了一个拥护帝制与反帝制之间的公案，从"花案"变成了政治事件。很多年后，在《杨度外传》（杨度是民国时期著名文化人，他早年主张立宪，后来曾支持袁世凯称帝，晚年思想趋向进步）中还专门以此事作为《神州报》反对袁世凯称帝而被打击的例子。

原本一个无聊的风月事件，被拔高到政治立场的对立所导致的人身迫害问题这一高度，可见当时舆论对于袁世凯称帝之事的敏感，也可以看出当时新闻界风气的不健康。

既然新闻界出了这样的丑闻，那么袁世凯这位梦想称帝的"大总统"又在做什么呢？

他要让世人对他的称帝行为心服口服。

1915年7月，袁世凯的美国顾问哥伦比亚大学政治学教授古德诺应袁世凯之请提交了一份比较各国政治制度的备忘录，译成中文后以《共和与君主论》为题发表在1915年8月3日的《亚细亚报》上，被"筹安会"作为拥袁称帝的有力依据。

8月14日，筹安会正式宣告成立，在其正式宣言中指名道姓地提到，"世界共和之先达、美国的大政治家古德诺博士"也说"君主实较民主为优"。古德诺在提交备忘录之前是否已经知道袁有称帝意图，已不可考，然而被当作袁世凯复辟帝制的工具想必是这位洋博士不愿看到的。

除了为变更国体寻找理论依据外，筹安会还不得不假托于民意。杨度偶然在大街上听到两个乞丐吵架，其中一人对另一人说："你这等无法无天，都是因为共和

袁世凯的外国顾问

民国没有王法的缘故，假使皇帝复生，决不会让你这等东西如此横行。"杨度一听，正是大做文章的由头。他立即召集各路乞丐的首领，给这些人上了一堂请愿行帝制的课，承诺只要列名请愿者，就发饷银一元，首领组织有功则给百元。京城内外，一天之内前来请愿的乞丐达万余人，签了名就可以领钱，不识字的人由他人帮忙画押也算数。

于是乎，"军警请愿团"、"人力车夫请愿团"、"女子请愿团"……北京城内出现了各式各样向参政院请愿复行帝制的请愿团。这势头不仅

让袁世凯迷糊,也让许多人一头雾水,难道民主共和真的在中国的土地上行不通?难道中国人真的愿意当"九朝天子一朝臣"的"顺民"?

思想裂缝处的舆论主持者

早在民国建立前,孙中山就曾提出在建立共和国后有一个"训政"期——他已认识到欲进行民主革命,开启民智这一步是必不可少的。可惜的是,中国在"共和"名义下的掌权人绝少向着要自由要民主的方向去训导人民,更多的是实行愚民政策,致使"开启民智"一直是艰巨的任务。

在民国建立而民主共和制度尚未深入人心的这个古与今、旧与新、中与西转折的焦点时刻,从上个世纪末活跃在时代潮头的思想先驱变为守成主义者,而"五四"彻底反封建的一代大都尚处于沉寂、困惑、迷茫或探索之中,著名记者和时评家就成为影响社会舆论的重要人物,往往他们言论一出,立收全国视听之效。

显然,邵飘萍就是这个思想裂缝处的舆论主持者之一。

针对时局,邵飘萍为上海《时事新报》撰写了社论,六论《世界列强之野心》(1915年10月21日至11月4日),逐一分析了英、法、美、德、俄、日等国家的强盛,以及他们瓜分中国的野心,强调指出:"欲国之强,不可不先从事于教育。""根本之根本,尤在于教育。教育兴而工商起,工商盛而军备足。"他提醒国人,要摆脱列强的侵略,和国家有没有皇帝,是帝制还是共和制没有任何关系,因此不要迷信帝制,中国社会没有任何可以后退的理由。此言论一出,正击中了袁世凯的软肋,所谓恢复帝制才能使国家自强的说法也受到了冲击,所以《时事新报》被袁世凯政府勒令禁止销往上海以外的其他地区。

这一期间,邵飘萍为《时事新报》撰写的评论还有《注意帝制延期中之外交》、《帝制问题与借款》、《宣言……警告……》、《最后之通告来矣》等二十余篇。就连一向在政治上较为保守的《申报》这一次也站在了反对袁世凯的一边。从 9 月 4 日至 11 月下旬,《申报》刊发了二十四篇邵飘萍反对帝制的言论和对中日外交问题的评述。

在这些文章中,邵飘萍一针见血地指出"世界列强则以袁氏有求于他们承认之必需,纷纷乘虚而入,提出交换条件","外人之眼光,则不过为攫取权利之一极好机会,或排除攫取权利之障害之一极好机会","行帝政不能无乱,欲戡乱不能无钱,欲有钱惟有借款。此帝政热与借款热之所以同时增进而不可遏之根本所在"。他的文章,除了批驳"筹安会"对帝制复辟的宣传之外,更多的是唤醒民众的共和意识,并为之陈说当前最大的问题是摆脱列强控制、实现国家独立与民族自强。

国内舆论界纷纷对袁世凯口诛笔伐。就连曾经一心改良,支持过袁氏的梁启超也发表了那篇二十万金不换的《异哉所谓国体问题者》,对袁世凯倒行逆施的复辟行为进行猛烈抨击。早前曾服务于袁政府的民初名记者黄远生在袁世凯筹备称帝期间,被聘担任御用报纸《亚细亚日报》上海版总撰述,黄远生坚辞不就,并在上海各报刊登《黄远生反对帝制并辞去袁系报纸聘约启事》以示决绝。为躲避亲袁派的迫害,黄远生于 1915 年冬远走美国。

种种现实表明,尽管民主共和的构想与中国现实之间还有着很大差距,然而革命的意义不仅在于推翻了皇帝,结束了两千余年的专制统治,更使得从 19 世纪中叶开始被迫进入近代的中国,在封建帝制和民主宪政的二重变奏中只能选择后者。

1915 年 12 月 12 日,一定是一个黄道吉日,在喧天的锣鼓声中,袁世凯悍然宣布恢复君主制度,自称皇帝,定第二年为"洪宪元年"。他在申令中说道:"天下兴亡,匹夫有责,予之爱国,讵在人后? 但亿兆推戴,责任重大,应如何厚利民生,应如何振兴国势,应如何刷新政治,跻进文明,种种措置,岂予薄德鲜能所克负荷! 前次掬诚陈述,本非故为谦让,实因惴惕文萦,有不能自已者也。乃国民责备愈严,期望愈切,竟使予

袁世凯在天坛祭天

无以自解,并无可诿避。"也就是说,为了"救国救民",他只好"身不由己"当皇帝了。

登基那天,全国对他的讨伐声不绝于耳,惊弓之鸟一般的袁世凯竟没敢穿龙袍,此后,也一直没敢把龙袍穿出来。直到57岁生日时,他请来了京剧老生刘鸿声给自己唱《斩龙袍》,一边看,一边想,自己的龙袍虽好,但却没有机会穿出来,于是索性送给了刘鸿声,此后,刘鸿声每唱此剧,便穿袁大总统送他的龙袍,名噪一时,人们都争相来观看袁世凯的龙袍有何等豪华。

袁世凯逆历史潮流而动,国内外舆论为之哗然,国内军政两界都在酝酿讨袁行动,上海新闻界为加强倒袁力量,电邀邵飘萍回国。邵飘萍接到电报,毅然放弃学业,火速回国返沪为《申报》、《时事新报》、《时报》执笔,加入到护国反袁的斗争。

历史永远有遗憾,旧的已去未去,新的将生未生,在 20 世纪 10 年代末的中国,除了悲愤和哀叹,革命已经成为国人自存自救的唯一通路!

四、挥笔讨袁　再造共和

阿平者,平不平也

反袁世凯称帝,不仅要有舆论的指责、报人的抨击,更要有武装力量的讨伐。没有武力的推进,民主与共和就只能是观念,而无法在拥有两千年帝制传统的中国变成现实。

讨袁军在阵地装设大炮

这一次,革命派吸取了之前斗争失利的教训,通过联合地方军阀的手段,准备武装倒袁。1915 年 12 月 25 日,名将蔡锷在他的老师梁启超的策动下,联合云南将军唐继尧等正式宣布云南独立,并自任护国军第一军总司令,率部与袁军奋战。此前,蔡锷、唐继尧等滇军高级将领在五华山歃血为盟,宣誓反对帝制,表示:拥护共和,吾辈之责;兴师起义,誓灭国贼。成败利钝,与同休戚;万苦千难,舍命不渝。凡我同人,坚定持力;有渝此盟,神明必殛。

然而,就在护国军挥师讨袁的同一天,远在大洋彼岸的黄远生被暗杀。死讯传至国内,黄远生生前好友纷纷指责袁世凯利用不成,杀人泄愤。不过,后来的消息却让他们一时哑然。原来黄远生是被中华革命党美洲总支部负责人林森指派刘北海枪杀的,他们以为黄远生是袁世凯的走狗。但是,为何中华革命党会搞错消息,为何没有经过严格查证便对这位名人进行暗杀?也许,这将成为历史上永远的一个谜了。

黄远生的死,是当时震撼中国新闻界的一件大事,有人说:"民国成立之后,都门记者,因文而召杀身之祸者,当推远生为鼻祖。"他的死,也是对中国新闻人的一次预警——在这样的乱世,不但会因文获罪,锒铛入狱,也会莫名其妙被卷入政治斗争的漩涡之中,遭受灭顶之灾。

邵飘萍没有被同人的鲜血吓倒,甚至没有任何退却。他即时发表时评《预吊登极》,表示对袁世凯登基的鄙视:

> 京电传来,所谓皇帝者,不久又将登极。
>
> 呜呼!皇帝而果登极,则国家命运之遭劫,殆亦至是而极矣!
>
> 但二月云云,尚须多少时日,各处反对之声势,再接再厉。所谓登极者,安知非置诸极刑之讖语乎!记者是以预吊!

蔡锷起事后,邵飘萍首次署名"阿平",在《时事新报》上发表《顺逆辨》,指导国民辨别是非——"谋为皇帝者,与维护共和者,何方为逆,何方为顺?""篡夺共和国家为一人私产,此颠覆国家之叛逆罪也!""逆者非无一时之成,而其终必败。顺者有一时之败,而其终必成。观于今日之大势,则逆者一时之成已将过去,顺者最后之成将为事实。"

与复辟的袁世凯斗争,不但需要武装,还需要民心。而邵飘萍的这支犀利之笔,就是唤醒民意、振奋民心的魔杖,与蔡锷的军队一文一武、相辅相成,为推翻袁氏统治、重建共和起到了不可磨灭的作用。

蔡锷文武兼备,是民初革命党人中不可多得的帅才,他以重病之躯亲自率领滇军主力入川作战,1916年1月21日胜利占领川西南重镇宜宾。这一重大战果,使护国军威震全国,有力推动了全国护国运动。在护国战争中,年轻将领朱德脱颖而出。在泸州、纳溪前线,朱德奉命率部守卫纳溪城东郊的棉花坡高地,北洋军炮火猛烈,以致山头松林全部被炸毁。朱德勇猛善战,先后激战四十五个日日夜夜,坚守阵地,成为护国战争中蔡锷的"四大金刚"之一。

蔡锷

在川西南战事正酣的同时,李烈钧率护国第二军进军广西,护国第三军韩凤楼率部联合黔军开辟湘西战场;唐继尧为保卫护国军大后方,组织力量反击滇南暴乱。这一系列的战斗,使护国军在南方取得了胜利。邵飘萍以《向贵州进发》、《广西确已独立》、《祝云南义师克捷》、《壮哉泸州之占领》、《护国军发展之迅速》、《湖南独立之径路》、《再接再厉》等文章评述护国军形势。护国军每到一处,每有大战,他都要进行报道,宣传革命主张,坚持共和必胜的信念,他相信"义师克捷,可以促同胞之速悟"。

揭破"总统的新装"

如果北洋军内部团结,就像他们在二次革命时那样,那么,当时护国军一省或几省的力量,都不足以与之抗衡。但袁世凯称帝一举,使他众叛亲离。

内阁总理徐世昌是袁世凯的莫逆之交,然而对于袁世凯称帝,徐世昌认为,彼既逆天而行,就不足以为友,也就不必犯颜苦谏,因此,他自始至终不发一言。袁世凯称帝后,本欲拜徐世昌为上卿,位在百官之上,徐世昌则干脆告老还乡,每日作画遣兴,不问世事。袁世凯无奈,只好把他奉入"嵩山四友",入朝可以不称臣,不跪拜。徐世昌并不领情,反在日记中批评袁世凯道:"志为帝王之人多则国乱。"

冯国璋也是一个反对帝制的北洋实力派。帝制之说甚嚣尘上时,他曾专门进京询问袁世凯,袁世凯当即否认:"我决无这个意思,也决不会这样做。你看历史上,哪个朝代的皇帝是可以传之久远的,哪一个皇帝的后代是能够保全的? 就算我肯做,那么将来谁来继承帝位? 我大儿子是个瘸子,二儿子是个浪子,哪个能做皇帝?"冯国璋深信不疑。翌日,京沪各大报纸都刊登了袁、冯的此次对话。冯国璋也频频向人保证,说袁世凯决不会称帝! 因此,袁世凯称帝后,虽封他为一等公,但他恼羞成怒,拒不合作,令袁世凯十分不满。

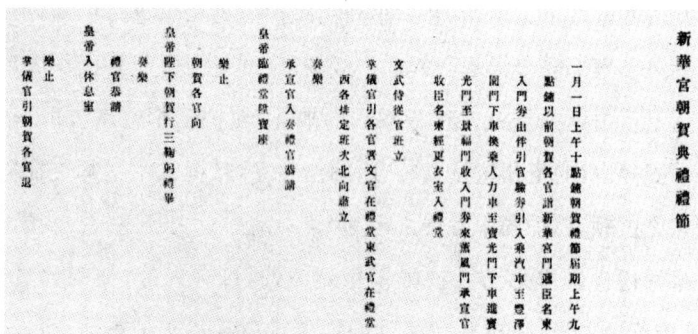

1916年元旦"新华官朝贺典礼礼节"单

为什么这些袁世凯的旧日战友会如此反感甚至抵触袁氏的称帝举动呢? 其实,说到底,就是两个问题,一个是观念上无法接受,一个是利益上无法调和。从观念上来讲,从帝国变成共和国,经历了十几年的斗争,全国各地,特别是城市中,都知道共和比帝制更开明、更民主,民心难变,也不可变,这些军阀们知道,一旦袁世凯称帝,他们就算不拥护,也会因为身为臣子而一起担上骂名。更何况,经历过晚清和民国,他们自己的心中也有一杆秤,觉得在共和制度下,确实比皇族拥有生杀大权的帝制要更利于官员,特别是高级官员。

而利益方面,则是军阀们无法接受袁世凯称帝的直接原因。本来,在共和体制下,各军阀各得其所,有自己管辖的地盘,相互之间保持着制约关系,并且都有继任国家最高领导人的可能。虽然袁世凯称帝表面上并没有损害到他们的直接利益,但突然之间从上下级变为君臣,其间的变化简直是天壤之别。在帝制的体制下,他们从此便失去了问鼎最高统治者的机会,而且要恢复前清那些君臣之间的礼仪,对这些军政精英来说,他们的自尊心也是难以接受的。

为了督促各地迅速表明态度,加速北洋军内部的分裂,邵飘萍接连发表《两将军之待时而动》、《敢问各省将军》、《各省将军尚待何时》、《未表示态度之各省将军注意》等文章,提醒北洋诸臣:"救国救民之功,无爵也!可历千古而不朽!王公侯伯,人爵也。袁氏所封之王公侯伯,则并不得名之。为人爵也,苟因恋恋,于是失救国救民之时,非特无功,且有大罪。"

邵飘萍的文章一出,更是令北洋几大实力派军阀陷于被动。他们不愿被袁世凯绑上复辟的战车,更不愿失去民心而成为光杆司令,他们所在乎的,无非是自己手中的权力,和能够服从他们管制的百姓。于情于理,他们都不能再和袁世凯纠缠不清了。在全国舆论的压力下,北洋大臣们审时度势,与袁世凯离心离德,甚至倒戈相向,这也是袁世凯失败的重要原因。

还有一个方面不可不提:袁取孙而代之,并于其后击败革命党,都与列强的支持分不开。因此,在一切重大问题上取得列强的支持,与他们保持一致,是袁政权生存的基本条件。而当袁"断行帝制",一意孤行时,列强也开始见风使舵了。

邵飘萍敏锐地觉察到了袁世凯与列强之间关系的微妙变化,便借《闻借款消息敬告日本政府》、《再告各友邦》、《敬请各友邦注意》、《正告美国政府》、《取消帝制与借款》等文章,敬告外国政府:"解决共和与帝制,为我国国内问题,友邦不必干涉北京政府,也不必干涉各处奋起之共和民军……若乘北京政府之恐慌,而攫取利权,应其借款,其影响必致使我国兵连祸结,为东亚和平之害,也为正义人道之贼。"邵飘萍和同一时期国内各报的言论,将西方列强有可能采取的策略提前揭穿,也就使得以往一向处于暗箱操作状态的事情被暴露在光天化日之下,全国军民拭目以待,帝国主义便也不敢轻举妄动,他们见袁世凯大势已去,索性釜底抽薪,开始积极寻找新的利益代言人。

"唤醒袁君之迷梦"

在沪上报纸的评论中,邵飘萍最能看穿袁世凯的阴谋把戏。

当袁氏政府对护国军束手无策,想制造南北分治的格局时,邵飘萍发表《我之解决时局谈》,表示:"平和解决,当以消灭帝制为前提;组织联邦,当以克复共和国体为前提。"当袁世凯兜售"限制君权说",以图迷惑众人时,邵飘萍发表《揭穿限制君权说之诡谋》予以反驳:"当为总统之时,其政权之莫能限制,伪造民意,帝制自为,卖国残民,皆所不惜,而谓使居君位,反可以限制其君权,有是理乎!"

对待袁世凯,邵飘萍的态度始终是鲜明的,甚至要比孙中山等革命党人更为坚决果敢。在1916年2月29日至3月2日的《时事新报》上,他发表了长达五千多字的文章《吾民不得不去袁氏之理由》,从内政、外交、法律等诸多方面,对袁氏不可当国,做了精辟的论述:

> 袁氏谋帝,盐斤加价,百物加税,商绝于市,工歇于肆,农歉于

野,士辍其学,到处是啼饥号寒之声,非去袁氏,则不足以收拾纷乱如麻的时局。

我国欲组织真正民意机关,欲望发达地方,确立自治基础,振兴教育;欲整治军队,使军队无干政之风,尽捍卫国家之职,则不得不先去袁氏。

对外威信扫地,独立国家之尊严被丢尽。不去袁氏,五大民族蒙羞。

为敲碎袁世凯的皇帝梦,邵飘萍有《唤醒袁君之迷梦》一文:"人生上寿不过百年,君既半矣,君果能悟于帝业之不可成,则不得不及早远引以去。君能去,尚不失为犯罪中之一忏悔行为也。不然多留一日,则国家愈危,国民愈苦,而君罪愈重。君所希望之复任总统,仍不可得,此损国害己者。"

这是对袁世凯的最后通牒,也是号召全国人民坚决抵制帝制的冲锋号角。果然,此文一出,全国上下要求袁世凯停止复辟活动、交出民国权力的呼声也随之高涨。

袁世凯当皇帝不成,又抛出若干谈判条件,计划重当总统,邵飘萍及时发表《噫——又伪造调停案》,指出:"上述种种,袁氏不去,前提不立。""无论伪造何项条件,……即袁氏日暮途穷之表征,内外俱困之佐证。吾民为求真正之共和政治,真正之自由幸福,所当牺牲其小者近者,以与袁氏争最后十五分钟之胜利。"

席卷全国的汹涌的讨袁浪潮冲垮了袁世凯的心理防线。1916 年 3 月,做了八十三天皇帝梦的袁世凯被迫宣布取消帝制,但仍想保留原来的大总统职位,但这只能是他的一厢情愿,全民反袁的势头更加激烈,原北洋势力比较强大的省份也宣布独立。特别是北洋派高层冯国璋与江西将军李纯、浙江将军朱瑞、山东将军靳云鹏、湖南将军汤芗铭一起通电全国,要求取消帝制,即历史上所谓的"五将军密电",这是袁世凯众叛亲离、北洋系分崩离析的一个标志。

1916 年,邵飘萍在上海

这一期间,邵飘萍撰发了《同迫退位》、《十五省劝退》等犀利文章,见诸沪上《申报》、《时报》、《时事新报》等三大报,把对袁氏的斗争坚持到了"最后十五分钟"。

"五将军密电"后,北洋派各头目出于不同的目的,开始公开致电劝袁退位。袁世凯在全国人民的唾骂声中,一病不起,6 月 6 日,袁世凯忧怒而死。

自 1916 年 1 月发表《顺逆辨》到同年 6 月 7 日发表《呜呼袁世凯》,据《时事新报》的不完全统计,署名"阿平"的社论就有三十六篇,时评一百三十四篇。邵飘萍从踏入报界,主持《汉民日报》开始,就同袁世凯斗争,一直坚持了五年,直到袁世凯死去,彻底铲除帝制。邵飘萍虽然曾因此身陷囹圄,乃至远走东瀛,但也因在报纸上的讨袁功绩,而扬名全国舆论界。

袁世凯死后,北洋军阀分裂为皖、直、奉三大派系。皖系的段祺瑞在日本支持下,控制皖、浙、闽、鲁、陕等省;直系的冯国璋在英美的支持下,控制长江中下游的苏、赣、鄂及直隶等省;奉系的张作霖以日本为靠山,占踞东北三省。另外,山西的晋系军阀阎锡山,徐州一带张勋的定武军,西南的滇系军阀唐继尧和桂系军阀陆荣廷等,都在列强操纵下,尔吞我并,争斗不已。

刚刚在新闻界崭露头角的邵飘萍接受了上海《申报》社长史量才的聘请,拟任该报驻京特派记者。随着中国政治权力中心的北移,北京的环境给邵飘萍的报业生涯开拓了一个新的天地,造就了闻名于中国新闻史册的一代报人。

五、"特别通讯"风靡沪上

山雨欲来

在全国上下的一致反对下,袁世凯在惶恐与悔恨中死去,北京政府群龙无首。我们可以说,孙中山、蔡锷等人的"护国运动"取得了胜利,保住了中华民国的体制;我们也可以说,以邵飘萍为代表的新闻知识分子的职业理想也得到了实现,他们用自己的笔捍卫自己坚守的道德理想和政治抱负,抨击时弊。

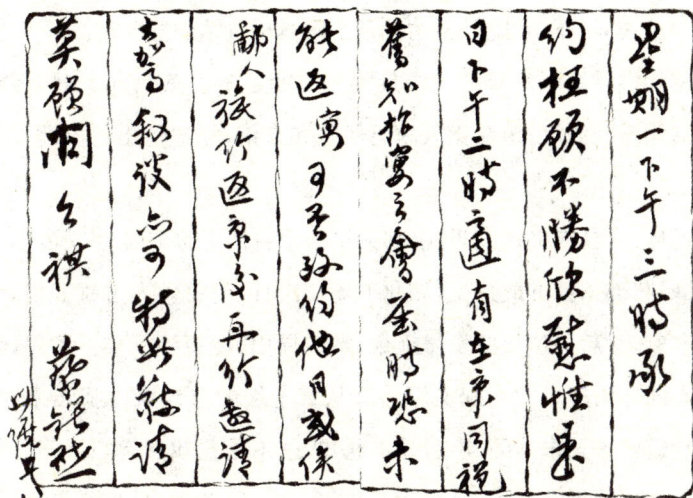

蔡锷手札

但是,从中国近代史的大背景来看,袁世凯死后,虽然革命的一方可以暂时安心地松一口气,但更大的暴风雨却正在慢慢逼近。当时最大的问题,就是政权应该如何交接,谁来做袁世凯的继承者。而围绕着这个问题,掀起了民国初年最大的一场高层政治斗争——府院之争。

依照相关"法律",袁世凯在死后预置的继承人,依次为黎元洪、徐世昌、段祺瑞。徐世昌坚持由黎副总统接任总统,段无奈接受,但心里很不舒服。他与黎元洪早在前清就意见不合,矛盾非浅。所以,危害民国的"府院之争",其实自袁世凯离世就已经开始了。

1916 年 6 月 7 日,黎元洪在东厂胡同私宅就任总统。黎元洪并非北洋出身,因此北洋系对他出任总统十分不满,拥至段祺瑞的国务总理办公室,要求段或者徐世昌接任总统。段祺瑞另有自己的打算:总统是谁并不重要,重要的是要实行责任内阁制,削弱总统权力,而增加总理权力。此外,黎元洪任总统,南方的军政府便无话可说。虽然总统的位子给了黎元洪,但没过多久,"府院之争"便迅速爆发。所谓"府",指黎元洪的总统府;所谓"院",指的就是由段祺瑞执掌的国务院。

黎元洪在民国初年的政治旋涡中是幸运的。武昌起义时,因革命党领袖均不在武汉,革命党人缺乏经验和自信,强迫他出任湖北军政府都督。

据传,武昌起义爆发当晚,黎元洪亲手将两名欲参加起义的士兵处决,并威胁部下:"谁敢造反,如此下场。"次日,革命党人占领武昌,为组建军政府,急需一位权威发号施令,掌控局面,便想到了黎。不料,黎拒绝:"谁同你们造反?"当起义军将其从黄土坡的参谋家中找出来时,他仍忿然道:"事先未与闻,事后又不通知,这不是儿戏,北洋兵一到,将如之何?"直到被拥到咨议局楼上,推为都督,仍旧连喊:"莫害我,莫害我!"革命党人李翎东用枪顶着他的脑袋,他仍旧不肯在安民布告上签字。直到三天后,黎见革命大势已成,才肯接受。于是后人遂称之为"枪口下逼出来的都督"。

南京临时政府成立时,黎元洪因为在南部军界的声望,又被推选为副总统。袁世凯窃取政权后,仍任原职。后来,为了大权独揽,袁世凯

解散国会,篡改《临时约法》,设参
政院,将黎元洪任命为院长,其实
也只不过是一个空头衔而已。黎
元洪毕竟不是北洋出身,和袁世
凯也没有什么深交,袁世凯对他
也是敬而远之,不为重用。

　　到了"洪宪帝制"期间,袁世
凯逆潮流而动,执意称帝,黎元洪
觉得袁氏此举简直是沐猴而冠,
极为反感。虽然袁世凯为了笼络
他,封他为"武义亲王",但黎元洪
拒不接受这一伪皇朝的封号。经
过了近百日的反复,袁世凯在一

黎元洪

片骂声中死去,中华民国的国名被恢复,一切制度也重新建设起来。按
照《临时约法》的规定,如因各种原因而导致总统之位空缺,应由副总统
继任总统。因此,在袁世凯时代被冷落的这位副总统黎元洪,意外地坐
上了总统的宝座。

　　黎元洪的资历,在拥兵自重、有"龙虎豹"之称的北洋军阀头子那
里,是没有多大威信的。因此,袁世凯时代的北洋班底成员都摩拳擦
掌,欲取而代之。其中的急先锋,就是段祺瑞。

　　段祺瑞在中国近现代史上是一个非常复杂的人物。后人说他有
"三造共和"之功,其中的二造共和就是指他在洪宪帝制中的表现。早
在筹安会和请愿团活动猖獗,全国上下纷纷劝进时,段祺瑞就发表了态
度鲜明的谈话,他说:"项城帝制自为的迹象,已渐显露。我当年曾发出
采取共和之电,如果又拥项城登基,将何以面对国人? 恐怕二十四史
中,找不出这样的人物吧! 所以论公,我即使死也不会参与;论私,我从

此只有退休,决不多言。"

到了帝制已箭在弦上时,他还跑去向袁世凯陈情:"此事危及国家安危和袁家的身家性命,万不可做,万不能做。"袁世凯勃然变色道:"这都是杨皙子和克定等人讨论的,赞同的人多而反对的人少,你何必如此大惊小怪?"他向袁氏进言:"此时悬崖勒马尚来得及,时机稍纵即逝,届时悔之晚矣。"后来他又两次去见袁,袁均称病不见。据传,段祺瑞还曾一度与蔡锷暗通消息,在护国运动中发挥过重要作用。

第一"特派员"

黎元洪、段祺瑞上台不久,邵飘萍把在上海的工作交代给了从日本归来的同窗潘公弼,便奔赴北京就任《申报》特派记者,成为中国新闻史上第一个享有"特派员"称号的记者。

1918 年竣工的《申报》新报馆大厦

《申报》是当时上海滩资格最老、销路最广的报纸。那时它的国内外新闻主要靠外国通讯社供给,本报的专电很少,刊登时则用二号大字或三号中体字,以显示它的矜贵。可是,这种"豪气"却在日新月异的报业发展面前显得不合时宜了。随着新闻业的发展,越来越多的报社开始重视本报专电,并各自将本报的专电作为报纸的一大特色。在这样的趋势下,各报社纷纷开始向大城市派驻记者,而派驻的记者中,又以驻京记者等级最高,其地位相当于报馆主笔。北京是当时的全国政治中心,各地消息无不集散于此,所以驻京记者除了写中央的政情之外,还可兼写全国各地的重大事件。

为了让《申报》也能在新闻报道与评论方面占有一席之地,《申报》社长史量才聘请邵飘萍出任《申报》驻京特派记者,规格很高,待遇也相当不菲。

然而,北京的新闻环境却不能和上海相比。作为中国经济的中心城市,当时上海的报业发展已经形成相当的规模,出版的报刊种类占全国的30%左右;报贩集团、代销店、固定读者群以及报馆经理、编辑、访员和撰稿人等职业分明、分工具体。在北京,报纸和新闻记者的形象却并不光彩,有人甚至说"中国一切现象之最腐败最无聊者,莫北京之报纸,若中国人之最混沌最无感觉者,莫北京之新闻记者"。

除此以外,在京记者的工作也很难开展。政府美其名曰"开诚布公",国务院设新闻记者招待厅,专门派人给记者提供消息,但实际上印刷分送给记者的消息,只是从政府文件中摘录无关紧要的几十字而已,根本不值新闻记者一顾。那些关乎国家民族命运的大事,根本无法得到及时而公正的反映。造成这种情况的原因,除了政府对外封锁消息之外,还有一个让人哭笑不得的理由——中国的报业发展起来之后,各报的本报专电纷纷写民情民生、政经大事,而且常常针砭时弊,效率极高,导致以往把持着通讯发布权的国外媒体无利可图。为着这个原因,外国通讯社与北洋政府勾结起来,把持消息来源,不容国人染指。

北京新闻编译社

耳闻目睹北洋政府对新闻的控制,北京报纸与记者的现实状况,邵飘萍非常愤怒,他在《愚与我国新闻界之关系》一文中云:"愚以他国人在我国有通讯者,率任意左右我国之政闻,颇以为耻。"为了改变这种状况,邵飘萍到北京不久,就在北京南城珠巢街自办了一家新闻编译社。

对于这家编译社,戈公振在《中国报学史》一书中曾给予很高的评价:"我国人自办通讯社,起源于北京,即民国5年7月(应为8月),邵振青所创立之新闻编译社是也。"其实,中国人自办通讯社的历史还可以前溯至1904年,广东老报人骆侠挺在广州创办的中兴通讯社,是中国人自办的第一家通讯社。

邵飘萍的新闻编译社是北京的第一家通讯社,它的出现,使北京新闻业的面貌为之大变。

当时京城里的大小官员个个都是世故圆滑的老油条,与记者周旋,常常是神龙见首不见尾,不是守口如瓶,就是环顾左右而言他。邵飘萍经过多次奔走,终于打破政府阁议的严密关防,争取到把阁议内容大半在新闻编译社首发。再加上北京政坛风云迭起,编译社每天都有一两条特别新闻引人关注,不仅引得国内各大报馆争相购买,也受到外国驻京机构的欢迎。

虽然编译社的规模很小,人手少,设备简陋,但延揽的业务却不少。编译社又编又译,既主编本国新闻,又翻译重要外电,每天晚7时左右,编译社成员就骑自行车把油印的编发好的消息送到京城的各家报馆,并用快件把这些消息邮寄到京外。

北京新闻编译社当年所编发的稿子,现已无完整资料可供查考,只能根据零星的记载来想象其当年的风貌。末代皇帝溥仪在他的《我的前半生》一书曾有过这样的回忆:

> 新闻编译社的消息,其中一段说到日本人对我的打算,它和后来发生的事情竟是那么吻合,简直令我十分惊讶:"其极大黑幕,为专养之以俟某省之有何变故,某国即以强力护送之到彼地,恢复其

祖宗往昔之地位名号。与民国脱离,受某国之保护,第二步再实施与某被合并国家之同样办法。"

这个文章后面又说:"此次溥仪之恐慌与出亡,皆有人故意恫吓,入其圈套,即早定有甚远之计划。""其目前之优待,供应一切,情愿破钞,侍从人员,某国个个皆买其欢心,不知皆已受其牢笼,为将来之机械也。"这些实在话,在当时我的眼里,都一律成了诬蔑、陷害,是为了把我骗回去加以迫害的阴谋。

从这段回忆中,可以看出编译社的消息直言不讳、一针见血,事实上它也确以其"消息最灵,记载最确,信用昭著"而誉满京城,这也算是邵飘萍对北京报界做出的一大贡献。

南社·老虎总长

在创办新闻编译社三个月后,邵飘萍参加了南社。

创建于 1909 年的南社,取"操南音不忘其旧"之意,发起人是陈去病、高天梅和柳亚子三人。他们都是同盟会会员,是孙中山的忠实信徒。南社成员以同盟会会员为骨干,多是知识界革命激进分子,辛亥前后,在孙中山先生"驱除鞑虏,恢复中华"的号召之下,他们创办报纸、出版刊物,鼓吹革命,宣传民众,拥护共和之声浪,遍及全国各大城市,势如潮涌。在数十家报刊中,其创办人、主持人、编辑和负责撰述重要文稿的南社社员,计有百数十人,故时有"文有南社,武有黄埔"之盛誉。

这是邵飘萍参加的第一个政治文化团体,他对南社的各项活动都较为热衷。

1917 年初,邵飘萍还受当时国民政府教育总长章士钊的委托,代管了《甲寅》周刊一段时期。《甲寅》周刊是章士钊受黄兴之邀而创办的。因为寅年在十二支当中属虎,所以在封面上绘有一虎,时人称之为"老虎报"。"老虎报"一跃向社会,就虎虎生威。章士钊也被称作"老虎总长"。

章士钊

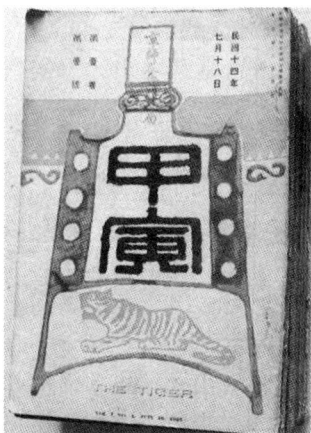

《甲寅》周刊

邵章二人相识于日本,当年流亡日本的邵飘萍给章士钊留下了"温温一美少年"的印象。在北京重逢,二人相见甚欢,章士钊对邵飘萍这时的文章给予了很高的评价,认为"清通简要,雅善讥弹,信良器也",所以才放心把馆务交给邵飘萍代理,自己忙于他事了。邵飘萍也乐于有这样一块可以施展自己想法的园地,欣然接受了章士钊的委托,并把一些重要的新闻安排在《甲寅》刊发,其间还有一段"抢新闻"的佳话。

当时,刚刚宣布参加第一次世界大战的美国极力劝说中国对德宣战,主张参战的段祺瑞与力主继续中立的黎元洪闹到了水火不容的地步。狡猾的段祺瑞以退为进,一走了之,回到了天津,而表面上占了上风的黎元洪却无法指挥受段祺瑞暗中操纵的政府,黎方寸大乱,只好派冯国璋做说客,把段祺瑞请回来。捞足了面子又占了上风的段祺瑞这才回到北京,到北京已经是 1917 年 3 月 6 日的深夜了。

邵飘萍闻讯去车站守候,但行踪隐秘的段祺瑞已提前离开。邵飘萍并不甘心,他乘坐汽车直奔府学胡同段祺瑞官邸。

邵飘萍挖掘独家新闻的急切心情与段祺瑞凯旋归来、洋洋得意的心理不谋而合。考虑到接受鼎鼎有名的《申报》驻京特派记者的采访是一个炫耀胜利的好机会,段祺瑞不顾舟车劳顿,从以往的争端到今后的打算,滔滔不绝地讲了三个半小时,一直持续到凌晨三点。

离开段府后,邵飘萍直奔《甲寅》报馆。在印刷所,邵飘萍把与段祺瑞谈话的内容插入要闻栏,边写边排,当日见报。这条新闻不仅以内幕独家取胜,而且时效相当快,堪称"今日讯"。出报不到半日,就被抢购一空。

可惜没过多久,邵飘萍就与《甲寅》分道扬镳了。在邵飘萍遇难几年后的1930年4月,章士钊发表了《论邵振青先生》一文,内云:"国民军勃兴,振青承迎,甚得窍要,……出为北京大学司其喉舌,……某大使者,以气力鞭篓青年男女学生,使尽弃所业,供其发纵。一二年间,上京学海顿如沸羹。文兄无以肃其教,官府无以勤其职,吾图文教精神浸亡。而振青者,实司机械启闭,多见政士文人,良家子女,累累伺振青之声音颜色以行,所获宣传弗至伙者是也。愚适兴邦教,有所兴作,振青辄大梗议……。"此文名义上为纪念研究而作,实际上却对邵飘萍多有毁誉,也道出了邵章二人分裂的根由——章士钊反对邵飘萍支持青年学生的反帝爱国运动。自然,当时作为教育总长的章士钊,对于学生运动的态度与他的职位有关——屁股决定大脑,有时候中国的事情就是这么微妙。

采访艺术与通讯时评

1917年5月,黎元洪总统府与段祺瑞国务院因是否参加第一次世界大战发生"府院之争"。段祺瑞对德宣战案被否决,他便唆使"督军团"通电要求解散国会。黎元洪即以免掉段祺瑞的国务总理作为报复,于是,皖系大将倪嗣冲通电脱离中央,并扬言率兵北上。黎元洪被迫召张勋入京调解。

黎元洪万万没想到,张勋进京不是为了确保他的总统席位,而是为了铲除共和,复辟帝制。

1917 年 6 月 30 日,张勋偕其同党潜入清宫,召开"御前会议",决定当晚发动政变。深夜,辫子军占据车站、邮局等要地,并派代表劝黎元洪"奉还大政"。7 月 1 日,张勋换上清朝冠服,率三百余人入宫,拥前清废帝溥仪"登极",接受朝拜,连续发布"上谕",改民国六年为宣统九年,易五色旗为龙旗,恢复前清官制。张勋自封议政大臣兼直隶总督、北洋大臣,集军政大权于一身,并通电各省,劝告响应,黎元洪被迫逃入日本使馆避难。

张勋

复辟消息传出后,激起全国各阶层人民强烈反对,孙中山在上海发表《讨逆宣言》,段祺瑞于 7 月 3 日在天津乘机组织讨逆军,由天津马厂率师迅速攻入北京。7 月 12 日,张勋兵败逃入荷兰使馆,溥仪再次宣布退位。段祺瑞于 7 月 14 日重新执掌政府大权。这就是历史上"张勋复辟"的闹剧。复辟前后仅十二天,即告失败。

当张勋的"辫子军"和段祺瑞的部队激战时,被辫子军控制的北京电报局禁止向外发送新闻稿。为了把北京的消息及时发往《申报》,邵飘萍从北京赶到天津发电报。走到丰台附近,邵飘萍被夹在交战双方之间,几乎丢了性命。事后,邵飘萍回忆说:"至今思之,犹为心悸。若果死,则责任心命我不得不死也。"

复辟期间,新闻编译社曾经被迫停业,复辟失败,编译社又恢复正常。邵飘萍在《顺天时报》刊出广告:"启者本社成立以来,日事供给报界以真确迅速之新闻材料,文为报界多数采用。此次张康叛国,言论顿失自由,本社也随多数报纸之后暂停数日。际兹共和复活,战事告终,奚定 7 月 15 日起照常发稿。"作为新闻记者,邵飘萍继续采访写作,他抢独家新闻的本事日趋精进,令同行们惟有感叹自愧不如。

经过一段时间的酝酿,北京政府终于决定参加协约国,对同盟国宣战。不过这项决定,还需要保守秘密,因此中枢各重要机关全部挂出了"停止会客三天"的牌子,国务院也不例外。邵飘萍当然不会放过"参战还是中立"这个大新闻,他决定深入"虎穴"探个究竟。他借了一辆挂着总统府牌子的汽车,坐上一直开进了国务院大门。邵飘萍在内传达室下了车,掏出名片,要求卫士长给他回禀一下。卫士长开始坚决要把他拒之门外,这时邵飘萍掏出了一千块钱,数出了五百元递给了卫士长,说:"总理见不见没关系,只要您给回禀一声,这五百元送给您买包茶叶喝。万一要是接见了我。那我再送给您五百,不知意下如何?"于是这位卫士长就拿着他的名片走进去了。不多时,邵飘萍就被请进了总理的小客厅。

虽然明知邵飘萍是为了参战与中立的新闻而来,也曾领教过这位名记者的厉害,但在"府院之争"中已胜券在握的段祺瑞还是很想借机吹嘘一番。在邵飘萍做出了"三天内如果北京城走漏了这项机密,愿受泄露国家秘密的处分,并以全家生命财产作担保"的保证,并当场立下军令状后,段祺瑞告诉邵飘萍,民国决定参加协约国对同盟国宣战,并首先调动在法兰西的十五万华工,协助协约国修筑工事等等。

从总理府采得消息后,邵飘萍即刻坐着汽车赶到电报局。他把消息用密码拍到上海新、申两报。上海报馆接到这条重大新闻,立时就印行了几十万份"号外"在上海滩叫卖。当时北京至上海的铁路还没有通车,报纸号外由上海到北京必须由轮船运,行程四天。当上海的号外运到北京时,已经超过"三天内北京城里不得走漏消息"的约定,即使段祺

一战时欧洲战场上的华工队

瑞知道了,也是无可奈何。邵飘萍的机智、果敢由此可见一斑。

邵飘萍的采访技巧连张季鸾都赞叹不已:"飘萍每遇内政外交之大事,感觉最早,而采访必功。北京大官本恶见新闻记者,飘萍独能使之不得不见,见且不得不谈,旁敲侧击,数语已得要领。其有干时忌者,或婉曲披露,或直言攻讦,官僚无如之何也。"蒋梦麟也称赞他:"飘萍先生采集新闻也,其手段敏捷,其观察精深,权轻重而定取舍,聚孤立之事实,作系统的报告,明言暗示,富于兴味。"

除了采访之外,邵飘萍的通讯文章也因见解独到、文字雅善明快,常使读者产生阅读的快感。对此,徐铸成曾回忆说:

> 当时上海各报的声音,主要在"北京特约通信"上,《申报》的"飘萍"通信,《新闻报》的"一苇"(即张季鸾)通信,《时报》的"彬彬"(即徐凌霄)通信,最吸引人。报纸来了,我首先找这三位的通信(当然,十九是抢不到,要第二天看),看到登着时(他们的通信,大概隔三四天登一篇),总如饥似渴地阅读,有时为他们优美的文风

和深刻细致的描述所钦折、赞叹。他们的文笔,各有特色,相同的是于深入描述当时北京政坛的内幕以外,还带有必要的分析和评议。从这里,读者也真正了解到政局的真相和各派势力之间勾心斗角的情势。

和消息不同的是,通讯是标准的"国货"。19世纪70年代,为了把外埠新闻详尽地报道给读者,除了电传外,还用轮船邮递的方式,将新闻稿件邮送回国,当时称之为"通信"。随着科技的发展和时间的推移,"通信"就慢慢变成了"通讯"。后人总结新闻史,"我国报纸之有通讯,实以黄远生为始",确定是黄远生开创了通讯这种新闻文体。此前,"通讯"一词仅指由外埠邮寄传来的新闻,称为"某地通讯",以区别于电讯。通讯文体较自由,颇像散文体,给作者很大的创作空间,有时竟然可以穿插"蒙太奇"的手法。这种白描式刻画、极具现场感的文字,一出现就广受读者追捧。

邵飘萍在第一篇通信中,就夹叙夹议地对议政制度荒废后的荒唐场面直言抨击:"观于议场之状态,缺席既多,逃席又众,如前数日,竟以罚金限制之。反观之,则诸君之不得已而不缺席逃席者,为金而已。间日来坐数小时,而年受六千金之发费。试问诸君将何以对国家,何以对国民也!"又说:"议员别有所忙,则为己运动官吏,与为人运动官吏是矣!"

邵飘萍在报道国会中研究系、交通系两系之暗潮说:"竞争云者,岂政见之谓哉!位置而已,饭碗而已!论者以为数年以来之政潮,无一非人的问题所引起,愚以为名词太雅,简而言之,曰'饭碗'耳。"在写通信的时候,将自己的观点犀利地表现出来,让读者为了他的议论而激动,这是邵飘萍通信采写的过人之处。

铁屋中的呐喊

张勋复辟失败后,直系首领冯国璋与皖系首领段祺瑞共同瓜分了北京中央政权。段祺瑞虽以"三造共和"的英雄姿态重返京师,但拒不召开国会恢复约法,背地里却主张先召集临时参议院,重新审定国会组织法和选举法。另外,他还积极扩充军队,想以武力铲除孙中山领导的护法军政府。此时,孙中山也看清了段祺瑞的险恶用心,决心用"武力护法",扫除北洋军阀。1917 年 7 月,孙中山率军直趋湘、赣、闽三省进行北伐,揭开了护法战争的序幕。此时距邵飘萍到京整整一年。

目睹国内纷争的政治格局,作为报人,邵飘萍只能在文章中抒发自己对当局的不满,他写道:

> 愚居北京一年,历观各方专有一部分实力者之行动。窃以我国政治已猛力退化而返于上古游牧时代之酋长政治,盖惟酋长政治时代乃有各争地盘之陋习。今之所谓某占北方,某占长江流域,某占西南,盖无一非地盘主义。此种思想一日不除,则国内纷争一日无已,即一日无政治可言。今虽此征彼战,各怀灭此朝食之野心,其结果多费光阴,多糜械饷,多断送主权于外人,如因此而向外人借款,两方盖皆有之。

邵飘萍认为争夺地盘、争取独尊地位而不惜出卖主权、挑起战争的军阀,他们外表看上去是一派新潮打扮,但骨子里却仍是旧中国那种酋长、土豪做派。他们以为借助列强的力量就能让自己坐稳位子,而且还想有朝一日大权在握,将列强踢到一边去——中国人善用此种"以夷制夷"的外交,自战国时的苏秦至晚清的李鸿章都将此术奉为圭臬,梁启超曾一针见血地指出:"李鸿章之外交术,在中国诚为第一流矣。而置之世界,则瞠乎其后也。李鸿章之手段,专以联某国制某国为主,而所谓联者,又非平时而结之,不过临时而嗾之。盖有一种战国策之思想横于胸中焉。观其于法越之战,则嗾英德以制法;于中日之役,则嗾俄英以制日;于胶州之役,则又欲嗾俄英法以制德。卒之未尝一收其效,而往往因此桎梏,所失滋多。"梁启超评价的不但是李鸿章这个个体,更是整个19世纪后期20世纪前期中国外交界的全貌。

显然,邵飘萍注意到了这一点,而且忧心忡忡地觉得这样的后果,只能是将国家主权拱手让人,到头来,不过是百姓受到更大的苦痛。

不幸的是,邵飘萍的担心变成了现实。段祺瑞上台后的第一笔大借款就是对日本的五百万借款。邵飘萍在报道这个消息时说:"对于此事政界又有一种传说,五百万借款之定议内中当有一段秘密,即回扣以外,尚有三十万之酬劳金,此款为日本人居间者所得,抑系我国人所得到则不可知云云。但观于丧权如此之大,成事如此之速,不无可疑者,吾人固不念果有此种污辱国家之事,惟依有闻必录之

段祺瑞

例,姑为志之,以待他日之证明可耳。"又说:"数月以来,北京政府,惟闻借款借款之声。……北京多数之报纸,除报捷外无记事,除歌颂外无评论。愚以为吾人对于政府应为诤友,不应为逢恶长恶之小人,故愚殊不敢放弃其职责也。"

邵飘萍不但揭露了借款背后的小动作,更是犯了"行规",在自己的报道中明确表示了对那些粉饰太平的记者、报社的不满和指责,直接称他们为"逢恶长恶之小人"。这段话中,隐约有一些弦外之音——此刻的邵飘萍,在形单影只地作战。

1918年5月,中日两国政府代表先后在北京签订了《中日陆军共同防敌军事协定》和《中日海军共同防敌军事协定》。所谓"防敌",是指防

十月革命后的苏维埃俄国。当时,国际帝国主义武装干涉俄国革命。日本企图乘机侵略俄国,并独占中国东北地区。

北京东交民巷日本使馆

"协定"的主要内容是:中国与日本采取"共同防敌"的行动,日军在战争期间可以进驻中国境内,可以在北满等"军事行动区域之内设置谍报机关",中方要承担向日本提供"军事所要之地图及情报";日军在中国境外作战时,中国应派兵声援,而且还要置于"日本军司令指挥之下";作战期间,两国互相供给军器和军需品。

针对这两款看上去是平等合作,实际上是军事管控的侵占条约,邵飘萍指出,"无奈国力悬殊,则文字愈见其平等者,实际必将有不平等之结果焉","观于以往我国与他国所订之条约,往往其正约尽属虚文,而附件则含重大之意义。此次所订之约其主要部在于正条,抑在于附件,乃国人所急需研究之事,今既付诸秘密,则附件所载究竟如何? 自不能不令人注意也"。

邵飘萍关注的条约内容首先由中国留日学生获悉,彭湃等在东京游行抗议,结果遭到日本警方的迫害镇压,多人被逮捕。邵飘萍闻讯,马上将情况披露于新闻界,说学生"对外交之疑惧,乃人应有之心理,而对于国内之争,并无偏袒或干预之意",为学生鸣不平。留日学生继而罢学归国,在各地组织救国团体,进行爱国宣传。从5月到8月,从日本归来的就有两千多人,邵飘萍和高君宇、邓中夏、许德珩等人都对这些学生的爱国行动给予了积极的肯定和支持。这年夏天,归国的留学生和北京、天津、上海等地学生联合起来,在北京大学成立了一个全国性的爱国团体"学生救国会",邵飘萍对此给予了大力支持。

1918年9月,北京政府与日本交换了关于向日本借款的公文,作为借款的交换条件之一,又交换了关于山东问题的换文,其主要内容为:

一、胶济铁路沿线之日本国军队,除济南留一部队外,全部均调集于青岛。

二、关于胶济铁路沿线的警备:日军撤走,由日本人指挥的巡警队代替。

三、胶济铁路将由中日两国合办经营。

北京政府在换文中,对日本的提议"欣然同意"。这些都是秘密进行的,新闻界和其他社会各界均被蒙在鼓里,事情直到巴黎和会召开才被捅了出来。难怪邵飘萍会对段内阁有如此评价:"自袁氏以来,失败者多矣,不谓段内阁之又复如此也!呜呼,可哀也矣!"

"国家公器"在民国初年的乱世中,竟如同儿戏一般,不免令人迷茫、惘然,正如鲁迅先生笔下的感慨:

我想,我的神经也许有些昔乱了。否则,那就可怕。

我觉得仿佛久没有所谓中华民国。

我觉得革命以前,我是做奴隶;革命以后不多久,就受了奴隶的骗,变成他们的奴隶了。

见过辛亥革命,见过二次革命,见过袁世凯称帝,张勋复辟,看来看去,就看得怀疑起来,于是失望,颓唐得很了。

从 1916 年到 1918 年的两年间,邵飘萍为《申报》写了二百五十一篇、一百二十二万余字的"北京特别通讯",风靡全国,声誉大振。在世人的眼中,他风流倜傥,慷慨豪迈,长于辞令,乐于交游,上至总统总理,下至仆役百姓,他都说得拢,谈得来。"邵飘萍"三个字,成了当时新闻界一个响当当的名字。

如果说鲁迅对时局的态度,是冷峻的敌视,那么,邵飘萍则是愤懑的呼号。在邵飘萍的字里行间更多跳跃的是激情,尽管这激情中充满了苍凉。

六、执业治学,中流砥柱

报业的大时代

从 20 世纪的最初几年开始,中国政治舞台上的各个阶级、各个政党、各个政治团体和各派政治力量,都无不和报纸保持着密切的关系。他们或者自己办报,或者以直接间接的方式控制报纸,力图把报纸掌握在自己的手里,为他们的政治利益服务。革命派的同盟会在东京,其分支机构中部同盟会在上海开会时,讨论的第一个议题,都是办报。

孙中山后来总结辛亥革命的经验时,曾经充分地肯定报纸的作用,甚至认为辛亥革命之所以能够取得胜利,报纸宣传工作的功劳占了九成,武装起义的功劳只占了一成,正如浙江诗人蒋智有云:"文字收工日,全球革命潮!"

民国成立以后,受《临时约法》保护公民言论出版自由的影响,在全国范围内掀起了一股办报热潮,其中绝大部分都是资产阶级政党报纸。不仅国会中的同盟会(国民党)和共和党(进步党)两大党团各自办了一大批报纸,连党员人数不多,很不起眼的大同民党、东社、中国社会党、自由党、工商勇进党、中华共和宪政会、中华平民党等十几个小党,也纷纷办起了自己的报纸。

北洋政府统治时期也是这样。国会内的各个政治派系,北洋系统内的直系、奉系、皖系等各路军阀和分疆而治的各个地方实力派,都办有自己的报纸,为自己作鼓吹。奉系的《东方时报》,皖系的《公言报》,直系的《正义报》是其中突出的代表。这一时期北京先后出版过九十多家报纸,几乎全部有上述的政治背景。张静庐在《中国的新闻纸》一书曾对当时的情况作过这样的描述:"每一次政局变动,同时就有一大批报纸连带倒坍,但是过了几时,又有一批新的日报出现在大栅栏的报摊上了。"

就是这样的一个大时代,让新闻成为影响人们生活,并且影响人们观念的事物。新闻甚至已经能够超越传统的经典,让广大民众都为之欢喜为之忧。因此,报人、新闻记者,也就成为那个时代一批有理想的知识分子,包括邵飘萍的人生理想了。

不过,在这样的大时代下,也是大浪淘沙,贤愚互见。那时确实出现了一大批著名的报人与记者,但因为新闻与报纸在社会上的影响力,也产生了一批以此为生计但无职业道德的报业蠹虫,而这批蠹虫的人数自然比邵飘萍之类的精英人数要多,而且制造出来的新闻报道也更多。所以,在民众眼里,"无赖"成为访员的别号,"谣言"是报纸的代称,根本没什么信誉可言。

以格调低下的"鸳鸯蝴蝶派"为中心的报纸副刊和小报期刊泛滥成灾,有报无社的"马路小报"、"鬼报"、"黄色报"等等自我麻醉,也麻醉着更多的国民。许多报人仅仅把办报作为投机的敲门砖,报纸言论退化,政论变少或取消,所谓的大报也陷入依附政治势力或利益团体的境地。在当时北京的报纸中,《北京时报》是段祺瑞的喉舌,《黄报》接受张宗昌的资助,《顺天时报》是日本人的报纸,《晨报》则属于研究系。大家各为其主,常常相互攻讦。

自立门户,《京报》诞生

张季鸾曾这样评价从晚清到民初的中国报人:"中国报人本来以英

美式的自由主义为理想,是自由职业者的一门。其信仰是言论自由,而职业独立。对政治,贵敢言,对新闻,贵争快,从消极的说,是反统制,反干涉。"

作为一个奉行自由主义理念的新闻记者,邵飘萍深切地感受到必须有一份自办的报纸,来表达自己对时局和公共问题的看法,于是他不等《申报》特派记者的聘任期满便辞去职务,并把自己的好朋友潘公弼召到北京,于1918年10月5日创办了《京报》和附刊《小京报》。

"京报馆"的二层砖楼

《京报》的创办经费来源于邵飘萍这些年从事报业的积蓄,还有一些志同道合的友人的微薄资助,所以条件非常简陋,报馆最初就设在邵飘萍位于前门三眼井的家中,也没有自己的印刷厂,报纸是委托别人代印的。最开始,也只有邵飘萍和潘公弼两人,承担着《京报》和新闻编译社的全部工作。当时新闻编译社每天分三个时间段发电稿:第一次是下午三四点钟,各通讯社和报馆的消息汇集,大多为普通新闻,由《京报》编辑主任潘公弼代发。第二次是夜里九、十点钟,收到部分要闻,大多是新闻稿。第三次发稿是夜里十二点以后,通常是急电,甚至是密电,由邵飘萍亲自编发,工作十分劳累。

《京报》出版一个月后,销量就从最初的三百份增长到四千份,成果喜人。邵飘萍和潘公弼非常欣慰,以后他们陆续又招聘了几个编辑、助理,决心把报纸办得更好。

因为不依靠政党津贴,无党无派,因此《京报》不必仰人鼻息,对国内外各种重大问题的报道和评论,基本都是按照邵飘萍本人的意愿进行的。邵飘萍办报伊始就把矛头对准了当时民愤极大的安福系。

安福系因其成立及活动地点在北京宣武门内安福胡同而得名,它的政治靠山就是由段祺瑞领衔的皖系军阀。1918年3月,在段祺瑞亲信徐树铮的策划下,王揖唐、王印川、光云锦等皖系政客在安福胡同成立安福俱乐部,为该系形成肇始。在1918年8月的新国会选举中,安福系以非法手段操纵选举。在全部议员的四百多人中,安福系即占三百八十余人,王揖唐被举为众议院议长,北洋元老徐世昌为大总统,因而这届国会被称为安福国会。为了以实际行动取信于民,《京报》在创刊号的第二版"特别记载"栏目,专门刊登了安福系违法乱纪的新闻。

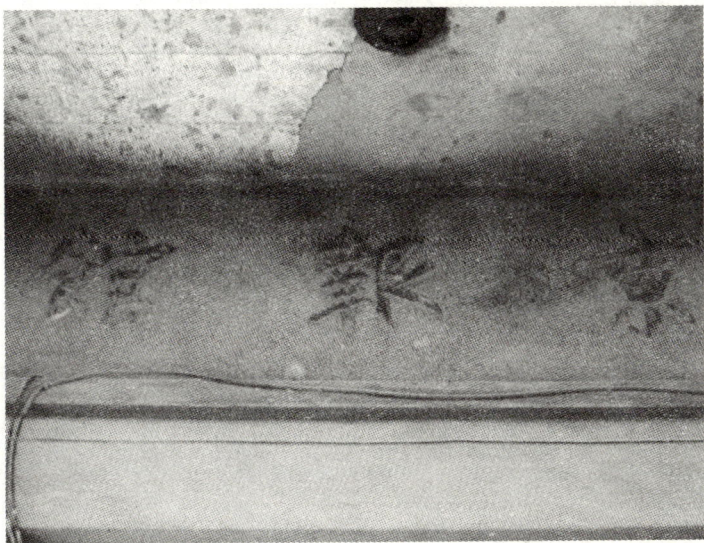

邵飘萍手书"京报馆"

当时,舆论界多为"津贴费"左右,受领津贴费的报社、通讯社多达上百家,有的报人以领宣传费过活,有的甚至还专门敲诈勒索。对这些怪现状,报界大多睁只眼、闭只眼,彼此相安无事。邵飘萍在《京报》上大力抨击这些丧失新闻公正立场的同行，这一行动使《京报》的形象大为提升，声望日隆。

为《京报》吸引读者注意力的还有它的附刊《小京报》。我国报纸的副刊出现于清代末年，不过当时不叫副刊，称为"附张"或"副张"，被人看作是"报屁股"。1897年11月24日上海《字林沪报》的副刊《消闲报》问世，和以往的"报屁股"相比，副刊第一次有了固定的刊名，固定的出版日期和独特的内容。从此以后，新闻、评论、副刊、广告，组成中国报纸四大内容，被称作"中国报纸的四大件"。

北洋政府统治时期的报纸副刊是"鸳鸯蝴蝶派"和"黑幕派"的天下。"鸳鸯蝴蝶派"以描写男女之间的爱情、名人逸士的私生活为主要内容，"黑幕派"以揭露政界、军界、商界的黑暗面为标榜，不过也是利用报纸相互攻讦罢了，正如鲁迅曾经说过，这些文章"丑诋私敌，等于谤书；又或有谩骂之志，而无抒写之才"。针对这些自毁的风气，邵飘萍决定"宁可牺牲一部分之销路，决将此类稿件一扫而空"。面目一新的副刊《小京报》引起了极大的关注——"学者文胥极注意，蔡孑民（蔡元培）博士特进嘉言"。为此，邵飘萍特意约请《小京报》同事和作者吃饭，欢庆胜利。

《国民》顾问

初办的《京报》以自己的言论和行动，迅速赢得了大批拥趸，尤其是文人学者和进步的青年学生，邵飘萍也把支持进步青年学生作为自己的一项日常工作。

1918年夏天，中国留日学生因反对《中日陆军共同防敌军事协定》和《中日海军共同防敌军事协定》而罢学归国。他们回国后，得到了天津、济南、南京、上海等地学生的积极支持，最后成立了全国性的学生救国会。为便于开展活动，救国会成员于1918年10月20日在北京成立国民社，蔡元培、李大钊、邵飘萍都是它的积极支持者。

国民社以"增进国民人格，灌输国民常识，研究学术，提倡国货"为宗旨，公开声明它是"由学界青年组织而成，并为一般青年学子公共言论机关"。国民社团结了许多具有爱国思想的青年知识分子，会员近二百名，其中既有初具共产主义思想的黄日葵、邓中夏、高君宇、许德珩、顾颉刚等人，也有无政府主义者、国家主义分子、基尔特社会主义者等不同类型的知识分子。当时还是北大学生的邓中夏、许德珩被推举为编辑股干事，张国焘为总务干事，邵飘萍和徐悲鸿受聘为顾问，李大钊为指导。成立那天，邵飘萍、蔡元培出席祝贺。

邵飘萍在他的祝贺演说中曾说：

> 吾国今日所最缺者为国民之学术思想，国民在学术上无所表示。在日本东京等处，杂志甚多，小道如弈，亦且研究甚详，而国民互相传递心理，法至善也。今既有杂志之组织，甚望能导国民于学术之途。唯开办伊始，于永久维持不可不有所顾虑。如为鄙人能力所及者，当竭力相助。

这番讲话表明了他扶持该杂志的原因和决心，给学生们以极大鼓舞。

1919年1月，《国民》杂志正式创刊，内容与当时反帝爱国的时局遥相呼应，政治色彩非常浓厚，如黄日葵的《东亚永久和平之基础》、邓中夏的《中日新交涉》等，都把笔锋对准了日趋尖锐的中日矛盾。

《国民》杂志社员们的思想异常活跃，他们公开谈论国事，开演讲会，活动频繁。邵飘萍顾问一职也并非虚职，他不仅指导杂志的编辑出版，还多与社员们交流思想，鼓励他们坚持自己的理想。如在后来的一封致青年学生们的信中，邵飘萍就写道：

> ……弟平时在言论界之所主张，每以为欲救中国，其根本在国民之自觉。国民自觉，则无赖、军人、下等政客，凡是为国家进步障碍者，自然归于淘汰。盖世界各国断无有国民毫无能力而国家有

振兴之希望者。此种议论,弟在京沪报纸评论、通讯栏内,遇有机会辄发表其大略。今后仍抱定此旨,以尽提倡之责,纵为权贵官僚所不喜,职务所在,不敢辞也。贵社创刊杂志所注之四大端,正合鄙怀,致深钦仰。所望认定宗旨,始终不移,需助之处,惟力是视。

立新闻为学术

几乎在创办《京报》、担任国民社顾问的同时,邵飘萍还参与创办了我国第一个新闻研究与新闻教育团体——"北京大学新闻学研究会"。在此之前,中国的新闻学研究和新闻教育事业尚属空白。1918 年,正在北京大学上学的罗章龙等有感于中国有新闻业,但无新闻教育,就向从美国留学归来的徐宝璜和常向学生们组稿的《京报》社长邵飘萍进言。邵飘萍十分支持,致信蔡元培校长,建议北大设立新闻学科。对此,徐宝璜曾回忆:

> 吾国新闻教育,实滥觞于民国七年北大所立之新闻学研究会。而飘萍先生于此会之设立亦与有力。因蔡子民校长与余初虽亦拟议及此,但无具体计划。及飘萍先生函催促,始聘余为斯会主任,并请飘萍先生及余分任讲演。

1918 年 10 月 14 日,北京大学新闻学研究会正式成立,会址设在北京大学红楼 34 教室。第一期学员就有毛泽东、罗章龙、高君宇、陈公博、谭平山、杨晦等人。邵飘萍和徐宝璜分任采访和编辑课教员。邵飘萍从 11 月 3 日开讲,每星期上两个小时的课,授课内容包括世界各国新闻机构的组织情况、报纸出版程序、新闻采访的任务,以及记者应有的素质、品格和采访准备等。

邵飘萍认为中国新闻事业不振兴的根本原因在于新闻人材的缺乏,为了把学生培养成为新型的记者人材,邵飘萍可谓煞费苦心。如为了让学生们能搞好社会报道,他特别强调要重视做好关于劳工运动的调研,并亲自拟好了有二十九项要素的调研纲目,包括公司组合、工厂

北京大学红楼旧影

及地方名称;工厂等所有者及经理人姓名;罢工者人数;以前该地有无罢工,其时日及原因(与今次比较);劳动者方面代表的姓名;今次罢工的真正原因;劳动者方面提出条件(如对工资削减不平,及加工资要求等);工厂方面提出的条件;劳动者与工厂争论始末;现在的工资;劳动时间;工资及时间,近来曾行改革否;与其他地方企业的工资时间比较;劳动者的团结力;劳动者中破坏团结作业者;罢工前途的预测;劳动者已受到社会方面的同情;上次罢工时的结果;与工厂接洽总代表姓名;解决前途的推测,调停者活动情况;罢工业务的种类产额及现况;新劳动雇人之预计量;雇主等的威吓行动;警方之处置;罢工的结果;工会方面的光景;工厂方面的态度;罢工者罢工中之生活费所从出;商业及公众所蒙受的影响等。

这一纲目涉及到劳工运动的方方面面，从侧面反映了邵飘萍认为新闻学实为"处世穷理之学"的思想，"新闻知识者，不仅应用于新闻而已，凡观察社会上政治上一切事物，苟其具有新闻之知识，则较之一般人为易觅得事物之要领，加以正当明确之判断"，这些思想对学生们来说有耳目一新之感，特别是渗透其间的同情劳工的意识对他们的影响非常深远。

在这些学生中，如毛泽东、罗章龙、高君宇、陈公博、谭平山、杨晦等人都是中国最早的共产主义者，罗章龙后来办了《工人周刊》，高君宇是北大《新潮》杂志的主要编辑，后又参与编辑中共机关报《向导》周刊和中共北京区委刊物《政治生活》。

特别值得一提的是毛泽东。当时走出湖南、奔向北京的毛泽东，最初目的是留法勤工俭学。但经过反复考虑，毛泽东决定放弃留学，留在国内学习，研究国内问题，了解中国国情。经恩师杨昌济介绍，毛泽东结识了在北大任教的李大钊，李大钊介绍他做了北大图书馆助理员。进北大不久，新闻学研究会成立了，对新闻事业很感兴趣的毛泽东立即报名参加，成了邵飘萍的学生。对于这段经历，1936 年，毛泽东在接受美国记者埃德加·斯诺采访的时候曾回忆：

> 由于我的职位低下，人们都不愿同我来往。我的职责中有一项是登记来图书馆读报的人的姓名，可是对他们大多数来说，我是不存在的。在那些来阅览的人当中，我认出了一些新文化运动的著名领导者的名字，如傅斯年、罗家伦等等，我对他们抱有强烈的兴趣。我曾经试图同他们交谈政治和文化问题，可是他们都是些大忙人，没有时间听一个图书馆助理员讲南方土话。但是我并不灰心。我参加了哲学会和新闻学会，为的是能够在北大旁听。在新闻学会里，我认识了一些同学，例如陈公博，他现在在南京做大官；谭平山，他后来参加了共产党，以后又变成所谓"第三党"的一

1920 年 1 月 28 日,毛泽东(左 4)、罗章龙(左 6)、邓中夏(左 7)等湖南驱张(敬尧)代表在北京陶然亭合影

员,还有邵飘萍。特别是邵,对我帮助很大。他是新闻学会的讲师,是一个自由主义者,一个具有热烈理想和优良品质的人。

这段回忆非常有意思。毛泽东在窑洞中将往事娓娓道来,斯诺则一字不漏地记录。结合毛泽东一生的经历,特别是他对知识分子、对新闻报业的态度,可以看出,那段在新闻学会的日子,对他来说是多么重要。

当年,毛泽东在新闻学研究会听课之余,还到邵飘萍的住处拜访他,与他长谈,交换对一些问题的看法。邵夫人汤修慧曾回忆:

那时毛主席是北大职员,平易近人,到我家里来,很有礼貌,叫飘萍为先生,叫俺为邵师娘。

邵飘萍的另一位夫人祝文秀,也曾有类似的回忆,她说:

飘萍每日工作非常忙碌,经常有人来看他,毛主席就是其中的一个。当时毛主席还是个青年学生,飘萍亲切地称他为"小毛"。

我在羊皮市住家时,毛主席来过好几次。来的时间总是在午饭以后,飘萍在午睡,他就在客厅间等候,一个人坐着,不大说话。……当我去接电话或打电话碰见他时,他总是很有礼貌地站起来,向我鞠躬致意。

邵飘萍对这个满嘴湖南乡音,但却胸怀天下的"小毛"很欣赏,在困难时期,邵飘萍帮过毛泽东的忙,给过他一些资助。1919年12月,毛泽东因领导反湖南督军张敬尧的学生总罢课,到北京寻求支援,此时邵飘萍避难东京,毛泽东还在被封的《京报》馆住了个把月。

1920年6月,毛泽东从上海写信给罗章龙,询问邵飘萍的情况,并说邵是他关心的人。1949年4月21日,毛泽东亲自批准邵飘萍为革命烈士,那时正逢建国前的紧张时刻。50年代,毛泽东在接见新闻界人士时曾说,胡适说自己是他的学生纯属吹牛,其实自己是邵飘萍的学生。可见两人虽然交往不多,但仅比他年长七岁的邵飘萍还是给毛泽东留下了深刻的印象。直到1974年,81岁高龄的毛泽东在会见外宾时,还提到邵飘萍,说鲁迅知道他。

对一个在北大图书馆做工的青年尚且如此温和、尊重,邵飘萍对青年学生自然是充满亲和力与影响力了。可能,在毛泽东的心中,邵飘萍是那个在他青年时代可以教导他如何"指点江山、激扬文字、粪土当年万户侯"的精神导师,更是一个在政见上、理想上可以和他交谈并与他平等交往的长者。

《国民》杂志社的成员、新闻学研究会的会员,尤其是他们当中的骨干分子,后来大都成为五四运动时期全国各地的风云人物,有的成了中国共产党的早期党员和党的领袖人物。作为五四时期的思想领袖,陈独秀、李大钊广为人知,其实,邵飘萍也和他们一样,是对革命青年有过重大影响的人物。

七、"五四"大转折

幻灭的希望

古语云:树欲静而风不止。

这句话,在中国历史上,一次次应验。

第一次世界大战之后,也是这样。自 1840 年以来,这片土地就经历着旁人看来难以忍受的屈辱。好不容易等到辛亥革命,民国成立了,但是有袁世凯的复辟,有"二十一条";袁世凯死了,但是有府院之争,有段祺瑞的参战之议;大战结束了,中国成了战胜国,似乎也是在 20 世纪的前期"崛起"了——但,这不过是一个五彩斑斓的大肥皂泡而已。

1919 年 1 月 18 日,法国巴黎阴雨绵绵,四十八年前,拿破仑三世的沮丧和威廉一世的高傲还让这里的人们记忆犹新,确立第一次世界大战结束后"文明世界"新秩序的巴黎和会又在此召开了。二十七个战胜国的代表出席了巴黎和会,在正式代表之外,还有大批的顾问、随员、秘书以及蜂拥而至的新闻记者。

与其他战胜国代表团浩浩荡荡的规模不同,中国代表团只有以外交总长陆徵祥为首的五个人,看上去更像一支来观摩的考察团。他们此行的目的是要求废除帝国主义在华之特权,收回战败国德国在中国山东享有的权益。

在 4 月 30 日举行的最高会议上,"三巨头"——法国总理克里孟梭、英国首相路易·乔治、美国总统威尔逊做出了一个"在亚洲播下动乱的种子"的决定:由日本继承德国在山东的一切权利。更令人气愤的是,毫无志气的中国代表竟然准备在和约上签字。

5月1日,上海《大陆报》最先透露中国外交在巴黎和会上完全失败的消息,说中国政府"接巴黎中国代表团来电,谓关于索还胶州租借之对日外交战争,业已失败"。

5月2日,北京《晨报》上刊登了一则题为《外交警报敬告国民》的新闻,确认了中国外交的失败:

> 胶州亡矣,山东亡矣,国不国矣⋯⋯闻前次四国会议时,本已决定德人在远东所得权利,交由五国处置,我国所要求者,再由五国交还我国,不知如何形势遽变。更闻日本力争之理由无他,但执1915年之廿一条条约,以及1918年之胶济换文,及诸铁路草约为实。鸣呼,廿一条条约,出于胁逼;胶济换文,以该约确定为前提,不得径为应属日本之据。济顺高徐条约,仅属草约,正式合同,并未成立。此皆国民所不能承认者也。国亡无日,愿合四万万民众誓死图之。

写这则消息的人是北洋政府总统徐世昌特聘的外交委员会事务主任林长民。林长民的堂兄是因"一封《与妻书》,千行离人泪"而为人熟知的林觉民,爱女则是"一代才女"林徽因。林长民既是中国传统意义上的书生逸士,又是倡言宪政、决意民主政治的政客。在段祺瑞武力统一南方的政策失败后,为表示立宪官僚的进退风度,时任司法总长的他坚持连带辞职。当外交总长陆徵祥奉派出席巴黎和会后,又被徐世昌设立的外交委员会特聘为事务主任,以出谋划策,参与决断。

巴黎和会上,日本拿出一杀手锏——把段祺瑞政府向日借款时签定的换文公开了。这一换文的内容,是中国的谈判代表们此前从未知晓的。在如此被动的情况下,毫不知情的顾维钧急电北洋政府。消息传到外委会,林长民非常激愤,立即写文送到《晨报》馆,同时密电梁启超通知巴黎中国留学生。时任《晨报》总编辑的陈博生虽然对这则独家消息很欢迎,但是顾忌政府对报纸的管制,坚持要求林长民表明外交委员会负责人的身份。林长民敢做敢为,答应署名。

几经周折,这条消息终于得以面世。

"五三"之夜

消息见报当日,蔡元培在北京大学饭厅召集学生代表一百余人开会。他通告了巴黎和会上帝国主义相互勾结,牺牲中国主权的情况,指出这是关系国家存亡的关键时刻,号召大家奋起救国。

国民社成员当天下午也在北大召开了一个紧急会议,与会代表情绪非常激动,一位学生当场咬破手指写血书,表示誓死捍卫国家主权。会议决定5月3日晚在北大召开学生大会,并约请北京十三所中等以上学校学生代表参加,邵飘萍也应邀参加这场被称为"五三晚会"的爱国学生集会。

在"五三晚会"上,邵飘萍第一个发表演说。他为学生们讲述了巴黎和会上中国外交失败的前因后果,具体分析了山东问题的性质和当前的形势。他以导师、顾问、社长三重身份,激动地呼吁:

> 现在民族危机系于一发,如果我们再缄默等待,民族就无从挽救而只有沦亡了。北大是最高学府,应当挺身而出,把各校同学发动起来,救亡图存,奋起抗争。

邵飘萍的演讲使学生们热血沸腾,高君宇、许德珩、张国焘及各校代表纷纷登台,学生们声泪俱下,痛斥无能政府给全体国民带来的羞辱。北大学生谢绍敏当场咬破中指,撕下自己的衣襟,写下"还我青岛"四个大字,全场气氛慷慨悲壮。

集会持续到夜里11时才结束。与会者做出如下四项决定:

一、联合各界一致力争;

二、通电巴黎专使,坚持和约上不签字;

三、通电全国各省市于5月7日国耻纪念日举行群众游行示威运动；

四、定于5月4日齐集天安门举行学界大示威,同时推举代表到日本以外的各国公使馆,陈述对于青岛之民意及其决心。

这个夜晚,对于邵飘萍是个不眠之夜。他连夜撰文报道"五三晚会",并调整版面,着重报道学生行动,在广告栏通知社会各界出席将于5月7日举行的群众游行示威运动。5月4日上午,他又赶往国立法政专门学校,参加那里的学生集会。

烽火燃神州

5月4日下午一点左右,三千多名爱国学生齐集天安门广场,发表慷慨激昂的宣言:

> 呜呼国民！我最亲爱最敬佩有血性之同胞！……夫至于国家存亡,土地割裂,问题吃紧之时,而其民犹不能下一大决心,作最后之愤救者,则是二十世纪之贱种。无可语于人类者矣。我同胞有不忍于奴隶牛马之痛苦,亟欲奔救之者乎？则开国民大会,露天演说,通电坚持,为今日之要著。至有甘心卖国,肆意通奸者,则最后之对付,手枪炸弹是赖矣。危机一发,幸共图之！

学生们打出"还我青岛"、"收回山东权利"、"拒绝在巴黎和会上签字"、"废除二十一条"、"抵制日货"、"宁肯玉碎,勿为瓦全"等口号,并且要求惩办交通总长曹汝霖、货币局总裁陆宗舆、驻日公使章宗祥。队伍向使馆区进发,受到巡捕阻拦,学生代表要求会见四国公使,仅美国使馆人员接受了学生的陈词书,英法意使馆均拒绝接受。

队伍退出东交民巷后,便直奔赵家楼胡同曹汝霖住宅。警察总监加派二百名警察守卫曹宅。少数勇猛的学生从窗口跳入院内,打开大门,引大队冲进曹宅。曹汝霖从后门溜走,学生们痛打了正在曹家的章宗祥,并火烧曹宅,引发"火烧赵家楼"事件(赵家楼,即赵家楼胡同,当时的曹宅所在地)。北洋政府派出大队军警,逮捕学生市民三十二人。

1919年5月4日,北京学生集会于天安门前,抗议北洋政府卖国

5月5日,全北京学生立即实行总罢课,并通电全国表示抗议。天津、上海、南京、杭州、重庆、南昌、武汉、长沙、厦门、济南、开封、太原等地学生,在北京各校学生罢课以后,先后宣告罢课,支持北京学生的斗争。5月19日,北京二万多名学生再次总罢课,他们开展演讲、抵制日货、发行爱国日刊等活动,组织"护鲁义勇队",并向各省的省议会、教育会、工会、商会、农会、学校、报馆发出罢课宣言,将运动的影响不断扩大。

6月3日,因对政府为曹、章、陆辩护不满,北京数以千计的学生涌向街道,开展大规模的街头演讲,被军警逮捕一百七十多人。4日,又被逮捕八百余人,引发了新一轮的大规模抗议。5日,上海工人开始大规模罢工,以响应学生。随后,全国二十二个省一百五十多个城市都有不同程度的反应。罢课、罢工、罢市,参与者扩大到城市各个阶层。6月11日,陈独秀、高一涵等人到北京前门外闹市区散发《北京市民宣言》,声明如政府不接受市民要求,"我等学生商人劳工军人等,惟有直接行动以图根本之改造"，陈独秀因此被捕。各地学生团体和社会知名人士纷纷通电，抗议政府的这一暴行。

"五四"运动时期的邵飘萍

面对迅速发展的学生运动，邵飘萍的《京报》进行了大块、专版报道，他还日发评论，在舆论上给予支持。他明确指出："镇压学生的爱国反帝运动，就是为卖国扫清障碍。"他警告政府不能用"军警之办法"对付学生，这样做只会为学生运动推波助澜。他鼓励社会各界要"持久进行"斗争，把反帝爱国运动进行到底。

当拒签运动勃起，针对是不是要在和约上签字这个问题，邵飘萍的新闻编译社还刊登广告征求来稿：

启者，我国对于世界和约签字不签字试加研究，则关系我国前途至为重大，且不仅关系山东之一问题，本社特征求签字与不签字两种主张之来稿，如有为外交上细密研究不涉及党见者，本社当一律代为介绍于舆论界，时机急迫，不胜盼祈！

邵飘萍自己则陆续撰写了《和约签字后如何》、《挽回而后签字乎抑袖手以待签字乎》、《我国不签字之影响》、《拒绝签约后之一致》、《望主张不签字者奋起》等评论，敬告当局要从维护国权、顺从民意的立场出发，"沉舟破釜，置死地以求生"。

在强大的舆论压力下，曹汝霖、陆宗舆、章宗祥被免职，总统徐世昌提出辞职。6月12日以后，工人相继复工，学生停止罢课。远在巴黎的中国全权代表陆徵祥接到国内"果敢签者，请公不必生还"的专电。6月28日是巴黎和会签订合约的最后期限，中国外交官员拒绝出席签字仪

"五四"运动后,《京报》上登载的罢免曹、陆、章三人消息

式。多年后,顾维钧对那天早晨依然记忆犹新:

> 汽车缓缓行驶在黎明的晨曦中,我觉得一切都是那样黯淡——那天色,那树影,那沉寂的街道。我想,这一天,必将被视为一个悲惨的日子,留存于中国历史上。

其实,他只说对了一半,拒签和约本身具有前所未有的重大意义,它开创了中国近代外交史上敢于斗争的先例。因和约而起的"五四运动"成为中国新旧民主革命的分水岭,而广义的包括"新文化运动"在内的"五四运动"同时也是一场文化、思想改革运动。

经过"五四运动"洗礼的毛泽东于 1919 年 7 月 14 日,创办了《湘江评论》。在创刊宣言中,他大声疾呼:

> 自"世界革命"的呼声大倡,"人类解放"的运动的猛进,从前吾人所不置疑的问题,所不遽取的方法,多所畏缩的说话,于今都要一改旧观,不疑者疑,不取者取,多畏缩者不畏缩了。世界什么问题最大?吃饭问题最大。什么力量最强?民众联合的力量最强。

什么不要怕？天不要怕,鬼不要怕,死人不要怕,官僚不要怕,军阀不要怕,资本家不要怕。

与此同时,他热情地赞扬了"俄罗斯打倒贵族,驱逐富人,劳农两界合立了委办政府"的十月革命和中国的"五四运动"。这时,毛泽东的世界观虽然还没有完成到马克思主义的彻底转变,但注定会选择马克思主义。

流亡的日子

"五四"时期,邵飘萍的活动引起了北洋政府的不满。对于异己的报刊,当局多采取两手策略:要么给津贴拉拢;要么找茬儿灭掉。有传,邵飘萍对当局给予的津贴、好处费,也并不统统拒绝,只不过拿了钱财还是我行我素。拉拢不成,当局就想找机会把邵飘萍除掉。1919年8月,时任司法总长的朱深因被《京报》隐讽以聚敛的财富供安福系政客贿选总统,藉口《京报》侮辱政府,派军警包围《京报》社,声称要逮捕社长邵飘萍。

邵飘萍躲入东交民巷六国饭店,但又以受使馆庇护为耻,便穿上工人装束,混杂在旅客中间,逃到了天津。当局在全国发文通缉邵飘萍,并于8月22日,查封《京报》馆,判潘公弼两个月的监禁。

邵飘萍到天津后,把行踪电告不住在《京报》馆内的祝文秀,她连夜坐火车赶到天津陪伴邵飘萍。因天津离北京很近,二人担心行踪暴露,就又乔装逃到了上海。

在上海期间,邵飘萍还抽空编写了一部名为《醋溜黄鱼》的剧本。祝文秀在回忆这个剧本时说:有天深夜我一觉醒来,见阿平还在写作,我就披上衣服凑过去看,只见"醋溜黄鱼"几个字跃入眼帘,我以为是开菜单,要请谁吃饭。阿平说不是,过段时间你就会知道的。过不了多久,阿平陪我去看戏,剧场门口的戏牌上写着《醋溜黄鱼》。看了之后,才知道是阿平写的时事讽刺剧,内容是上海哈同公园主人的大妻小妾争风吃醋的故事。当时上海几个剧院同时上演,曾经轰动一时。

张季鸾见好友落难上海,便推荐邵飘萍去日本《朝日新闻》社工作,这家新闻社本来是想聘请张季鸾,他有心帮好朋友一把,就把这个工作机会给了邵飘萍。邵飘萍对此非常感激,遂筹备第二次远走扶桑。

邵飘萍和祝文秀两人化装成工人和女佣人,乘坐特别拥挤但不易为人注意的四等车厢去天津,然后又转车到奉天(沈阳)。在奉天,邵飘萍告别祝文秀,奔大连坐船,再次远走东瀛。

1919 年,《京报》初次被封后易装逃跑的邵飘萍

《朝日新闻》社设在大阪,是日本唯一得过密苏里新闻学奖的报纸,在国际新闻界享有一定的声誉。新闻社给邵飘萍的月薪是三百日元,稿费"以本社高级社员为标准规定之",并"支给大阪北京之旅费及日当",每年有一个月的年假。他的主要职务是中国问题顾问,为中日关系提供意见。《朝日新闻》社非常开明,并不压制邵飘萍的言论,邵飘萍对它的评价很高,称赞它为"日本各大新闻社中之最大进步者"。

不久,在张季鸾的帮助下,祝文秀也来到了日本。几十年后,祝文秀回忆起当年的生活还记忆犹新:

> 在日本期间,住在大阪的海泉寺;这是一座香火不盛的小庙,……庙内除供奉菩萨的大殿外,还有余屋出租。房客共三家,除我们之外都是日本人。寓楼为两层木结构建筑,周围有花园假山之属。我们住两间,一间作卧室,一间作书房,每月房租二十日元。

1919年，逃难中的邵飘萍

这小地方离飘萍上班的《朝日新闻》社很远，往返都要坐很长时间的电车。因为房租比较便宜，才住了下来。

在大阪《朝日新闻》工作期间，飘萍每月的工资为三百日元。我们请了一位日本女佣负责买菜做饭和照顾我们的生活。由于物价贵，收入少，我们每天的菜金限制为一至二元，每饭只有一小菜。有一次飘萍忽发豪兴，带我到一家中国饭店下馆子，只叫了三小菜就索价四十日元，吓得我们再也不敢出去吃饭了。

当时，飘萍工作学习都很紧张。每天绝早即起，伏案工作到七点，然后上班。下午四点下班回来后，继续伏案工作到晚上十点才休息。整天不是写文章，就是看书，几乎手不释卷。在日本半年多，除了我来到神户去接过一次船，和用两天时间陪我匆匆地逛过一次东京之外，哪里也没有去。他日文十分娴熟，日语十分流畅，客来谈笑风生，语言无滞。在日期间，除了买书，别无嗜好，可惜的是那些书分量太重，回国时不能全带，大部分都留赠给日本友人了。

邵飘萍所看的书，多数是社会学、经济学一类的书籍，如《资本论大纲》、《世界大革命史》、《社会主义论》、《露（俄）国大革命史》、《社会问题十二讲》、《社会改造之原理》、《社会主义社会学》、《最近社会思想之研究》、《恋爱与结婚》、《妇人问题与教育》、《卖笑妇之研究》等，书架上还陈放着马克思像。这个幼年时曾崇拜过梁启超、青年时追随过孙中山

1920 年，邵飘萍（右）和祝文秀（左）在日本寓所内合影

的邵飘萍，已经被新的思想吸引了。

八、新时代与新思想

书生议政

"五四"之后的中国，呈现出一派思想解放之气氛，各种学说和思潮充斥着思想文化界，正如毛泽东在《湘江评论》中写道的："时机到了！世界的大潮卷得更急了！洞庭湖的闸门动了，且开了！浩浩荡荡的新思潮业已奔腾澎湃于湘江两岸了！"

在新的思想文化的影响下，中国人的社会生活也发生了一些变化。在大城市，年轻的女孩子剪了短发，穿起了仅到膝盖的旗袍，到处都是穿着高跟鞋的年轻女子，过去的羞涩胆怯已不复存在了。青年们嚷着要打破一切旧制度，所以他们反对宗教，反对旧道德、旧习惯，试图颠覆一切旧传统，并做出了许多惊人之举。

章依萍在其《枕上随笔》一书中曾有过这样的记载："我在南京暑期学校读书,曾看见一个女青年把自己的名字取消了,唤做'他你我'。后来到北京,在北大第一院门口碰见一个朋友偕了一个剪发女青年,我问她贵姓,她瞪着眼睛看了我一会儿,嚷着说'我是没有姓的'!还有写信否认自己的父亲的,说'从某月某日起,我就不认你是父亲了,大家都是朋友,是平等的'。"这虽然是极端的例子,但颇能反映当时社会生活和民众心理正经历着一场前所未有的剧变与巨变。其来势之急、势头之猛,令人猝不及防,无处逃避。

伴随着这些变化,中国经历了继维新派、革命派之后的第三次办报高潮。这一时期,出版物数量的迅速增长是中国历史上从未有过的,读者数量也大为增长,政府和公众对报刊的重视也是空前的,各种社会和政治问题似乎都可以拿到报刊上讨论讨论。

身在异国的邵飘萍对国内各种问题的探讨十分关心。1920年4月,邵飘萍在《东方杂志》发表《教育与社会及政治》的长文,阐明教育与社会、教育与政治及诸多因素的关系。在文章中,邵飘萍把我国教育存在的问题归为两类:一是"无教育",即"教育不普及,而多数人陷于无教育之地位";二是"病教育",即"人人无建设事业心,无研究学术之心,无真正救济图社会之心"。

他主张成立中央教育委员会,以制定"社会的教育之大体方针及种种扩充普及之详细计划",使"学龄儿童皆得受普通必要之教育,以造就专门之学问",并通过举办半日制学校、夜校、临时学校等多种教育形式,来开启民智,自立于社会。这一主张,与今天的"义务教育"和多种教育形式并存的现实教育制度有诸多吻合之处。

6月,《妇女杂志》第六卷第五号,发表了邵飘萍对人口问题的研究成果——《避妊问题之研究》。文章开头就把人口问题放在了国策的高度——"人口政策,为世界各文明国重要政策之一",从希腊罗马时代之

《妇女杂志》

堕胎论到近代马尔萨斯的"人口论",以及新马尔萨斯主义,邵飘萍洋洋洒洒对世界避孕史进行了一番介绍。他还分析了英国、法国、美国、德国、荷兰等发达国家提倡避孕的动机、方法、措施,引用了柏拉图、亚里士多德等名人关于避孕问题的观点,从经济、社会、文化、心理等方面具体分析了提倡避孕的原因。在文章结尾,邵飘萍发出呼吁——"为缓和经济之困难,且抱人种改善及预防恶病遗传之目的,以期少生少死,少生多教"。

从教育问题到人口问题,邵飘萍一步步接近中国社会问题的核心。而当时的中国社会问题,并不纯粹是中国自身发展中所产生的问题,很大程度上是列强与中国交往中产生的。同年7月,邵飘萍发表了《资本主义与各国对华政策》的评论,并出版《英日同盟之研究》一书,以使国民正确认识各国对华外交。邵飘萍用事实说明了英日等资本主义国家外交政策的实质,以及他们之间相互争斗、相互勾结的关系,提醒国人"须有根本之觉悟","从刀俎之上奋起飞跃,逃出强国势力之圈,以免使人视为保护之国"。

值得一提的是,经过在日本的一番苦读,邵飘萍已自觉利用马克思主义的唯物历史观来分析现象,并得出"所谓资本主义即资本家本位主义,一切制度以助长资本家之利益为前提"、"资本主义存在一日,资本发达之时期不变,则外交方针绝无更改之余地"的结论。

著书论马列

在新旧两种文化交替的时期,国内各种学说纷涌,思想界呈现出一片百家争鸣的局面。仅就社会主义而言,就有考茨基的社会民主主义,蒲鲁东、巴枯宁的无政府主义等。而另一方面,新知识分子们对于从外国输入的新思想又过于轻信,他们往往大谈空泛"主义",而对于内容却没有做认真细致的考察。

十月革命前,国内只有对马克思主义的零星介绍,有的甚至是误解和曲解,把马克思主义和"过激主义"等同。十月革命胜利后,李大钊陆续发表了《法俄革命之比较观》、《庶民的胜利》、《新纪元》等文章,马克思主义在中国渐渐传播开来。"五四运动"后,马克思主义成了为众多先进知识分子接受的新思潮。

1919年7月,新生的苏维埃政府发布了《俄罗斯苏维埃社会主义共和国对中国人民和中国南北政府的宣言》,宣布:凡是从前俄罗斯帝国时代与中国、日本及协约国所订的密约,一律取消;在中国满洲以及别处,用侵略手段取得的土地,一律放弃;取消在中国的领事裁判权等一切不平等条约,还建议"中国人民通过自己的政府立即与我们建立正式关系,并派遣自己的代表与我军会晤"。

1920年4月,这份被北洋政府封锁了半年的宣言在《上海生活》、《东方杂志》上公开发表,这在长期受帝国主义压迫和蹂躏的中国人民中间，产生了巨大的震动。1920 年 5 月 25 日，邵飘萍在《东方杂志》上发表题为《俄国新政府之过去现在未来》的文章，阐述对俄政策，主张：速宣布取消中俄间一切旧有条约；完全撤退驻于俄境之兵充实中俄边界；取消中俄旧有一切条约所生之结果；从速整顿清理与新俄订约之方案。

1918 年 3 月 26 日，苏俄政府第一次对华宣言（局部）

邵飘萍被苏俄废除以往不平等条约的这种真诚友好的态度感动，对十月革命有了更深的理解，并对指导十月革命取得成功的马克思主义产生了浓厚的兴趣。更为重要的是，作为一位有志于通过报纸去引导国人、教育国人的学者型报人，他敏锐地感觉到了这是中国思想界即将来临的一个新浪潮。

由于当时国内还没有出版过系统介绍马克思主义和十月革命的书籍，邵飘萍在日本便经常去书店、图书馆，想方设法寻找马克思主义著作的日译本。凡是刊载有关马克思主义学说和俄国革命后情况或资料的报刊，他都买来剪贴起来。他白天工作，晚上阅读、思考、写作。经过一段时间的潜心研究，邵飘萍完成了《新俄国之研究》和《综合研究各国社会思潮》两部专著，准备将马克思主义新鲜思想推广到中国社会。

在这两本书中，邵飘萍面向国内大众，系统、全面地介绍了新生的苏维埃社会主义政权。正如邵飘萍日后在复刊的《京报》上做的广告所言：《新俄国之研究》"是书先叙俄国思想界变迁之历史，数次革命之情形，及对于布尔萨维克主义之批评，与夫各国对俄外交之态度，均为系统的说明。全篇分二十余章，外加附录数种，欲研究新俄国之实情者，

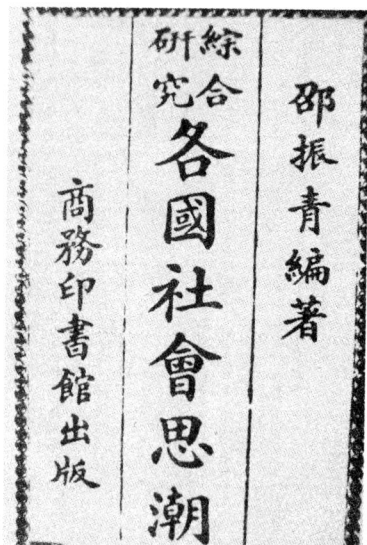

邵飘萍的专著《综合研究各国社会思潮》

不可不以是书为阶梯";《综合研究各国社会思潮》"是书分为上下两篇:上篇叙述各国社会思想发达之顺序,以时与地为经纬,简要不烦,尽人可解。下篇将各种主义分类说明,又随时综合比较,使初学易于了悟。并附各国学者首领等照片二十余幅,读者批评其主义,瞻仰其丰采,更想见其为人。当此,世界新潮鼓荡之日,国民欲求各种社会思想之真确概念,不可不读是书"。

寻求自强:解读马列的基点

在上文提到的两部著作中,邵飘萍指出,马克思主义的历史唯物主义是其科学思想中的最大成果,并根据自己对唯物史观的理解,把它归纳为五个要点:

一、纳一切现象于物质的运动,精神界之现象亦物质的运动之反映。

二、事实生思想,而否定思想生事实之解释,故人间的意识因社会的现象而决定,社会现象不因人间意识而决定。

三、在物质生活上之生产方法决定一般社会的、政治的及精神生活之程度。

四、一定之原因发为必然之结果,与以自然科学的立证。

五、以此法则可依过去而知未来。

邵飘萍简明扼要的五点,向国人介绍了马克思主义历史唯物主义的基本观点及其重大意义,告诉人们是经济基础决定上层建筑,要变革不合理的社会制度,最根本的就是要变革它赖以存在的经济基础。

对于马克思在唯物史观指导下创立的剩余价值学说,邵飘萍在专著中也以通俗易懂的语言作了阐述:"资本家买得劳动者之劳动力,使用于工场,以产生有价值之商品,一方面则付给工资,以充劳动者及其一家生计之生活费。但资本家使用此项劳动力所产生之商品,其价值必比付给劳动者之工资为多。此即所谓剩余价值。剩余价值之所从出,决非由生产机关而生,乃由劳动力之剩余劳动而生,即除了必要劳动(以抵其工资)之外的多余劳动。"

对马克思主义的剩余价值论,邵飘萍在专著中给予高度评价,他说:"马克思即发现剩余价值之学说,证明资本家之富均从剩余价值发生,为资本家榨取劳动者所有以成其富之证据。与唯物史观中之阶级斗争说,同为授与劳动者运动之科学的根据焉。"

他充分肯定了马克思主义在改造世界过程中的重要性。他认为,马克思主义的"唯物史观与剩余价值论,成为近世社会主义运动之中心",它"明示社会发达之倾向,社会主义社会有必然可以实现之趋势","使空想社会主义乃形成科学的社会主义"。可见,邵飘萍间接地表达了他对马克思学说的认可,并相信马克思所预言的社会主义时代肯定会来临,而且是以科学而非空想的形式来出现。

俄国十月革命的道路,就是无产阶级通过暴力革命建立无产阶级专政的道路。对此,世界反对势力大肆攻击、丑化布尔什维克和社会主义的形象,公开污蔑社会主义制度是"抢光每一个人作为人的全部一切的恐怖制度",是"血腥的极权制度"。邵飘萍在专著中列举大量的事实,从各方面详尽地介绍新生的苏维埃政权两年来所取得的巨大成就。他对苏维埃政权推行新经济政策,实行义务教育,利用外资、录用知识分子和技术人员发展经济,发展文化教育事业的政绩,都作了详细的叙述,用事实驳斥了各国反动政府对新政权消灭财产、消灭文化、排斥知识分子的种种诬蔑。

邵飘萍认为马克思的名言——"由于一切社会之历史,阶级斗争之历史"也是实现社会主义的根本道路,指明无产阶级与资产阶级你死我活的阶级斗争,只有通过暴力革命才能得到解决。他充满激情地预言:"俄国今日所实行之社会主义,非独在俄国之政治与社会中为空前之创举,实世界历史上之一新纪元。今后见社会主义之成功,其影响于世界将较诸美国独立、法国革命之威力尤著。"

应该说,邵飘萍如此用力地钻研、评论、推广马克思主义的学说,一方面是因为十月革命对世界带来的极大影响,使得身为记者的他不得不接触与此相关的材料,另一方面则因为"自强"、"向西方学习"是中国思想界的主题。作为一名记者,邵飘萍接触到马克思主义,并对此产生兴趣,实属必然;而他经过钻研,对这一学说产生了认同感,并用自己的笔对此进行阐发,则是他个人的世界观、价值观决定的,在当时的思想界,这还属于一个偶然。

中国新民主主义革命史《伟大的开端》一书,在讲到1920年5月以后,信仰并且积极宣传马克思主义的人时写道:"共产国际代表的翻译杨明斋,《民国日报》副刊《觉悟》主编邵力子和《新青年》、《共产党》的经常译稿人震瀛(袁振英),上海共产党的负责人之一李汉俊以及《京报》社长邵飘萍等人,都在翻译或编辑方面,或在其专著中,直接或间接地对宣传科学社会主义作了有益的贡献。"邵飘萍以新闻记者的敏感,为世人提供了改造社会的各种"世界新学说",供人比较选择,并最终认定十月革命的道路就是中国人自救的道路,而在此之前,能有如此卓识远见的也只有李大钊了。

《新俄国之研究》和《综合研究各国社会思潮》出版后,引起很大的反响,不断再版。《新俄国之研究》后来被毛泽东所办的湖南日修大学列为教学参考书,也是毛泽东创办的文化书社里的畅销书。《综合研究各国社会思潮》在全国三十余个大中城市发行,并流传到香港、新加坡等地。

九、特殊的共产党员

重振《京报》

自袁世凯死后,皖系军阀一直控制着北京政府,1918 年 8 月成立新的御用国会,派兵讨伐南方护法运动,皖系势力发展到了最高峰。皖系军阀扩张的同时,其他大小军阀也在扩充各自的实力,直、奉两系的扩展尤其迅速。直系兵精械足,不甘久居人下,首先在与南方军政府作战问题上与皖系发生矛盾。直军在前线自行停战,其停战主和言论,迎合了全国人民渴望和平的心理。1919 年"五四运动"中,段祺瑞掌握实权的北京政府,成为众矢之的。对学生运动的镇压,更激起举国上下愤怒声讨。直、奉两系军阀适时地利用全国人民反对北京政府的情绪,开始从军事上掀起倒皖运动。

1920 年 7 月,直皖战争终于爆发。不到半个月,皖系就败下阵来,直系军阀曹锟、吴佩孚成了北京政府的新主人,段祺瑞被逐出北京。他避居天津日本租界寿街,开始吃素念佛,表面上静心养性,实际上仍密切注视着政坛风云,以待复出。

邵飘萍在日本获悉这个消息后,立即辞去朝日新闻社的工作回国。对于聘用期限未满就不得不辞职,邵飘萍非常抱歉,他在保留的朝日新闻社的聘约上写道:"此为愚充日本朝日新闻顾问聘约,之后幅留以作纪念者。愚于直皖战争后归国,京报复活,致未满期而请求解约,往返磋商,始承允诺,为愚生平最抱歉之事。特志之以谢该社焉。"

邵飘萍回国后,刚上台执政的曹锟、吴佩孚,为了显示他们与段祺瑞的不同,马上就以政府的名义授予邵飘萍一枚"二级勋章"。对于这种收买,邵飘萍历来是采取拿来主义的态度,但并不为之所动。他把心思主要放在两件事上：一是重振《京报》；二是继续宣扬马列主义思想，积极关注国内各种社会动向。

1920年9月17日，《京报》正式复刊。在《京报》复刊当天的第一版上，邵飘萍就在最显眼的上中部位，刊登了有关他自己的专著《新俄国之研究》和《综合研究各国社会思潮》的广告。刊发广告的目的显然不是为了多卖出几本书，而是要把自己的研究成果广而告之，让更多的人了解马克思主义和新生的苏俄政权。

"康慕尼斋"的常客

1921年11月17日的《北京大学日刊》上，登载了"北京大学马克思学说研究会"正式宣告成立的启事。这个组织是1920年3月，在李大钊指导下，由北京大学一些具有初步共产主义思想的知识分子和革命学生邓中夏、罗章龙、黄日葵、何孟雄、李梅羹、范鸿劼、刘仁静、高君宇、朱务善等十九人联名发起成立的。

研究会启事上申明："本会叫做马克思学说研究会，以研究关于马克思派的著述为目的。"为此，研究会规定和组织了一些特定的、专门的活动，大致有如下几项：

搜集马氏学说的德、英、法、日、中文各种图书，编译、刊印马克思全集和有关著作，并成立了专门图书室，取名"康慕尼斋"（即共产主义室）。

组织会员并进行专题研究。最初成立了"劳动运动"、"共产党宣言"、"远东问题"等三个特别研究组。后来又扩大研究范围，成立了十一个固定研究小组，分别对唯物史观、阶级斗争、剩余价值等马克思主义的基本理论及世界实况进行研究，特别注意对中国革命问题的广泛研究和学习。

举办讨论会和讲演会。李大钊和进步教授陈启修、高一涵等都常常被聘请去做讲演。此外，研究会还经常讨论国内外大事，关注实际斗

1920 年 10 月 28 日《京报》上的"新俄国电讯"

争,进行宣传和组织活动。如举行过马克思诞生一百零四周年纪念会;
发表启事,支援唐山三万工人的罢工斗争;纪念李卜克内西、卢森堡殉
难四周年的大会等。

　　研究会会员后来发展到一百二十多人,不仅有学生,而且有工人参
加。邵飘萍对这个研究会给予了积极的支持。他利用自己精通日语的
优势,经常在繁忙的工作之余,到"康慕尼斋"帮忙校订马列主义的译
著。当年的发起人之一罗章龙回忆:

　　　1921 年党开辟了北方区的工作,有的宣传马列,有的组织工人
　　运动。为了研究马克思主义之需要,捐款设立了一个"康慕尼斋"
　　的小型图书室,即学习共产主义的地方。这件事飘萍是知道的,也
　　是支持的。这种支持,既有道义的支持,也有物质和技术上的支
　　持。诸如出版刊物,印刷文献,《京报》的昭明印刷厂就曾给予很多
　　的方便。

据 1922 年 12 月的统计,研究会收集到的汉、英、俄、德等各种文字

的书报杂志达数百部之多,译出康慕尼斯特丛书、列宁丛书、马克思丛书等多种,并在 1923 年《向导》周刊上刊登过"康慕尼斋"的译书计划,这对当时研究、传播马克思主义学说起了重要作用。

1921 年 7 月在北京创刊的《工人周刊》是中国劳动组合书记部机关报,也是早期传播马列主义的刊物之一。该刊着重报道各地工人,特别是华北地区工人的生活境况和各地工人运动及罢工情况,结合实际对工人进行马克思主义教育,深受工人欢迎,被誉为"地方劳动界的一颗明星"。

在《工人周刊》编委会下,还设有北京劳动通讯社,该社的记者和通讯员除给《工人周刊》供稿外,还经常把稿件投给《申报》、《京报》等国内有影响的大报,邵飘萍亲加指导,业务蒸蒸日上,《京报》印刷厂工人也参加了这个组织。

鸦片战争以后,西方大批基督教传教士涌入各通商口岸,以后逐渐渗入内地,他们争相在中国设立教会,开办教会学校,传播基督教义,对中国人民进行思想文化渗透。"五四运动"时期,一些先进的知识分子已经意识到在思想认识领域里宗教对人们的麻痹和毒害。

1920 年 3 月 17 日,李大钊、邓中夏等人准备发起成立北京非宗教大同盟。北京各学校许多师生和学术界的知识人士,如蔡元培、陈独秀、李石曾等都支持参加非宗教同盟。但也遭到一些人反对。北大教授钱玄同、周作人、沈士远等人就发表宣言,攻击非宗教运动背离宪章。为了对抗宗教对中国人思想精神的麻痹,中共北方区委在北京领导发起了以"解除宗教羁绊,发挥科学真理"为宗旨的"非宗教运动"。运动提出:"教毒日炽,真理易泯,邪说横行,人道弗彰。本科学之精神,吐进化之光华。"

从 3 月 19 日到 4 月 2 日,邵飘萍在《京报》陆续发表了《废教运动的大爆发》、《非宗教同盟之纷纷响应》、《声势浩大之非宗教同盟》和《非宗教同盟第二次通电》等报道,介绍了"非宗教运动"在各地的发展情况,揭露列强"传教为名,隐助侵略"的阴暗心理,号召国民"一致奋起,铲除一切神鬼妖异"。

1922年4月4日至8日,世界基督教学生同盟在帝国主义的支持下,在北京召开大会,北洋军阀政府派大批军警到会保护。帝国主义的挑衅,激起了全国人民的义愤。会议召开当日,邵飘萍安排了大半版的篇幅全文刊登了《非宗教同盟之重要宣言》,并陆续发表了全国各地诸多学校社团的非宗教宣言。

5月10日,北京非宗教同盟在北大三院正式成立。这个组织实际上的主持和组织者是中共北大支部,书记是罗章龙。同月,非宗教同盟编辑出版了《非宗教论》一书。该书揭示了宗教违背科学的实质,批判宗教麻醉人们灵魂的消极作用,抨击宗教是精神的鸦片,是改革中国社会的障碍。

对于出版《非宗教论》一书,当时的京报馆、华俄通讯社、光报社等都从人力、物力给予了大力支援。书中选入了陈独秀、李大钊、李石曾、汪精卫等人的三十三篇论文,政治色彩非常浓厚,邵飘萍的昭明印刷局接受了承印该书的棘手任务。该书除文章外,还刊登了马克思等名人八英寸的肖像三十四幅,又附全国分省宗教流毒地图一大幅,总图两幅,这些图片都采用铜版印刷,费用非常昂贵。邵飘萍以刊登广告的方式赞助该书的出版发行:

北京大学第三院

请看北京最完美的《京报》,邵飘萍君主笔,专门学子十余人,分任编辑。《京报》在数年前,已成北京有名之报纸。因其新闻灵确,议论谨严,各国人士,皆甚注意。故东西各报,往往以专电介绍其批评。前年被安福权奸封闭,通缉主笔监禁记者,至安福倒后而始复活。重新出版以来,自办印刷局,扩为两大张,内容益求完善。且不惜巨资,凡遇重要问题发生,新闻以外,复有极美之照片铜版,以引起读者之兴味。此次奉直战事爆发,各界因其新闻特别迅速真确,销数骤增,一跃而达六千份以上。故广告效力,非常伟大。而价格则特别从廉,以辅助社会各种事业之进步。

《京报》上为《政治生活》做的广告

这里的"专门学子",大都是通过中共党组织派往《京报》实习的北大学生和马克思学说研究会会员。邵飘萍亲自调教这些学生,他们当中的许多人后来都成为出色的新闻记者和编辑。

作为马克思主义的研究者和信仰者,邵飘萍给刚刚诞生的中国共产党给予了大量无私的援助,成为中共可以信赖的可靠朋友。

1923年2月4日开始的京汉铁路罢工,遭到帝国主义和反动军阀的残酷镇压。2月7日,吴佩孚在帝国主义的指使下,令其部下肖耀南在郑州、江岸、长辛店进行血腥镇压,开枪扫射工人纠察队,当场打死四十余人,伤数百人,逮捕入狱四十余人,一千多名工人被开除。领导这次罢工的京汉铁路总工会江岸分会会长、共产党员林祥谦和湖北工团联合会、京汉铁路总工会法律顾问、共产党员施洋也被杀害。这就是世界工人运动历史上罕见的"二七"惨案。

惨案发生之后,反动军阀查抄了北方劳动组合书记部,四处搜捕北方党的负责人,北京笼罩在白色恐怖之中,工人运动由此转入低潮。

　　邵飘萍密切注视着京汉路工人斗争的发展,与高君宇、罗章龙等共产党人保持联系,还派出摄影、文字记者四处采访纪事,在《京报》上给予罢工斗争以很大的舆论支持,并在暗中帮助出版文虎(罗章龙)编著的《京汉工人流血记》。

　　这本书是"二七"大罢工的忠实记录。作者记录了北洋军阀政府血腥镇压工人斗争的罪行,汇集了罢工斗争的文献,和国内外声援的通电、宣言、倡议等。高君宇为该书写了《后记》,总结了"二七"大罢工的经验教训。

　　在当时的条件下,出版这本书遭遇到了极大的困难。开始时,该书的排字、铸版、打纸型、装订等工作在北大印刷厂地下室秘密进行,后因发行数量激增,在人力、物力和技术上得到了京报馆方面的大力协助,《京汉工人流血记》的发行量数以万计。

1923 年 5 月,邵飘萍在北京

　　在一次次合作中,邵飘萍和中共的关系也越来越密切。对于当时北方党组织的各项活动,邵飘萍都密切配合,尽可能地予以帮助,《京报》这份在北方非常有影响的报纸,也成为大造革命舆论的重要阵地。

　　《向导》周报是中国共产党第一份中央政治机关刊物,自 1922 年创刊以来,它每一期的详细目录,《京报》都以广告的形式刊登,并常常进行评介,向读者推荐。

附：《京报》1923 年 3 月 18 日为该周刊所做的广告

马克思派们
　　　　　　所办的《向导》周报
陈独秀们

第二十期来京了！目录如下：

一、中国共产党为吴佩孚惨杀京汉路工人告工人阶级与国民

二、统一的国民运动　　　　　　　　　独秀

三、克们案与运送飞机机械案　　　　　和森

四、孙中山南下与英国　　　　　　　　和森

五、全国商界好榜样　　　　　　　　　君宇

六、助军阀惨民之总统命令　　　　　　君宇

七、二七大屠杀的经过

八、读者之声　　　　　　　　　　　　郑彦

1922 年 9 月 13 日中共中央在上海创办的《向导》，是一本十六开铅印周报，封面顶端用四号黑体排印英文刊名 *The Guide Weekly*，正中是特号行书刊名"向导"。该报由蔡和森任主编，其后，瞿秋白、彭述之继任。

《向导》的编撰队伍不同于当时风行的同人办报、文人论政，他们是编辑、记者和通讯员，但首先是政治家和革命活动家。他们置身于国民革命的前列，深入实际，反映斗争，充分体现了革命家和政治家办报的风格。《向导》周报的文章，时被誉为"黑暗的中国社会的一盏明灯"、"将醉生梦死的人惊醒的警钟"。

邵飘萍对这本刊物非常推崇。1925 年 7 月 27 日起，《京报》一连好几天刊登介绍《向导》周报的广告，邵飘萍亲自撰写推荐词，高度赞扬《向导》周报每周的论文是"实际政治的预言"，每周的内容是"民众运动

的寒暑表"！

难求定论的党员身份

复刊后的《京报》，发表了大量宣传马克思主义的文章和国内共产党人活动的报道。对于其在北方宣传革命的贡献，正如方汉奇教授在《关于邵飘萍是共产党员的几点看法》一文所言："如果说，1924年以前的北京《晨报》，由于李大钊、瞿秋白和它的特殊关系，一度成为传播马克思主义和介绍十月革命的重要园地的话，1924年以后，它的这一地位，就逐渐地为《京报》所取代。"

那么，宣扬马列、为中共做了大量工作的邵飘萍到底是不是共产党员？这是一个有争议的问题。

《京报》关于《向导》的广告

1984年，方汉奇先生在《邵飘萍选集》的代序"纪念邵飘萍"一文中提到"邵飘萍在1921年以前，没有加入过任何党派。但自从1921年中国共产党成立以后，他就积极和党保持密切的联系，为党做了大量工作：协助党报党刊和党的一些宣传品的印刷出版，帮助党培养新闻工作干部，给北方党领导的"二七"罢工活动给以舆论上的支持，同积极参加国共合作的孙中山、冯玉祥等国民党领袖和将领，保持密切关系，给他们的革命活动以舆论上的声援。邵飘萍的一生，是在救国救民的道路上，不断探索，不断前进，生命不止，奋战不已的一生"，在当时并没有提到入党一事。

1986年7月10日，中共中央组织部在批复浙江省金华市委的报告中，承认了邵飘萍的党籍，入党时间确定为1925年。据称是李大钊、罗章龙介绍，秘密加入了中国共产党。1986年方汉奇先生在"邵飘萍纪念碑碑文"中采用了这个说法。

浙江金华邵飘萍铜像

邵飘萍和李大钊同年遇害身亡，只有罗章龙一直活到解放后。罗章龙在 1978 年纪念"五四运动"和马克思学说研究会的座谈会上首次谈到：

新闻学会领导人是邵飘萍，又名邵振青，浙江金华人。他是北方新闻界最早和地下党组织有联系的，后来成为共产党员。邵因宣传"赤化"，1926 年 4 月 26 日被奉系军阀枪杀了。

对于邵飘萍入党这件事，罗章龙后来又做了这样的介绍：

我同邵飘萍私人来往多，我也就很敬重他。作为一个记者，他在旧社会的活动是多方面的，这也是可以理解的，但是他的认识很清楚，按现在的话说，就是他有鲜明的政治方向。《京报》宣传马列主义，报道工人运动这些事，有的是他主动默契地配合，也有的是我们去跟他谈，交换意见，共同做的。

当时在北方区，是由我负责同《京报》馆邵飘萍来往的。由于当时的情况比较复杂，许多事只能在地下进行，保持一种秘密状态。邵飘萍是由我和李大钊介绍他作为地下党员的，时间大约在 1924 年前后，那时他已经为党做了许多工作。按照当时革命的需要和他本人的志愿，我们介绍他入党是顺理成章的事。李大钊同志是书记，年龄也比较大，又是我们的老师，大家对他是比较尊重的，由他作介绍人是必要的。邵飘萍入党是秘密加入的,不像现在的情形。邵也不是一般人物,所以入党是我向区委提出,区委会上讨论通过的,旋经中央批准也是肯定的。

当年知道邵飘萍加入中国共产党的人,还有邵飘萍的同乡王石之,王石之回忆:

> 飘萍老师与李大钊先生是过从甚密的挚友。李先生是公开的共产党员,飘萍老师是秘密的共产党员。毛主席说飘萍是个自由主义者,飘萍老师自己也说不是共产党员,但我知道他是共产党员,这是方伯务告诉我的。
>
> 我原就读于国立北京美术专门学校,它是蔡元培先生竭力倡导下办起来的,校长叫郑锦,号褧裳,毕业于日本京都大学,是广东人。当时这所学校的师生当中,有二十七名共产党员,都是公开的。那时的学生会主席是方伯务,他是李大钊先生的得力助手。我毕业之后,约了六个人,在大喜鹊胡同办了一所京华美术专门学校,还天天给《晨报》送漫画,讽刺反动军阀。就在这时,方伯务在与我个别交谈时,说飘萍先生已经参加共产党,意在发展我这个飘萍老师的同乡和学生。1927年4月28日,方伯务与李大钊同时被奉系军阀杀害。

否认邵飘萍党员身份的人则认为,邵飘萍被捕被杀,北方党组织并没有留下有所营救的证据。邵飘萍死后,他的身份已没必要隐瞒下去,但并没有人提到他的党员身份,包括毛泽东、陶菊隐等人都认为他是自由主义者。邵飘萍是否参加了共产党,其实只有罗章龙才能证明,其他的道听途说并不足以为信。

孤证罗章龙

那么罗章龙的话是否可信呢? 罗章龙是中共最早的党员之一。1921年建党时即是党员,也是早期中共领导人之一,但1931年六届四中全会后，他成立"非常委员会"，被开除党籍。这样一位人物，是否会为了突出自己对中国革命的贡献，而把邵飘萍"抬举"为共产党员？不然，为什么直到上世纪 80 年代中期才确认了邵的党员身份？

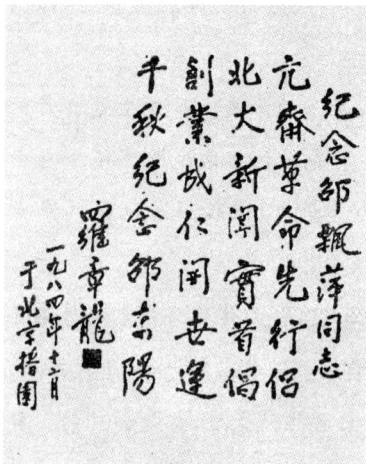

罗章龙题词

不过，罗章龙似乎也没有撒谎的必要，因为在晚年，他仍然得到了应有的尊重和关怀。虽然他一直在努力申诉，试图改变自己分裂党的结论，但邵飘萍的党员身份似乎对他的"翻案"并没有什么帮助，所以不能就此主观臆断罗章龙在造假。而罗章龙在脱党后，经历一直跌宕起伏，所以直到 80 年代安定后才确认邵飘萍的党员身份也是可以理解的，不能因为历史问题而否定历史人物的一切。

否认邵飘萍党员身份的人还认为，邵飘萍的夫人汤修慧认为邵并不是共产党员，而汤并不是普通的家庭妇女，如果邵是中共党员，作为邵飘萍的知己和得力助手，竟然对此一无所知，是很不合情理的。

但是，当年积极于帝制的杨度不也是瞒着家人，在晚年参加了共产党吗？1975 年冬，周恩来在重病中叮嘱，在重新修订《辞海》时，对中国近代历史人物的评价要注意客观公正，对于既有反动的一面，又有革命的、鲜为人知的一面的人物，应予以实事求是的评价。周恩来特别提到了杨度晚年参加共产党一事，"他晚年参加了党，是我领导的，直到他死"。于是，杨度忽然就从"帝制罪魁"，变成了晚节高尚的英雄。

其实，杨度曾是君主制的狂热鼓吹者和执行者，是不可否认的历史事实。据传，在袁世凯临死前曾数次大呼"公度误我"，意指是杨度这些

"筹安会"的人,把他弄到了众叛亲离的地步。对此,杨度写下了这样一副送袁世凯的挽联,来为自己申诉:

共和误中国,中国误共和;千载而还,再评此狱。

君宪负明公,明公负君宪;九原可作,三复斯言。

政坛失意后,杨度先是潜心研究佛学,接触马克思主义、成为一名直接受周恩来秘密领导的中共党员则是后来的事。

据《西京兵变与前共产党人》一书披露,杨度的入党介绍人是胡鄂公。此人早年参加同盟会,后倾向社会主义,并秘密加入中共,曾任西北军冯玉祥部的党代表。抗战以后逐渐与中共疏远,晚年又远走台湾。既然胡鄂公早已与党脱离关系,所以杨度是共产党员也不该是什么秘密,那么为什么会隐瞒这么长时间?为什么周恩来直到弥留之际才告白天下?这些恐怕也都是无法解开的秘密了。

虽然,邵飘萍在其绝笔《飘萍启事》曾声明:"鄙人至现在止,尚无党籍(将来不敢予定),既非国民党,更非共产党,各方师友,知之甚悉,无待声明。"但当时张作霖要杀他的罪名就是"勾结赤俄,宣传赤化",想来邵飘萍不会如此莽撞,公然在报纸上承认自己是共产党吧?

20世纪初的近代中国,可以说是历史上最为激烈动荡的年代。这期间,一些历史人物的角色转换也是那么迅疾多变,令人目不暇接。关于邵飘萍是不是共产党员的争论也许还会持续下去,但他在介绍马克思主义和社会主义方面的巨大贡献,以及他对中共的鼎力支持和无私帮助,却是无可辩驳的事实。

十、吾国新闻学之泰斗

立德、立功、立言

在1918年的北京大学新闻学研究会成立之前,中国的新闻教育业和新闻学研究还是一片空白。尽管此前,王韬、梁启超等人曾经发文论述过办报的目的、作用等，但远远构不成系统的新闻学体系。1903年，日本学者松本君平的著作《新闻学》由上海商务印书馆编译出版，这是第一本传入中国的外国新闻学著作。自此，新闻学作为一门科学逐渐为国人知晓。

中国的新闻学教育和新闻学研究均发端于北京大学新闻研究会的成立。导师当中，徐宝璜曾经留学美国，邵飘萍曾经留学日本，西方国家新闻事业的发达激发了他们振兴中国新闻事业的信念。而这些都离不开人的努力，尤其是新闻专业人材的努力。邵飘萍认为中国新闻孱弱的根本原因就在于记者人材的缺乏，"欲救其弊，非提倡新闻学不可"。

新闻学研究会虽然不是正规的教育机构，却是我国第一个有导师、有教材培训记者的业余教育组织。它以研究和教育为手段，以发展新闻事业为目的，着重进行了新闻基础理论和新闻实用业务（包含采访写作、编辑、组织经营等）的教育。研究会在校内发行的《新闻周刊》"不仅为中国唯一传播新闻学识之报，且为中国首先采用横式之报"，虽然仅出版了三期，却被推为中国新闻学期刊之嚆矢。

1919年，北京大学新闻学研究会出版了徐宝璜的《新闻学》，这是中国人自撰的第一本新闻学专著，邵飘萍在为徐宝璜《新闻学》所做的"邵序"中，说明了自己从事新闻教育的目的和希望：

> 自蔡子民先生任北京大学校长以来，各科学科，渐臻完备，又注意于临时讲演，以补教科所未及。余业新闻记者，窃叹我国新闻界人材之寥落，良由无人以新闻为一学科而研究之者。试观欧美及日本近年以来，新闻之学，与日俱进，专门著述，充栋汗牛，其新闻事业之发达，亦即学术进步之效果耳。去年之春，蔡校长有增设新闻讲演会之计划，余乃致书以促其成。此得蔡先生复书，极承奖嘉。斯会遂于暑假以后成立，请教授徐伯轩先生任其事。蔡先生

北京大学新闻学研究会合影(二排左二为邵飘萍)

复以余从事新闻记者有年,并出聘为导师。自惟于新闻之学素乏

研究,而以蔡先生之所期许,于理又不敢辞,遂与伯轩先生分任演

讲。区区之意,欲为未来之新闻界开一生面。

为了培养更多的新闻人材,邵飘萍不仅自己热衷于新闻教育,还大

力推动它的普及。他说:"吾人既为中国之从事新闻业者,决不能谓闻

学之进步须坐待夫新闻业之进步。尤不能谓新闻业之进步,须坐待社

会之进步而始进步也。"因此他主张,"依愚之私见,新闻与人生之关系,

既如此之密切,新闻知识应列为国民普通知识之一","中学以上的学校

都应开设新闻课程,大学应设立新闻系"。

1923年,北京平民大学成立新闻系,系主任是北大教授徐宝璜,同

时聘请邵飘萍、北京国闻通讯社社长吴天生等人为教授。邵飘萍在该

校讲授新闻采访课,指导思想非常明确,"即期实用"。在邵飘萍的指导

下,学生们办了一份半月刊《新闻学系级刊》,这个刊物被誉为"为报界

罕有之出版物"。

邵飘萍还经常启发学生,学新闻光啃书本不行,光学理论也不够,重要的还是认识社会,了解社会。为此,他不仅组织学生外出参观,还介绍学生到报馆见习,由他和汤修慧亲自作指导,鼓励学生练笔写作。

当年,邵飘萍的学生中有"平大三鸟"——吴隼、张友鸾、左笑鸿,这三人的名字都与"鸟"有关,又都是深受邵飘萍影响和喜欢的高材生。毕业后,左笑鸿到《世界日报》当编辑,张友鸾为报纸写小说、散文,吴隼则到天津《商报》任采访部主任,逐渐在新闻界声名鹊起。还有女学生徐凌影等办了一个以短文、小品为主的《烂漫》周刊。合作创办《心声晚报》的几个人,彭芳草、朱纶、陈厚泽、王秀水等,也毕业于平大新闻系,都是邵飘萍的学生。

为了全面提高学生的素质,平大新闻系的课程门类很多,有新闻学概论、新闻采集法、新闻经营法、新闻事业发达史等四十六门课,这是符合邵飘萍的想法的,他认为:"即以新闻之采集编辑言之,已包含世界上其大无外,其小无内之事物,非洞明人生一切之关系求可遽云胜任而愉快,是外观似仅为一种学问,而须有无数学问以为之助也。"

邵飘萍把办报之余的时间,都用来授课、著书立说。1923 年 9 月,《实际应用新闻学》(又名《新闻材料采集法》),由《京报》自办的昭明印刷所出版发行。这部书是邵飘萍在北大新闻研究会以及平民大学讲演基础上,又参考欧美日本有关著作,融合他自己十多年的采访经验写成的。邵飘萍在"赘言"中阐明了本书的写作目的:"本书编述之用意,以我国新闻界所最需要者,为各种外交记者之人材,故专就新闻材料采集方法具体说明,为养成外交记者人材之助。……书中所述理想的外交记者之资格,乃希望有志青年,取法乎上,勉为其难,著者决不敢望其项背。"

关于成书情况,邵飘萍又记述说:"鄙人在职务匆忙之日,又当天时最热,每日寒暑表达华氏百度左右之暑期,挥汗执笔,不一月间,仓卒成书。初稿既竣,无暇再阅。辞句修正,亦不可能,鄙俚晦涩之讥,挂一漏万之病实所难免,尤不自安。拟即以此以充学期平民大学之讲义,随时增删,稍期完善。"

这本书的内容分为"外交记者之地位"、"外交记者之资格与准备"、"外交记者之外观的注意"、"外交记者之工具与杂艺"、"访问之类别与具体方法"、"访问时之种种心得"、"外交记者之分类"、"探索新闻之具体方法"、"新闻价值测定之标准"、"新闻价值

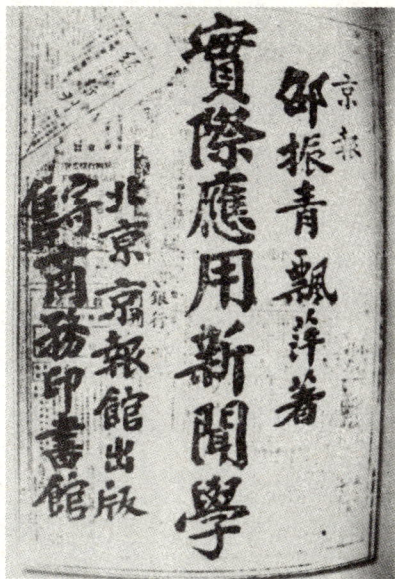

邵飘萍的新闻学专著《实际应用新闻学》

减少之原因"、"裸体新闻应记之项目"、"原稿之外观的注意"、"原稿内容之注意点"、"余白"等十四章。在为该书做的序中,顾维钧评价道:"今更详述十余年之经历,著实际应用新闻学一卷,夫负笈欧美之彦,固亦有研讨新闻学者,然尚未见有合实用之著述,则邵君此书,其开山之初祖矣。"

1924年春,邵飘萍应北京国立政法大学的邀请,担任挂靠在政治系里的新闻专业导师。在这里,他除讲授采访学之外,又增加了报纸编辑、经营管理等方面的内容。1924年6月,邵飘萍出版了《新闻学总论》一书,这是继徐宝璜的《新闻学》之后又一本重要的新闻理论著述。全书共十章四十节七万余字,"含新闻学之全体概要"。

邵飘萍著作中涉及了新闻学研究的绝大多数对象与领域:新闻事

业的特质;新闻记者的地位与资格;新闻社的组织;新闻纸的性质、定义、新闻价值;新闻纸发展史(含记者的发源进化、新闻纸的发源进化、各国新闻纸不同历史时期的特色);新闻法;中国新闻事业的现状;世界新闻事业的发展趋势以及各国通讯社状况。

新闻理论和业务思想

《实际应用新闻学》和《新闻学总论》这两本新闻学专著,是邵飘萍投身报业以来的心血结晶。他利用外国新闻理论充实自己,又根据中国的情况加以研究与发挥,形成了独树一帜的新闻思想。

他认为新闻事业是"社会公共机关"、"国民舆论代表",而不仅仅限于服务政治或经济利益集团。一个国家的报业应以国家民族利益为是非善恶的明确标准,反映国民的要求,因此新闻事业必须保持自己的独立性,包括"信仰独立",即只相信真理,传播真理,不为权势所撼动,不为武力所屈服;经济独立,既不依靠官方财政,也不依靠党派津贴;组织独立,就是要扩大发行量,使"社会中人人皆属股东,不信仰官方豢养,也不依赖党派津贴",不受任何政治势力和经济势力的控制,不做某一利益集团的宣传员。

邵飘萍提倡唯物主义的新闻反映论,认为新闻是客观事物真实、迅速的反映,同时又能作用于社会生活,影响国民的精神面貌。他认为报纸的重要职能是"报告新闻",而新闻必须"以真实为骨干,以兴味为血肉",凡事务必力求实际真相,以"探求事实不欺阅者"为第一信条,只有"以事实和真理"教育读者,才能取信于读者。

他反对当时新闻界流行的"有闻必录"的做法。他说"有闻必录"究其根源,是"无责任心的表示,乃最流于道德之'未制'的恶习"。他认为一张报纸"仅报告杀人强盗案等事实"或"揭发人之阴暗者"、"有害社会风俗者"只能降低新闻价值和报纸的信誉。因此,他强调记者要到第一线去"探究事实",运用自己储备的知识和经验去判断新闻的价值。

邵飘萍提出,"最佳之新闻,即为予最大多数人以最大兴趣者",可以根据这一点去测量新闻的价值,判断孰重孰次之。对于如何判断新闻的真假,邵飘萍则指出需要借助观察、推理、联想等办法,"三力"合用,才可获得真实的新闻。

因各界对军阀"每大致不满之词"必受军阀迫害不满,以及他自身及同业人员的遭遇,使他认识到制定以保护新闻自由为目的的新闻法规的重要性。在他看来,无论外国还是中国,历

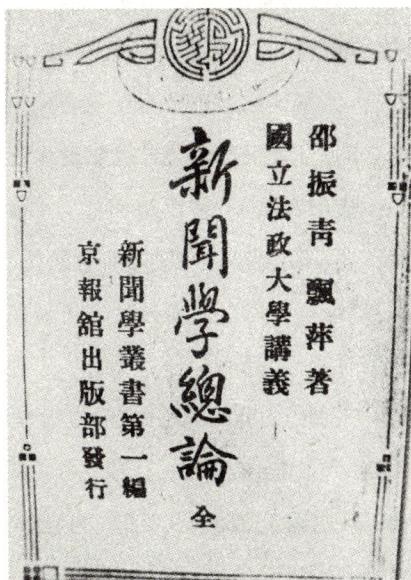

邵飘萍的新闻学专著《新闻学总论》

代的新闻法规都是压迫法,"皆出于政府当局压迫言论之政策",是政府"自私自利之法令",是"钳制言论的利器"。他并不对统治阶级放松言论的专制抱有希望,他认为新闻界应通过斗争,来使新闻事业"在基础正当的法律保护之下","达到法律上相当自由之目的",并使"最后的胜利归于言论界","最后的胜利归于人民"。

邵飘萍告诫学生,记者的第一要素为品性。新闻记者要"尽自己的天职","平社会之不平","苟见有强凌弱,众暴寡之行为,必毅然伸张人道,而为弱者吐不平之气,使豪暴之徒不敢逞其志,不能不屈服于舆论之制裁"。他认为记者的品性要完全独立,要具备侠义、勇敢、忍耐等品格,"主持公道,不怕牺牲",并明确指出"不为社会恶风之熏染,不为虚荣利禄所羁勒,是为养成外交记者资格之先决问题"。

邵飘萍向来主张记者"其脑筋无时休息,其耳目随处警备,网罗世

间一切事物而待其变"。他以自己常常能采写到一些使报界为之啧舌的内幕新闻和独家新闻的经验,提醒记者做采访要机敏、细密。就机敏而言,邵飘萍认为对被采访者,不论其功过善恶,只问能否提供有价值的新闻。即使是大坏蛋,也要设法让他迅速接见自己。就细密而言,邵飘萍指出新闻不要"粗疏出之",否则"未有不失败"的。要做到消息准确不误,不能光凭主观推测,必须认真观察,待"周围之情形无一遗漏",方可"综合参证",否则必有疏漏。在采访时,还必须注意人名、地名、数目及时间等细节。

在采访内容的处理上,他主张采访结束后,应尊重被采访者的意见,若"有严守秘密之必要,万万不可负约。否则,即失下次采访之信用,且不合于外交记者之道德"。有些内容虽不能发表,但不能视为无用,"仍须视为重要而切记之"。

邵飘萍还列举在《汉民日报》、《京报》时,"常接警厅来函,要求以投稿人的事实。以凡某所办之报,登出新闻,皆完全由某负责。有何错误,可向某交涉,至于原稿及访员姓名,无论何时何地,概不示人"之答复,告诫记者要恪守职业道德,对新闻来源严守秘密。邵飘萍认为,无论报社或记者,"对于新闻之来源,宜始终绝对秘密"。若泄露于外,非但"最不道德",而且足以使报社"蒙极大之不利",以后就会无人再热心提供材料。即便因一则新闻惹起文字之祸,也要慎重处理。

在这一方面,邵飘萍自己就曾经面对过一件非常棘手的事情。有一次,《京报》一位男编辑为感情所左右,在"青年之友"栏登出一篇攻击女高师学生苏梅女士的文章,署名为"右",在社会上引起了轩然大波。外间纷纷要求《京报》公布"右"的真实姓名,否则《京报》就摆脱不了干系。面对压力,邵飘萍坚守自己的原则。他对内辞退编辑,对外亲自赴女高师向苏梅女士道歉,直至风波平息,《京报》始终未宣布"右"的真实姓名。

他还对新闻记者的容貌、态度、服饰、言语、礼节等外观,以及摄影、化装、开车、日记本、铅笔、预知名人简历的技艺和采访的类别、要领、具体方法等各个方面，作了详尽的介绍，以备记者们的不时之需。

这两本新闻学专著，从理论和实践的结合上，深入浅出地对新闻学作了阐述。它的出版发行，深受国内外读者欢迎，为新闻学的研究和普及作了开拓性贡献。

邵飘萍原计划要出版一套"新闻丛书"，已出版的两部著作，只是其中的第一、二篇，计划以后陆续出版编辑、广告、发行等理论方法，预告读者的书名是《新闻编辑法》、《广告及发行》。后来因时间和精力有限，不得不暂时搁置，孰料最后竟成永久的遗憾。

办过报纸、杂志、通讯社，当过记者、编辑、社长的邵飘萍在中国新闻史上被称为"新闻全才"：他在京华报界首创新闻编译社，打破外国通讯社的垄断，为北京有名之通讯社；他以"公共言论机关"为办报理念，独立创办《京报》，为北京最进步之日报；他推动设立新闻学研究会，致力于培育人材，为中国新闻教育之发端。他办报之余，辛勤著书立言，《新闻学总论》、《实际应用新闻学》是中国最早的一批新闻学著作，并与徐宝璜、戈公振并称为中国新闻学的奠基人。

他无愧于报界巨子、新闻导师的美誉，也担得起时代先驱、万世师表的名号。作为旧时代落幕、新时代登台的见证人，他过早地辞世，没能看到共和制度真正建立，不但是他的遗憾，更是中国的悲哀。

第二部分
《京报》：茫茫暗夜里的曙光

　　1918年10月5日,邵飘萍在北京创办了《京报》。1919年8月,被安福系军阀查封,1922年10月复刊。1926年邵飘萍遇害身亡后,他的夫人汤修慧于1928年再次复活《京报》,其间,仍有短暂停刊,到抗日战争爆发后终刊。

　　《京报》关注时事动态,新闻报道和时事评论都相当出色,在当时一系列重大事件的报道中都发挥了厘清事实真相、引导舆论的重要作用。同时,在副刊建设、版面安排、广告发行、经营管理等诸多方面,《京报》也走在当时报界前列,是北京乃至整个中国北方非常有影响的一份日报。

　　《京报》诞生之时,正值新文化运动方兴未艾,五四运动呼之欲出之时。新文化运动及后来的五四运动,不但给当时的中国思想文化界带来了空前的活跃,更在文化上建立了新的体系。随着传统文化体制的解体,新的文化精神逐渐确立,《京报》既受到新思潮的熏染,本身又代表着新的时代潮流,成为茫茫暗夜里的一线曙光。

冬日里的"京报馆"

一、创始:面目一新的独立报纸
(1918 年 10 月—1919 年 8 月)

1918 年,《京报》创刊当天,邵飘萍就在编辑部办公室手书"铁肩辣手"四个大字悬于正面墙上。"铁肩辣手"这四个字可以说大有来头。1916 年,一位从日本归来的中国人,在北京创办了《晨钟报刊》,曾以"铁肩担道义,妙手著文章"作为报纸第六期的"警语"。这个人是李大钊。这两句话的原作者,是明朝因反对奸臣严嵩而惨遭杀害的杨继盛(椒山)。杨继盛的原文为"铁肩担道义,辣手著文章",乃为济南大明湖畔"铁公祠"所提的对联。而"铁公祠"是为了纪念明朝初年因拥护建文帝朱允炆而被明成祖朱棣杀害的大臣铁铉所建的祠庙。

李大钊将"辣手"改为"妙手",体现了其教育大众、启发民智的"孺子牛"精神;邵飘萍则直用"辣手"这一典故,还因为"辣手"是邵飘萍家

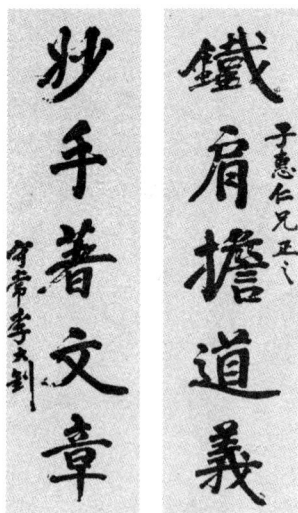

李大钊手书联:铁肩担
道义,妙手著文章

乡的方言,"刚严猛烈者为辣手,辣之言厉也",一个"辣"字,表达了邵飘萍的志气。

邵飘萍在《京报》创刊词《本报因何而出世乎》中,阐明了《京报》的使命:"时局纷乱极点,乃国民毫无实力之故耳。……必从政治教育入手。树不拔之基,乃万年大计,治本之策。……必使政府听命于正当民意之前,是即本报之所作为也!"在同一天的评论中,又有云:"民国以来,军阀所为者俱为祸国病民,今则必须国民共起,志同道合,协力除之!"建设一个舆论阵地,抒发民意,联合国民与军阀抗争,正是邵飘萍和《京报》所追求的。

铁肩担道义

创始时期的《京报》版面是邵飘萍依照主办《汉民日报》时的经验,并根据在日本、北京、上海等地所看到的各报的样貌来设计、安排版面的。开始时为对开四版一大张,其中第一版和第四版为整版广告。第二版和第三版是报纸的主要版面。

第二版为要闻版,主要刊登近日发生的重大新闻和消息。按照重要程度,又分为"要闻一"、"要闻二"、"要闻三"……。每遇到重大事件,则有"特别记载"栏,对事件进行详细报道评述。另外,还设有"评论"栏,基本上一天一篇,由邵飘萍亲自主笔,阐述自己的观点和看法,同时也代表了报社的立场。

第三版主要是国际新闻和一些小栏目。国际新闻一般占版面的1/2左右,主要报道国外近期的发展动态。国际新闻之外的剩余的版面则分为许多个小栏目,主要有:"本京琐闻",报道北京发生的值得关注的事件,内容多为社会新闻;"实业金融",报道经济新闻、行市动向等;"来件",类似读者来信,刊登读者的记述和论说;"商民疾苦",站在民众的立场,提出现实中存在的诸多问题;"通告"、"命令",主要发布政府消息,如大总统令、人事任免令等;此外还有"编辑余谈"等评论性栏目。这样的版面安排主要依据的是他在旅日期间所见到的日本新闻报道的形式。

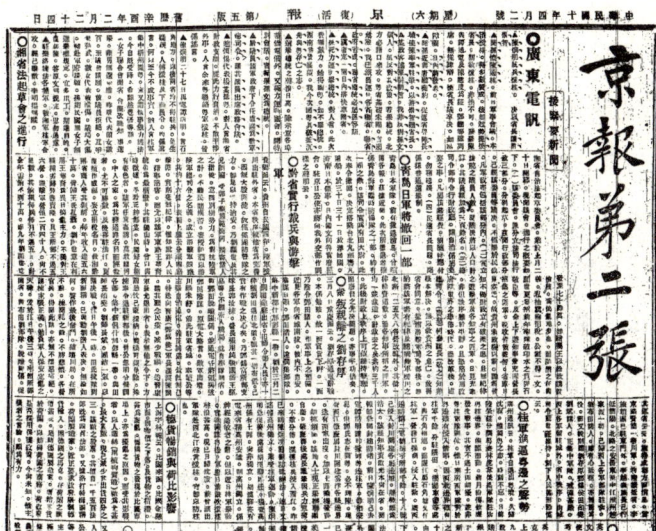

《京报》的新闻增刊《京报第二张》

邵飘萍认为,"报纸精神的表现,全寄之于评论,故评论的好坏,和报纸销路的多寡,其关系甚为密切"。因此《京报》创始时期,邵飘萍在自己的报纸上,不时对国内外的各种重大问题,发表看法。可以说,立场鲜明、见解独到的评论,是《京报》区别于其他报纸的重要特征。而且,《京报》的评论往往能引起很大的社会反响,在当时的舆论界颇有声名。

安福系是当时《京报》主要批驳的对象,在《京报》的创刊号上就登有安福系政府违法乱纪的消息。针对当时安福系把持下,政坛混乱不

堪的事实,邵飘萍毫不客气地进行抨击:

> 忽而议场大哄,忽而弹案提出,忽而阁员冲突,忽而财长辞职出京,忽而又一弹案提出,忽而财长回任,忽而陆长请假,忽而弹案各自疏通撤回。此种滑稽之儿戏,究竟与谁开玩笑耶?呜呼,此下流社会苟合苟离之现象耳!此各党各派皆无政治能力之表征耳!此无耻官僚出尔反尔患得患失之面目耳!此北方党派自杀自灭之作用耳!

> 至如我国,且勿论成功如何,要先在救目前岌岌不可终日之危象,而内交外迫愁叹之声盈于朝野,乃为之元首者,偏有闲情逸韵,提倡风雅,敷衍无赖文人耶,抑神经麻木,真不知有亡国之痛耶,敢问!

针对当时安福系对一些学生"流行病症"的刁难,邵飘萍则提出相反的看法。他认为,对个别学生的不良行为不能求全责备,要以教育为主,"青年学生为未来中国之柱石,为中国前途计,不能不爱学生"。

1919年2月,南方护法军政府和北京政府举行和谈。在和谈开幕当天,邵飘萍发表《国内时局会议之前途》、《会议秘密与和局仲裁》等时评,建议双方"眼光在于将来","遗忘之事,彼此可以不提会议席上",以"减少冲突之机会",注意"国家根本","无论何方之代表,皆宜尊重自身之人格,事事采取有利国家全体及有利国民全体之精神"。当和谈曝出双方代表对涉及自身利益的议案互不相让的丑闻,《京报》上就有了《然则所议何事》的评论:"和会之所应议者究为何事乎?诸君,诸君,当细思之,解决国事,乃为全国人谋安宁,非徒为诸君之少数饭碗计也!"

邵飘萍对于军阀热心于组阁大加批判:"是故先求解决时局而醉心正式内阁将何为哉。……舍本而逐末也"。他认为南北之间,应当捐弃前嫌,做一些对时局有所促进的举措,而不是纠缠于人事问题,"各方不注重于事而专就人的问题以为竞争之标准,人的问题,纵有时可以解决,其无补于事,则与不解决同也"。

当和谈因地方问题而导致分裂时,《京报》上陆续有《和谈可续开否乎》、《和议果应续开否乎》、《再开会则当如何》等系列评论,提醒各位"和议进行愈滞,局势愈危;内则国家财政、社会经济,在在有不可终日之虞;外则世界潮流、邻邦政策,处处示汹涌侵凌之象","此次会议乃国家全体生死问题,非一人一派势力消长问题,苟有据局部以贻误大局者,国民应急起问其责任","不能再任政府之因循苟且,致陷国家于万劫不复之悲"。

邵飘萍对护法运动后南北和谈的评论,其基本立场是"维护共和",而这一主题,不但是当时民众极为关注的,更是当时中国亟需制度化、持续化的要务。

辣手著文章

创始时期,《京报》的评论主要有两块:二版的"评论"栏和三版的"编辑余谈"栏。"评论"栏目一般关注的是时政和社会问题,话题较为沉重,评论者的语气也较为犀利、尖刻,用语经常直指问题核心,说理、批驳不留余地。

与"评论"栏相比,"编辑余谈"的措辞较为温和,关注点主要是普通百姓的日常生活或者是社会上的某一现象,类似我们今天在报刊上常见到的"生活随笔"一类的专栏文章。如《贫儿院募捐》一文,对北京贫儿院的一种新的募捐方式表示赞成:"顷闻该院……拟于本月下旬假外交部迎宾馆开跳舞大会并展览贫儿成绩以筹得入场券资悉充该院经费,届时跻跻跄跄定有一番热闹,寓慈善于游览之中,其计甚得集腋成裘,吾人乐观厥成也"。

同年2月17日,"编辑余谈"里发表了《取缔汽车》一文。当时汽车在国内尚属少数,而且"一般乘坐汽车者多系达官阔老,虽惧外性成而对于国内平民往往视如无物,司机之人又狐假虎威,故意横冲直撞耀异

1921 年 1 月 9 日,《京报》上的"北京社会"专栏

于众,因而汽车伤人之事时有所闻",因此,文章建议"际此元宵佳节游人拥挤不堪,取缔汽车尤为急务,慎勿令人有行路难之叹也"。

"编辑余谈"的选题虽多是社会生活中的小事,但写起来往往以小见大,从事件或者现象本身延伸开来,点出其背后值得注意的问题。这类文章,我们今天耳熟能详的,当属著名的记者、作家邓拓以"马南邨"的笔名所写的《燕山夜话》。虽然这种写法早在宋代的文人笔记中就已出现,但作为公众舆论界的文章形式,邵飘萍可以说是最早的写作者之一。

如《发财》一文,开篇为:"新年例作吉利语,恭喜发财四字,几为普通交际口头禅,国人心理于见一斑。"在文末,则指出,人们都有发财的愿望,这种心理为人所利用,便有各类奖券的盛行,如果一心只想发横财,"反置一切正当事业于不顾,其害将伊于胡底",更有甚者,"其或藉发财以谋升官,而藉升官而益谋发财,此中黑幕益不堪听闻矣"。

邵飘萍是"新民辅成会"的积极支持者,这个协会成立的目的是救济、指导出狱的囚犯，使他们能够自立自新。因此，《京报》还曾经发专号关注罪犯问题。对弱势百姓的偶然犯罪，发表看法："一面救济有名有姓可指之囚徒，一面尤当从改良社会周围之景象上着想，以求根本上不致有多数犯罪发生。"

邵飘萍用他自己写作的评论，力图实现"铁肩辣手"的新闻理想。其实，"辣手"除了犀利、尖锐、深刻之外，还有另外一层含义，在"辣"的背后，始终有一颗济世之心。这也就是晚清人所说的"以霹雳手段行菩萨心肠"了。

《京报》创始时，设备简陋，报馆没有自己的印刷厂，整个报社的编辑其实只有邵飘萍和潘公弼两人，潘公弼后来撰文回忆了自己和邵飘萍的情谊以及初创《京报》的经历：

> 不佞与飘萍同学同事同患难，而始入报界，实渊沅于飘萍。生死二人，非交泛泛……癸丑冬，不佞负笈东避，飘萍亦以二次革命不容渐当道，亡命日本，同时肄业政法学校，遂成相识，因组织东京通信社，飘萍主持其事，社友惟东阳某君与不佞而已。袁氏既殂，飘萍受《申报》聘往北京，适不佞毕业法校将归，飘萍迟之旬日，以沪事授不佞，始首途。此飘萍活动北方之始，亦不佞直接服务报界之始，时民国五年七月也。越二年，招不佞至北京，筹组《京报》，数月而就绪。自此所有《申报》《京报》以及新闻编译社三方面之采访著译编辑，二人分别分任。自朝至午夜，殆无休暇。及为时间万万不及应付，始陆续增助理者二三人。《京报》出版，历一个月，销数自三百份陡增至四千。二人于喘息之余，辄相顾而笑，以为成功殆可计日而待。不谓一厄于安福系飘萍出弃者经年，不佞陷缧绁者数月。飘萍倜傥不羁，其读书不终卷不释手，其为文恣肆流丽，自奉虽奢，而遇人焉亦极厚，与伦郫相值，调侃戏谑，无所不用其极，周旋士大夫间，恂恂如也。

尽管人单力薄,刚刚亮相于京城报界的《京报》还是引起了极大的关注,特别受到文人学者和学生的偏好,而随着《京报》在报道、评论方面取得的成功,其在北京报界的影响也在逐步扩大。

别具一格《小京报》

《京报》初创时还附设了《小京报》,由邵飘萍的好友徐凌霄主持。

徐凌霄,原名徐仁锦,笔名霄、汉、凌霄、凌霄汉阁主、彬彬、烛尘、一尘等,徐凌霄这个名字,就起源于他的一个最常用的笔名。他原籍江苏宜兴,因祖父那一辈应顺天府乡试而成了北京人。受家世的影响,徐凌霄青少年时代受过很好的儒家传统教育,长于文学,娴于经史。后来又考入了北大前身的京师大学堂,学习的是土木工程,但他一生中主要从事的,还是办报。

从 1910 年起,他曾先后为上海的《时报》、《申报》,北京的《中国新报》、《京报》、《实报》,天津的《大公报》等著名报纸撰写过通讯和评论。在应聘为上海《时报》驻北京特派记者期间,他用彬彬这一笔名,为该报撰写了大量的北京通讯,以观察细致、剖析入微、才思敏捷、文笔美畅,蜚声于时。一度和黄远生、刘少少并称为民初三大名记者。刘少少脱离报坛后,又和黄远生、邵飘萍一道,被当时的新闻界誉为"报界三杰"。

徐凌霄生性落拓不羁,经常身着一件旧长衫,两袖油污不堪,不修边幅,与邵飘萍衣着考究、做派文雅迥然不同,但两人却是很好的朋友。

徐凌霄为人不入形格,办报也有自己的特色。当时京城各报及所附小报,动辄涉及隐私,十之八九有黄色新闻,"看报人及投稿者,狃于积习,以为附张小报无非弄月吟风,故花花柳柳之投稿如矮人国,某报所载者不一而足"。编辑人员恐"稿件日有不敷","看报人有所不足",就"赖以充篇幅"。但邵飘萍考虑最多的是报纸的社会效益,面对报纸这种自毁品格,贻害社会的颓败风气,他把徐凌霄请来主持副刊版面,标新立异,改弦更张,于是以文学、戏曲、文艺评论为主要内容的文艺副

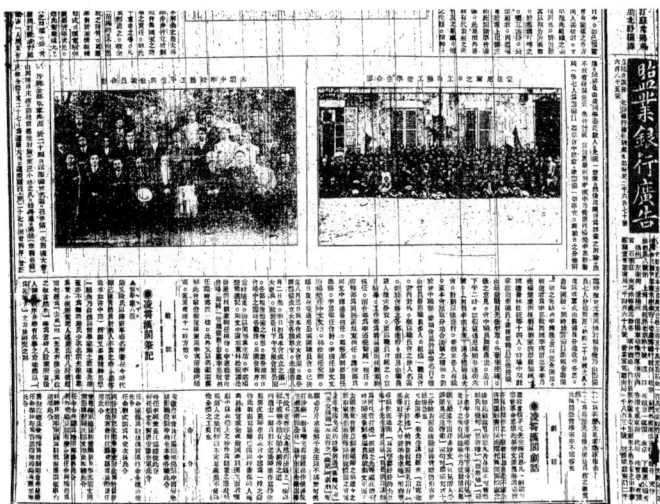

"凌霄汉阁笔记"

刊《小京报》诞生了。

《小京报》相当于现在的晚报,撰稿人除徐凌霄外,还有病蝶、重远、百纳、杏娜、紫岫等;内容品类繁多,有诗文、小说、金石掌故、戏曲、美术等等。徐凌霄一反其他副刊成例,将戏曲提到首要位置。当时文化界视小说、诗文是阳春白雪,为正宗文学艺术作品,而戏曲的地位等而下之。徐凌霄这么做,一方面是发挥自己特长,将《小京报》办得与众不同些,另一方面,也是主要的原因,则是为了提高戏曲"一向被人轻视斥为小道俚词"的地位,以"唤起文学与艺术界之注意"。

在当时附刊几乎与"黄报"等同的情况下,即使有报纸发行量减少的忧虑,《小京报》仍保持版面干净,凡是花柳猥亵一类的品评记事、淫秽小说以及不堪入目的广告、文字等统统都看不到,"宁可牺牲一部分之销路,决将此类稿件一扫而空",这也反映了邵飘萍办严肃报纸的决心。

对主持《小京报》和与邵飘萍的交往,徐凌霄在邵飘萍遇难后曾有

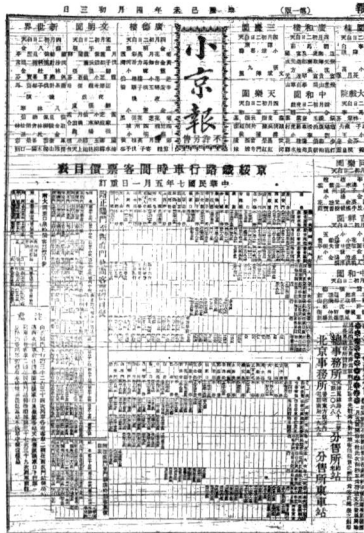

《京报》副刊《小京报》

这样的回忆：

卑人与飘萍翁多年交友，自有《京报》即分任文艺一部之事。《京报》创始于戊午之秋，其时卑人在《时报》之余常作小品及谈剧文字，飘萍遂以《京报》附张相属，名之曰《小京报》，内容大致为剧谈、文苑、诗话、瘦词、小说、丛谈、尺素等，无非弄月吟风，故花花柳柳。飘萍社务既多劳又深自谦抑，不参小京撰著之事，而亦喜约诸友为文酒之会。

《小京报》是《京报》的附张，随《京报》发行，《京报》"五四"后遭查封，《小京报》亦随之停刊。1920年9月，邵飘萍复活《京报》，《小京报》并没有即时恢复，直到1921年5月10日才恢复出版。

"五四"号手

距离辛亥革命八年后爆发的"五四运动"是中国青年运动的伟大开端，也是中国新旧民主革命的分水岭，更是引起中国思想界深刻变革的契机。如果说前一阶段的革命对体制的革新已经被中国人广为接纳，但民主宪政却始终是一纸空文，伴随着新文化运动的思想解放，"五四运动"应时而生。

在"五四运动"时期，《京报》的相关报道占据了两个新闻版的绝大部分。其次，《京报》通过邵飘萍的评论文章，鲜明地表达报纸的立场和主张。邵飘萍的个人思想，邵对整个事件的认识程度，在相当大的程度上影响着《京报》的整体报道水平和风格。在《京报》"五四运动"的报道中，不仅新闻报道及时全面，评论文章更是起到画龙点睛的作用，充分体现了邵飘萍和《京报》所主张的欲救中国，必先唤起"国民之自觉"的思想。

《京报》对"五四运动"报道的特点之一就是关注得早。仅就"五四运动"前两三个月的《京报》看，邵飘萍就撰写有关评论十五篇。

2月6日，发《亲善与秘密》一文，建议"破除一切之秘密，使阴谋之野心家无所施其伎俩"，为今后永除战祸。

2月7日，发《希望日政府之正式声明》，翌日又发《国民对于外交之态度》一文，针对日本公使小幡对我国政府提及一种含有恫吓性质的要求，邵飘萍"希望日本政府对于世界正式声明者三事：一、秘密条约完全宣布……二、青岛以无条件归还……三、不妨害我国发言权……"表达了国人的正义要求。

2月10日，发《外交部之声明》："警告外交当局，兹事非仅一度声明即可卸责者，日人固知注意其国际之地位矣，试问我国之国际地位如何？"揭露政府当局在外交上的软弱无能。

2月11日，发《密约宣布与废止》。当获悉日本政府命令赴欧代表宣布密约时，邵飘萍指出："若仅言废止军事协约，而忘却山东等处铁道及其他密约，则吾人不能表示满意，且认为不过缓和外交情势之一种手段而已！"

2月24日，邵飘萍发《国民外交》，指出政府首脑责任："关于增加负担，丧失主权之外交案件，宜严厉纠正政府之过失。"

3月15日，邵飘萍发《京报增刊》，全文刊登《中日条约》，随报赠送，并发《新奇之解释》，敬告国民："当根本反对一切危险之密约，锄而除之！"

3月29日，发《请国民注意世界和会》的评论："愿国民切勿埋头于国内之细事，放眼一观世界大局及我国所处地位艰危焉！"

这段时间，邵飘萍亲自撰写的评论还有《国民对于外交之态度》、

《密约宣布之价值》、《警告美国政府》、《日本国民外交之气焰》等等,抨击锋芒直指列强对华的蛮横态度以及巴黎和会对我国的不公正立场。这些文章既尖锐深刻,又富远见卓识,篇篇警告列强,字字进谏当局,召唤民众速醒,做好救亡图存的准备。

《京报》对"五四运动"的重视,还体现为版面上的"强势"报道,运用大量版面,从各个角度对事件进行详实报道。

巴黎和会上中国外交失败的消息传回国内,国内各大报刊纷纷做出强烈反应。《申报》虽然也对此进行了报道,但其评论却非常隐晦。它认为"青岛问题至此今日,国人不能无一种表示的态度,此为各国常有之事",对于直接责任人曹汝霖、章宗祥、陆宗舆,《申报》也不敢公开点名,只是说"负责之人使国事败坏至于如此",而"依然任事如故,负责之人亦太无耻点"。

与《申报》相比,《京报》的态度则明显激进,除每天及时详尽地报道事态的发展外,还呼吁民众奋起:"日本因山东问题,其内阁其贵族院其国民团体皆一致强词夺理为示威之运动,我国民我政府我国之议会对之亦有动于中否乎。欲夺他人生命财产以自肥者,其气概且如此,然则吾人为国家生命自救灭之起见,安得不一致分歧以与决一生死也哉。"

5月4日,《京报》发表署名"飘萍"的评论《勖我学生》,对学生寄予厚望:"学生果有志于救国,既须有奋起之气概,尤望其努力修养,以收最后之效,未可以一时表示就引以为自足也。"

对"五四运动"当天的学生活动,《京报》在事发第二天做了详细报道,并在同一天的报纸上,邵飘萍把日本称作"东方德意志"。

在对"五四运动"的报道中,《京报》在关注事件发展的同时,还注重从历史和经济的多重角度分析问题。

早在日本与袁世凯政府签署"二十一条"时,日本已经要求中国政府同意它继承原来德国在山东的各项权利了,除此之外,它还要求取得在山东的其他特权。段祺瑞政府执政期间,为了向日本借款,不仅同意日本驻兵济南、青岛,而且许以其在经营和管理胶济铁路方面的种种特权。"故苟上述两种协议而不能全部撤消,则今后类似于山东问题者层见叠出而不已,且以山东问题证之。遇有他事发生亦必出于对付山东问题同一之手段更可知矣。然当两约签字之日政府固强谓与主权无伤也,国民之愤慨岂非应有之举动乎"。邵飘萍已经认识到如果不能彻底地根除这些遗留问题,政府出卖国家主权的行动还会一再上演。

从经济角度来分析这些政治问题,邵飘萍认识到"盖工商实业各界果有救国之诚心,则固另具消极积极之对外能力,合全国以图之,能力愈大,效验自见,外人不能不见而却步也";"20世纪以来之世界,经济竞争之世界也,故经济权即为领土主权之重要部分。今日人言对于山东仅取得经济特权而以领土主权归还我国,试问除去经济特权,山东两字之空名词,要他何用,而况日人对于经济特权将不免有扩大新奇之解释乎。国民之力争诚非得已也"。

五四时期,邵飘萍和《京报》站在爱国的立场,对当时执政北洋政府的安福系进行了猛烈的抨击,"嗣见其祸国阴谋,借债愚策,日著一日。《京报》不得已,始以严正态度发为警告。对于安福行动,每下彻底之批评"。遗憾的是,《京报》因为言论激烈,惹恼了当时的安福系。1919年8月,安福系政客藉口《京报》侮辱政府,派军警包围了《京报》社。8月22日,潘公弼遭拘禁,邵飘萍出走,《京报》第一次被封。

《京报》创办初期,正值近代国人第三次办报高潮。据数据统计,从1917年到1921年,全国新出的报刊有一千种以上,即年平均二百种左右,和维新派带动的第一次办报高潮中的年均四十种及以革命派为主力的第二次办报高潮时的年均一百种相比,可用突飞猛进来形容其发展。

和前两次不同,这次高潮中涌现的报刊开始由"观点纸"逐渐向

"新闻纸"过渡,但也延续了中国报业文人论政的传统。以《京报》为代表,它的言论、附刊和对重大事件的报道,都呈现出现代报纸的特色,给当时的北京报界带来了新的风气。

二、鼎盛:北京最进步之报纸
(1920年9月—1926年4月)

1920年下半年,执掌北京政府政权的安福系因在直皖战争中的失败而倒台,邵飘萍与《朝日新闻》社提前解约回国,于9月17日复活《京报》,并于1922年,在天津和杭州设立了"京报分馆"。

尽管此前《京报》在立场上趋向进步,在"五四运动"中的报道也相当抢眼,但凭心而论,它还是"一位新闻职业青年所办,对新闻技术不讲究,也谈不上有什么见解"。复刊后的《京报》绝不可与过去同日而语。在复刊当日第五版的"评坛"栏,邵飘萍以"阿平"为笔名发表了三篇《平心思之》,分析安福系失败的原因及其教训,并进一步提出:"本报今后之所鼓吹,第一希望地方自治迅速实行,第二希望教育制度根本改造,第三希望完成宪法,人人得有自由权利之保障,第四希望缩小政治军事之范围,移其费用于学术。"这四个希望为《京报》明确了日后的发展方向。

同时,新文化运动也为那个时代奠定了基调:新鲜的、活跃的、自由的、有创造性的、缺乏教条的。处于青春期的中国知识分子开始把媒体当作他们施展自我的空间。

革新图强

《京报》被安福系查封后,新闻编译社的工作还在照常进行,所以人事班底还在,只是好搭档潘公弼在获释后回到了上海,重新效力于老东家《申报》。正所谓"失之东隅,收之桑榆",潘公弼的弟弟潘劭昂又成为《京报》的骨干,直到他1923年赴美。潘劭昂日后

关于唐山煤矿事故的图文报道

回忆：

民国七年夏，余方乡居，得家兄函应命来京，即在三眼井社中获识先生。八年季夏，安福内阁力扼《京报》。其时编译社幸无恙，余乃于课余之暇，受庸入社服务，此为余入新闻界之始，亦即与先生事业发生关系之肇端。翌年安福失败，先生由扶桑返，复振《京报》，以余承令编辑部。荏苒三年，因求智欲及恢复健康之动机，得机会赴美。先生不以为懑，力助成行。盖先生宅心慷慨正大，乃其天性，而不以余为不肖，望有所成，用意之厚，更可感激。旅外时，通信甚殷。且频频拨其宝贵之光阴，捐书以勖，偶一念及，弥深愧恨。

除了潘劲昂，编辑部还有邵飘萍的弟弟邵新昌、周吉人、徐凌霄、吴定九等十余人，编辑队伍比初创时期有了很大的发展。

同时，《京报》的内部管理也开始规范化，设立了编采、广告、发行等部门。其编辑部组织大概如下：

编辑部长	1. 政治部	2. 社会部
	3. 经济部	4. 外报翻译部
	5. 副刊杂俎部	6. 调查部
	7. 校对部	

编辑部长，"即吾国所称为总主笔者也"，《京报》的编辑部长毫无疑问是邵飘萍，这体现在《京报》的社论及重要文章都出自邵飘萍之手。政治部主管一切关于政治上的活动，民国时期，政坛纷乱，政治新闻的报道占绝大多数报纸的主流地位。因此，"我国报社中，以此部最占重要，每位于总主笔之下，或直接由总主笔自兼者甚多。若北京之《京报》……"。经济部专司各种商情市况，间或涉及国内公债，各地金融等。另外，副刊编辑的地位也举足轻重，如沈从文在《怎样办好一份报纸》中所言："到民国十四五以后，在北方，一个报纸的副刊编辑，且照例比任何版编辑重要。社长对于副刊编辑不当作职员，却有朋友帮忙意味。如孙伏园、徐志摩、刘半农诸人作副刊编辑，就是这种情形。许多报纸存在和发展，副刊好坏即大有关系。"

邵飘萍在日本朝日新闻社任职期间，看到当时该社有近二十部轮转机，每一个记者都有一部专用电话，现代化的设备、高效率的新闻采编体系都让他开阔了眼界，看到了中国新闻事业与日本等西方国家的差距，使他对如何办好报纸有了更多的思考。因此，从复刊之初，邵飘萍便有计划地扩大《京报》的规模。扩张后的《京报》由原来的对开四版一大张，扩为对开四版两大张，遇有重大事件，还另外发行特刊和号外；进一步加大新闻的比重，发展副刊，并逐步实现报馆设备的现代化。

1925年，《京报》馆自筹资金，在宣武门外骡马市大街魏染胡同建成新馆，12月7日迁入新馆时，《京报》特地出版了《京报特刊》，刊登了新报馆和邵飘萍的大幅照片,还拍成照片制成明信片分送各方。新报馆是日式灰砖洋楼,楼下是营业部、传达室,楼上是编辑部、经理室等。它是当时北京新闻界唯一一座自建馆社,规模宏大,印证了《京报》几年来的迅速发展。

邵飘萍曾说:"办报的必得要办印刷所。要是不办印刷所,自己的报叫其他印刷所去印,因为不论哪个印刷所,差不多都包办几家报纸,所以报纸出版的时间则不免有误了。"于是在复刊之后不久,《京报》就创建了属于自己的印刷所——"昭明印刷局",《京报》及其出版的二十余种副刊杂志、邵飘萍的新闻学著作等,多数都是由昭明印刷局印刷出版。

印刷局有住房、校对室、印刷间、铅字房、铸字炉等二十余间,工人三四十人,置有手摇印刷机四五台,还有印制号外、名片、信纸信封的小机器。印刷厂里挖有地下印刷室,平时不用,只有印密件时才启用。1925 年 2 月 1 日,昭明印刷局再度变革,"本报自扩充以来,谬承各界赞许,销数日增,惟以印刷较旧,字迹不明,引为憾事。爰于去腊(注:1924 年腊月)另购铜模,改铸新字,自一号至六号,大小具备,日夜赶工,……一律将旧字除去,报纸形式,遂大改观"。印刷技术和设备的不断更新,为报纸顺利出版提供了坚实的物质基础。

为采访方便,邵飘萍购买了一辆黑色小轿车,成了中国首位自备汽车进行采访的记者。《京报》馆还购有自行车十数辆,雇佣工人分送报纸。这样,《京报》就成了一个设备比较完善的大型日报社了。

广告与津贴

民国年间,广告在报业经营中已经占据了重要地位。报纸日益普及,以及近代电信、交通业的逐渐发达,广告这种商品促销方式越

报纸印刷

来越受到社会人士、工商界人士的欢迎与重视,而且广告效果开始被注意,商家更为积极地以广告来拓展销路。商人广告意识的提高,受报刊和其他传媒普及等因素的影响。越是商业发达的地区,广告的发展越是迅速,"广告费之消耗,以报纸为最巨;而报纸之支出,亦多仰给于广告"。

《京报》创始时,四版之中,第一版和第四版全是广告。扩版之后,一、四、五、八版基本是整张广告,其他各版也各有少量广告。基本上,《京报》的广告面积占报纸总面积的近1/2。

第一次复刊之后,《京报》在二版右上增加了"启事"类广告,一般四五条。后来,在五版增加了"分类广告","另辟一定之地位,转载人事、营业、征求、寻访等分门别类之小广告","自创办以来,效大价廉,人人称便"。另外,在年关,《京报》也专设"贺年名片广告",刊登一些单位和个人的贺岁广告。

其中,《京报》的"经济类"广告多为银行和储蓄广告,也有少量

《京报》第一版是广告版

的交通广告,如列车时刻表等。"文化类"广告多为杂志目录和书店新书目录。"奢侈类"广告在二次复活以前,多数为香烟广告,之后则以电影和剧院预告为主,也有汽车广告。"医药类"广告数量非常之多,一般在四版、八版,多数为滋补品、妇科、眼耳鼻等偏方药品,这类广告"来量虽多,亦无裨益于一般读者——因为有实益和有效验的药品,很占少数的"。

在外来广告的刺激下,中国民族工商业资本家逐渐意识到"广告能使商品不胫而走"的道理,纷纷利用广告打入市场,形成了激烈的广告竞争。刊登广告的方式,一般是由刊登者指定的。广告刊费的规定,以广告地位的优劣为标准。"同业纸面上之广告,其在上部者为优,下部者次之,上部之右者为优,左者次之……若广告插入于新闻栏中者,则以与新闻记事之方面接触多者为优,少者次之"。

根据刊登期的长短不同,广告刊费也有不同的标准。大致短期的费用高,长期的费用低。《京报》的广告刊费,以1926年为准,"以英尺三方寸起码,第一版封面一日每寸一元,三日两元,七日三元,半月五元,一月八元,普通减半,论前加倍,新闻栏另议,长期广告另立契约"。

《京报》广告版上的银行广告

邵飘萍还自己总结了一套关于发布广告的经验,就如何提高广告的吸引力,他说:"一、图案;二、故意弄错,使看报的人注意,来改正他的错处,于是大家均注目他的报纸;三、用诗歌以广招徕;四、用刺激性强烈的题目或是很危险的话以引人注意;五、新的新闻,就是仿佛是新闻,其实是诱人看广告,不过未看前不知是广告,既及看完后才知是广告。"

然而,与同时期的《申报》等上海大报相比,《京报》的广告费和发行量都相差甚远。上海的《申报》、《新闻报》等采用的计费方式是以行为单位,按字数计算,即每行每日刊费多少;《京报》及一些京津地区的大报多以方寸计算,以一方寸为单位,即每方寸每日刊费多少。这是由特定的地域文化决定的。当时,上海、广州、天津等地是商贾云集之地，广告到处可见，除了报纸广告，其他形式的广告也到处可见。

《京报》的发行量日常在四千到五千份，多时可达六千份左右。根据京报馆账簿发行记录，1926年1月17日，《京报》发行总数五千三百多份，其中外埠五百多份；2月23日，总数为四千三百多份；3月30日，为四千三百份，其中主要是靠报房代销。以1月17日为例，本京三千两百多份，占总发行数量的61.6％，而订阅数（包括本京与外埠）只占19.3％。

这样算来，依靠广告收入和报纸的发行收入，还不足以维持《京报》的生存，所以《京报》也有收取政府津贴的历史。曾任北洋军阀时期财政次长的李思浩回忆："邵飘萍和段派没有什么关系，但因为他是当时的名记者，也不能不应酬。经常的津贴是没有的，记得两次送给他成笔的钱，数目相当大，每次总达好几千吧。"

所谓津贴，就是政府为了达到控制舆论的目的而给予报馆的经济资助。报馆获得津贴，不仅对其经济有所帮助，还可获得政府提供的内幕消息以及邮政上的便利。直到广告成为报纸的主要收入来源，津贴才逐渐淡出，但当时北京的报界均或多或少享有此等待遇。据披露，当年北洋政府参政院、国宪起草委员会、军事善后委员会、财政善后委员会、国民会议筹备处、国政商榷会等六家机构组成"联合办事处"，从财政部领取两万元，作为全国一百二十五家报社、通讯社的津贴。津贴按超等、最要、次要、普通四个等级发放，其中超等者有《东方时报》、《顺天时报》、《益世报》、《黄报》、《社会日报》、《京报》等；最要者有《世界日报》、《北京日报》、《京津时报》、《京津晚报》、《世界晚报》、《甲寅》周刊、《中美晚报》、神州通讯社、国闻通讯社等；次要者有《大陆晚报》、《华晚报》、华英协和通讯社等。

"津贴"是当时报界的一种"集体行为"，类似今日的某种公关，即便是收了钱,也并不一定就要为谁卖命,邵飘萍就是这样。1921年1月7日,在《通讯社有可以操纵言论之能力乎》这篇文章中,邵飘萍写道:"津贴本位之新闻纸,我国在今日尚占多数,新闻之性质殆与广告相混同,既不依真理事实,亦并无宗旨主张,朝秦暮楚,惟以津贴为向背。此则传单印刷物耳,并不能认为新闻纸,与世界新闻事业不啻背道而驰。"1922年8月4日,《京报》披露了报界代表为"报纸津贴事业谒见元首",同年8月12日,又在《读者论坛》中借读者来信,披露北京新闻界为了津贴掩盖交通部长高恩洪将京绥铁路权出卖给帝国主义一事。可见,邵飘萍的笔并没有被"津贴"左右。

公共言论的机关

邵飘萍曾在他的《新闻学总论》一书中,对新闻事业的"公共性"进行了最为充分的分析:"人类社会的共同生活胥以国家的或民族的形式为其范围,当现世此种范围尚未打破以前,国家或民族的有机体内皆为社会之一种,故营此种社会的共同生活者即国民也。新闻纸既为社会公共机关,同时即为国民舆论之代表。"邵飘萍对报刊"公共性"的重视,使他非常关注社会生活、百姓疾苦,注意倾听来自民众的声音。

邵飘萍认为:"政治新闻与社会新闻……其价值并无差异。若扩充社会之意义而言,则政治亦社会中所具现象之一。社会可以包括政治,政治不能包括社会,可见范围之孰小孰大。"为此,改版后的《京报》扩大了社会新闻的版面。1921年4月19日,《京报》第五版辟为"北京社会"专版,普通民众的日常生活,成为《京报》经常关注报道的范围。

为了办好这个栏目,《京报》特别征聘"北京情形者"为特别新闻访员,邵飘萍也亲自采访并撰写北京的当地新闻,请看载于1921年5月22日的《衣食困人惨象》:

自行饿死者:西直门内宗帽胡同 3 号门牌,住户文海,年六十七岁,专以作小本经营为业。乃因市面萧条,本利俱尽。于三月中旬卧病至今,饮食无钱购,用药更无处来。文某痛恨余生,大呼"死了好"三声,吐血斗余而亡。

全家投河者:德胜门内小六条胡同八号门,有金松寿者,为清室被裁侍卫。家有八口,坐吃山空。前年起摆袜摊维生,仅敷日用。乃突然因米粮日贵,将袜摊一并吃尽。在饥饿三日之后,于二十日早前往西直门外白石桥,一齐投入河内自尽。

因债自缢者:东直门内北新桥,天德厚木厂掌柜林少甫,民国四年木厂倒闭。后因债务难以偿还,又家境困难。万般无奈,于十九日晚,至自来水公司后的王宅坟地,自缢身亡。

《京报》的社会新闻不仅关注贫民生活,并力图通过报纸的影响力实实在在地为改善贫民的生活做一些事情。

如《狂风怒吼中冻毙之贫民》(1925 年 12 月 12 日七版):

现值隆冬天气,又兼连日大风,一般无衣无食之贫民,终日奔走街头,难免变成饿殍,前昨两日发现之倒卧,连三接二不已,兹将所知者揭载如下,以告关心慈善者有以救济也……

就社会新闻的写法而言,《京报》与西方新闻界追求刺激和耸人听闻的报道效果不同,而是力求通过报道角度的不同和对事实的筛选来表达报纸的民众倾向,注重社会效益。1922 年 7 月 1 日《京报》七版的三条社会新闻可以反映《京报》社会新闻的鲜明特色:

一、南岗洼尸臭熏天,战血余腥

据云,直奉交绥之阵地,南岗洼一带,连日被大雨冲出尸体甚多,暴露于野,腐臭之气,被风吹出十余里地……请该管者速为掩埋,亦重视民命之一端也。

二、救护投河之奖励尚非治本之道

《京报》的社会新闻版

……年来生活困难，一般人被经济所迫于无可如何中，投河跳井。而只给救护投河者奖励，则"非治本之道也"。

三、阔少爷掠夺车夫白用他们力气岂不等于盗贼

车夫"白拉了好几里地路，上那儿要钱去？"正含泪诉苦的时候，忽然过来一位警爷，又推又打地说，走，别在这里乱走。那有冤无处诉的苦车夫，哄的东西逃走了。唉，这是甚么现象啊！有钱有势的人，都要白坐车，还有活路吗？

这几则社会新闻不仅简单精练地叙述了所发生的事情，同时，还因为一定的内在联系而暴露出一系列社会问题，在报道形式上也有所突破。所以，《京报》的社会新闻虽然数量不多，不占主流，但仍然非常有特色。

邵飘萍受日本"实益主义"新闻学的影响，将报刊看作是"社会公共机关"。报刊之所以是"社会公共机关"，因为报刊是一种"事

业","盖事业与营业趣味完全不同,新闻事业尤与银行公司店铺等惟以营利为目的者有别,欲判断新闻纸的价值之有无大小,即以是否适合乎社会公共机关之特质为第一必要条件,故新闻纸上之一切论载,不问为社长之主张,或主笔记者与夫外间不知姓氏之投稿。一经披露,即对社会负有一种责任,皆当于可能的范围求其无色透明公平正直而不偏重于一人一派感情及利害关系"。

在这种办报思想的指导下,《京报》还经常组织选择一些话题,在报纸上展开大讨论。如在1922年10月,就由《京报》发起了一场关于利息问题的争论。

在10月19日二版的"评坛"栏,邵飘萍发表文章《利息问题》,分析了当时利息居高不下,导致投资减少,经济发展受阻的状况。在文章的末尾,有一个附注:"关于此项问题,欢迎各方来稿,飘萍非经济学专家,本篇所述各种理由,尚希读者教之。"由此拉开了关于利息问题的大讨论。

在这场讨论中,有三篇文章值得关注:一篇是10月21日署名"王恒"的《利息问题——供飘萍先生之参考》,文章认为利息问题的本质,归根结底是政治问题,其根本原因,"即由于政府无调解金融之权能,而一听商人之操纵,而政府又滥借重利之公债,以促进其利率之增加",所以,"欲改善中国今日之经济,应先改今日之政治,故欲减轻今日之利率,应先整顿国家之财政"。

第二篇是署名"徐沧水"的《利息问题——敬答飘萍先生》,徐文认为:

> 今日利息之腾贵。一方面由于前此交易所套息之优厚。他方面则由于公债市价低落于票面以下之关系。是以利息限制之焦点,要在公债价格之提高。公债如不能保持相当之价格,则利息限制,其势所难能。故平心论之,金融业者虽不乏营利心过重

之人,但亦环境关系有以造成之也。

第三篇是载于 10 月 30 日"评坛"的《利息问题——四大原因伊谁之责》,第一次比较系统地总结了导致利息居高不下的四个原因:信用制度未发达;货币制度未划一;无强固之中央银行;政局未安人心不定。并指出:

> 利率之高,非仅银行钱业之过,实政府与国民同任其咎。银行为调剂金融实业,虽不欲金融过于宽松,亦决不欲自陷于紧迫……所可恨者,政府与人民争利,军阀与财阀互通,凡所以摧残人民生活,富润彼辈之私囊者,巧计百出,其害实不亚于高利。

这些争论文章对于利息问题的分析是全方位、多角度的,读者对此有了深入、细致的了解,这种互动式的报道方式更使读者的参与热情提高,可读性增强。

"女师大"风波

1925 年,发生了惊动全国的女师大"风潮"。事情源于 1925 年初,女师大学生代表赴教育部,要求撤换校长,此后,杨荫榆借故宣布开除刘和珍与许广平等六名学生自治会代表,学生把布告牌摔烂以示抗议。7 月底,杨借口学校修理校舍,逼令学生搬出校外,并贴出解散学生自治会的布告。8 月 1 日,杨率领军警入校,无端宣布解散四班学生,又锁住大门,截断电路,关闭伙房,隔绝校内外一切来往,逼迫学生离校。

杨荫榆与警察总监订立密约,要求警察看守校门,"无论什么人,什么东西(吃的用的或信件),只许出校,不许入校"。学生们团结起来,毁锁开门和亲友会见,并向教师们求援。当时在女师大任课的鲁迅,积极支援了学生的正义斗争。8 月初,成立了以鲁迅等人为中心的"女师大校务维持会"。鲁迅写好《对于北京女子师范大学风潮宣言》，邀请其他教授共同签名发表，表示了严正的态度。8月中，以章士钊为首的教育当局强行将北京女子师范大学解散，改设"国立女子大学"。

学校被宣布解散后，师生们在宗帽胡同自赁校舍，坚持开学，由鲁迅、许寿裳、马裕藻、郑奠、沈尹默、黎锦熙、傅种孙、徐炳昶等教师义务教课不取报酬。11月底，章士钊倒台，女师大学生于11月30日整队回校，要求取消章士钊所办的女子大学，恢复女子师范大学。

北京女子师范大学

《京报》针对这一问题也发起了讨论，讨论的焦点在于：女师大应不应该恢复？如果恢复，如何处理成立不久的"女子大学"？

邵飘萍主张不能把反对章士钊和取消女大等同起来，"女大之应设立，乃属以往屡提之旧案，非章氏一人所独创"，所以，折中的办法就是"将原有之女师大与现有之女子大学合并改组，成立一个巩固的女子大学，使两方学生，不致有失学之虞，一扫从前派别分歧之恶习"。

在参与讨论的读者中，多数人都主张两校合并。但教育专家赵西传则对此有不同意见，他认为："教师有专业的训练，师范生负有成人的责任，与普通大学生不同。所以女师大不独在学科上与女大有别，就是在学生的品行陶冶，也须有特殊的训练"，所以，他认为，

"专为因时制宜起见,恢复女师大,也是很妥适的"。

《京报》上对女师大问题的讨论,理性而又全面,不带有一边倒的政治倾向,强调对事不对人。伴随着讨论的深入,女师大问题终于尘埃落定——段祺瑞政府被迫于12月下令恢复女师大,并撤销了杨荫榆的校长职务。

邵飘萍办报纸,一方面,始终持一种新闻观点,即认为报纸是"社会公共机关",是国民舆论机构,因此,"社会各方面之思想言论,无一致之必要",同时,也是为了扩展思路,"乃欲使读者扩其眼界,勿为一方意见所囿,故必须发挥各团体思想言论之特色,以供读者之详参"。这一目的,在他对《京报》内容的设置与革新上得到了证明。

新闻改革的试验园

新闻纸与文学、艺术、学术研究相结合,是20年代中国报界独有的现象,这种方法在上海为《时报》首创,在北京,则是从《京报》开始的。创办多种类副刊也是邵飘萍进行新闻改革的一个重大行动。

1925年1月,邵飘萍在《京报》发表了《附刊上言论之完全自由》一文,撰言的目的是为了驳斥他向汪精卫索款和办多种副刊意在垄断的谣言。藉此,邵飘萍表明了自己办副刊的方针:"各种附刊上之言论,皆各保有完全的自由,与本报无须一致,本报编辑部从不对于各附刊上参加一字。此即宾人所首先声明可为与各团体真诚合作互助,而绝对不含有他种作用的确证。且此种自由之保障,乃鄙人所自动的于最初接洽时先行提出,各团体当然赞成。"除不干预副刊工作外,副刊也多不以盈利为目的,随《京报》附送,一般不另行收取订阅费。由于把握了用人、内容和方向,所以《京报》的副刊虽然多达二十余种,但大多内容健康,倾向进步,社会影响较大,比较著名的有如下几种:

《京报》副刊《新闻周刊》

《海外新声》　　《海外新声》周刊是复刊后最早创办的附刊之一。它创办于 1920 年 12 月 13 日,其宗旨是"提高社会对于国际联合之兴味,促进海外各种事业之发展",内容则主要是向国内介绍海外华侨生活、教育、各项事业的发展以及华侨问题等。

关于《海外新声》的创办过程,邵飘萍在 12 月 12 日的《仅介绍〈海外新声〉于读者》一文中向读者做了简单的介绍。大意是在三年以前(1917 年),邵飘萍任上海《申报》驻京特派记者,并兼职《甲寅日刊》时,就多次与北大校长蔡元培、教授李石曾商议,想在报纸上特辟专栏,报道海外华侨生活,联络海外华侨以救国和促进我国人在海外事业的发展。蔡、李二人对此都表示赞同,但终因人事倥偬、缺乏稿件而中断。《京报》复刊后,李石曾两度旧事重提,其时华侨在海外的事业又有了很大的发展,欧美、南洋各处的华侨开始感到缺少通信机关的不便,使邵飘萍又萌发了办华侨副刊的念头。

《海外新声》的主持人是湖南人萧子升(名旭东)。萧子升是青

《海外新声》

年教育家,也是海外事业的活动家。早年毕业于湖南师范,毕业后在教育界服务多年,接着又去了法国勤工俭学,曾在华侨协会担任过重要职务以及《华侨杂志》、《旅欧周刊》的编辑。

萧子升的海外工作经历和编务经验使邵飘萍对《海外新声》的前途都充满了信心。他热情地在《京报》著文介绍:"萧君凤与各处华侨联络,深悉我国人民在海外活动之情形,今主斯报,必不至有负爱读本报诸君之希望不待言矣。倘承海内外贤哲匡扶而先大之固,不仅愚之私幸也。"在北京新闻界,该刊以"真切的记载"、"精确的图表"、"名人论著"以及"专电新闻"著称。

《小京园》 《京报》第一次被封后,附刊《小京报》也随之停刊,1921年5月10日《小京报》复刊,不久即更名为《小京园》,是以原来的《小京报》与《小说》周刊合并为基础,因此内容又分小说、戏曲两大部分,主持人仍为邵的好友徐凌霄。"民十(1921年)以后,作'旧剧之今眼观',始着重戏剧的意义之说明,其后遂成戏剧周刊,为七种副刊之一……以为旧剧既有如许道理,可以成立专门研究,是为中剧与新学术刊物并立之始,且为七种之首项"。从《小京报》到《戏剧周刊》,都为当时地位低下的戏曲演员开辟了谈艺说艺的园地,而且"京报的《京园》,有些偏于学理,也就更无形中提高了文艺版的地位",徐凌霄也因此成为戏剧掌故大家。

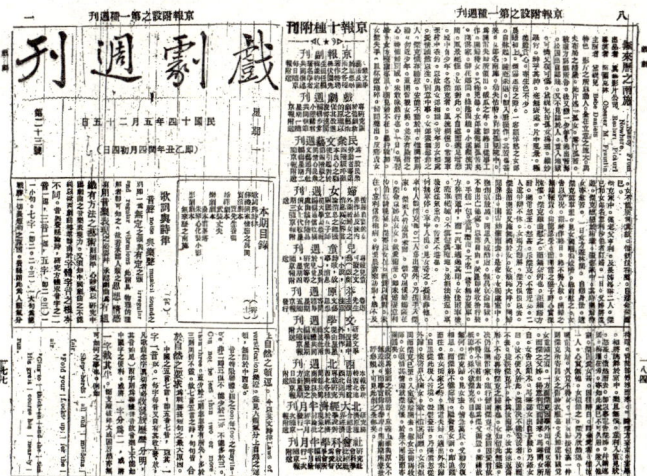

《戏剧周刊》

《经济新刊》　　1922 年 10 月 10 日《经济新刊》创刊,固定刊登在《京报》六版,每日一期。在创刊词《经济新刊之旨趣》中,邵飘萍指出《经济新刊》的宗旨有以下几点:

一、国人经济知识之普及,明白内外经济情形,各国经济政策,怵然于我国所处之地位。

二、监督政府,主张财务完全公开,催促政府当局,速定整理财政之根本计划,使财政上于轨道。

三、打破金融界盘剥重利,侵蚀国家之恶习,使实业得以振兴,虚业自兹扑减,催促立法机关严定限制利息之法律策,公布施行。

四、主张提前整理内外各债,就社会之穷困,复政府之信用。

五、外国资本团对我国野心暴露时,合全国国民之力以抗拒之。

六、供给经济学者以自由发表意见,相互讨论问题之机会。

在《经济新刊》中,既有纯经济方面的问题,如第一期刊登了马寅初的《十一年公债之市价如何计算》;也有牵扯到政治的经济问题,如厘金和政治的关系等。我国当时仅有上海《新闻报》《申报》,北京《京报》《晨报》,另辟经济栏以刊登经济问题,《经济新刊》的创立既反映了当时新闻业发展的趋势,也反映了邵飘萍的敏锐。

《民众文艺》 《民众文艺》的前身是《劳动文艺》,由荆有麟、胡也频、项亦愚于1924年11月4日创办。该刊"欢迎描写第四阶级的作品,及替世界被压迫人民呼吁之呼声",主要刊登民间故事、歌谣、风俗及个人观察等,每期发行千余份。鲁迅曾短期主编过该刊,帮助校阅稿件,并且在该刊上发表了十余篇文章,主要是译作。孙中山先生逝世后,鲁迅于1925年3月21日在《民众文艺》第十四期上发表《战士与苍蝇》一文,辛辣地写道:"然而,有缺点的战士终究是战士,完美的苍蝇也终究不过是苍蝇。"4月17日,鲁迅在《京报副刊》上刊登《启事》:"《民众文艺》稿件,有一部分的'校阅',亦已停止,自第十七期起,即不负任何责任。"

"五卅惨案"后,当时尚是中法大学学生的陈毅,曾在《民众文艺》周刊上发表《赤化与帝国主义者》一文,希望青年们不要"瞎着眼睛去反对赤化",而要认真地读一读《共产党宣言》,明白地表示要"赤化携手共同打倒帝国主义"。

《图画周刊》 继戈公振在《时报》首创《图画时刊》之后,中国报纸纷纷开辟画刊,邵飘萍也逐渐认识到图片在报纸中的重要作用:"最近世界各大新闻皆喜多载写真,以助阅者之兴趣。如某人入阁、某某演说、某科学家有所发明,若干新闻中同时刊入写真片,则读者兴趣加倍。又如罢工、游行示威、开大会欢迎名人、火车肇祸、轮船沉没多人惨死等事,若新闻而兼写真,则耳闻目见,读者兴致勃然。"

1924年12月26日,《图画周刊》发刊,最初由冯武越担任编辑兼摄影。创办初期为十六开,每星期一出版,随《京报》附送,不另收费。后来改为四开四个版,定价本市 4 分,外地 5 分,它较北京的《晨报》、《世界日报》等同类周刊要早上半年左右。在《发刊牟言》中,邵飘萍宣告:"本刊发行之主旨,乃注意国民常识,且以开拓少见多怪者之眼界,而批评讽刺,亦即寓于优美的写真图画之中。同时本刊既为《京报》之一部分,凡时事之以写真图画报告者,亦可以补《京报》篇幅之不足。"同时,他也对记者提出了新的要求:"外交记者探索新闻亦宜精于写真术,可携带写真器将影片与新闻稿同时送诸报社。又著名外交记者之办公室中,必罗列当代中外名人之写真,遇其有新事发生时,即可提出刊印于报纸。"

由于当时物质条件的限制,《京报》上的自采图片并不多,绝大多数为资料图片和人物照片,人物照片也用的是普通半身像,效果大都模糊不清。同时,《京报》也采用通信社的图片,这些图片的新闻性较强,也比较有动感。如在"三一八"惨案报道中,采用了写真图片社的两幅图片,对于揭露事实真相的作用不容忽视。其特辟的《旧都社会写真》专栏,较为充分地反映了当时劳动人民的生活现实和对旧社会的谴责。

从创刊到 1926 年 4 月,《图画周刊》约出版六十余期。邵飘萍牺牲后,《京报》停刊,《图画周刊》也随之停办,后来在 1929 年 1 月由汤修慧主持复刊,出版约十余年,是当时《京报》比较著名的副刊之一。

《妇女周刊》 创刊于 1924 年 12 月 12 日,十六开八页,每星期三随《京报》附送。该刊的宗旨是:"一、粉碎偏枯的道德;二、脱弃理教的束缚;三、发挥艺术的天才;四、拯救沉溺的弱者;五、创造未来的新生;六、介绍海内外消息。"主要目的是成为"搜罗真实的女界作品及国内外关于妇女的消息,为女界言论消息的总机关"。

该刊先是由一北大学生化名欧阳兰做编辑,后因抄袭事件发生,改由国立女子师范大学"蔷薇社"编辑,陆晶清、石评梅、张琼淑等相继担任主编。

石评梅是几任编辑中最有名的一位。她自幼便得家学滋养,除酷爱文学外,还爱好书画、音乐和体育,是一位天资聪慧、多才多艺的女性。她在女高师读书期间,结识了冯沅君、苏雪林等,并同庐隐、陆晶清等结为至交。在"五四"高潮的岁月里,她们常常一起开会、演讲、畅饮、赋诗,闯入了文学的门槛。

高君宇、石评梅雕像

除了文学上的成绩,石评梅还因与高君宇的苦恋而为世人缅怀。她在北京女高师毕业后,留校任该校附中女子部主任兼国文、体育教员。其间,与身受包办婚姻之苦的高君宇相恋。1925 年 3 月,高君宇因过度劳累,一病不起,病逝于北京协和医院。高君宇的死,使石评梅痛悔交加,自此,石评梅便常在孤寂凄苦中,前往高君宇墓畔,抱着墓碑悲悼泣诉。1928 年 9 月 18 日,石评梅患病,死于当年高君宇病逝的协和医院。友人们根据其生前曾表示的与高君宇"生前未能相依共处,愿死后得并葬荒丘"的愿望,将他们双双葬于陶然亭,"只求我能永久徘徊在这垒垒荒冢之间,为了看守你的墓茔,祭献那茉莉花环"……他们的爱情已成为人间的一段佳话。

《妇女周刊》在发行期间,积极倡导妇女参政、鼓吹废娼、反对缠足,又刊发了大量散文、诗歌和北京地区女作家的作品,鲁迅也在该刊发有著名的杂文《寡妇主义》等,因此,曾被邵飘萍誉为"妇女界之喉舌"。

《显微镜》　　《显微镜》是《京报》一个非常别致的时事短评副刊,每日刊登在《京报》七版左下方,篇幅很小,主编者是在文艺版久负盛名的王小隐。《显微镜》的特色一是篇幅短小,一般二三十字,长也不超过百字;二是内容紧贴时政和百姓生活;三是文风幽默讽刺,诙谐绝妙。以下为例:

一、(上海)某领事因所驻国妨碍其开枪杀人之自由,已电其公使请提出严重抗议。(1925年6月6日)

二、闻某某等国,拟提出文明条件数项,要求我国承认,即

(一)租界内开枪自由,杀人自由;

(二)无论何种中国人不得在租界内说一个不字;

(三)各租界内发生徒手游行情事,应一律认为"排外"或"赤化"。(1925年6月8日)

三、(本京)某君因大呼"抵制英日货物",觉得有些疲倦,特购"红锡包"(注:英货)纸烟,大吸以助精神。(1925年6月16日)

四、(本京)某学生每忧沪案交涉失败,日前忽闻调查结果,中外两方截然不同,讶曰,这还了得,难道当日开枪的是华人,被杀的是某某国学生工人吗?(1925年7月1日)

邵飘萍的办刊方针是主张"多种副刊轮流发行,周而复始,既不患单调,又不致凌乱,于学艺之专研,报章之体例均为有益"。《京报》创办副刊从 1918 年开始,到 1926 年 4 月《京报》第二次被迫停刊时,已经先后创办了几十种副刊,查出名目的就有二十三种,涉及文学艺术、社会问题、经济研究与国家建设方针、社会科学、宗教、妇女儿童、劳工、华侨问题、教育、语言文字等多种领域。

创办如此种类繁多的副刊主要靠的是社会力量。如《科学与宗教》由北京新基督教大同盟主办,《西北周刊》由西北边防督办公署主办,《北大经济半月刊》、《社会科学半月刊》、《妇女周刊》、《文学周刊》等则依托青年进步团体,等等。一些知名人士,如鲁迅、孙伏园等人的加盟也使《京报》的副刊实力大增。

这种副刊的多样化和借重社会力量办报的做法,使《京报》成为新闻、杂志相结合的"北方最大规模,革新进步之日报"。而对邵飘萍在报纸副刊上的创新和贡献,徐凌霄在《飘翁对于文化之努力》一文中曾作这样的评述:"此种办法实兼日报与杂志之长而有之。在上海则《时报》首创,在京则《京报》开始。一时学界之热心贡献,社会之限于年龄及经济不能入专校者,各得求知识于报章,所造于士林者甚大。"

1925 年 1 月,反奉战争开始,《京报》受财力制约,停办了《京报副刊》以外的全部副刊。

声名赫赫的《京报副刊》

在《京报》众多的副刊中,最有影响的,在中国文化史及中国副刊史上占有重要地位的,当属《京报副刊》。它与《觉悟》(上海《民国日报》副刊)、《学灯》(上海《时事新报》副刊)及《晨报副镌》并称为民国"四大副刊"。

《京报副刊》于 1924 年 12 月 5 日创办,直到 1926 年 4 月 24 日停刊,每日出一号,每号十六开八个版,每月合订一册,是北京地区大型的日报副刊,由孙伏园担任主编。

孙伏园(1894—1966),原名福源,笔名柏生、伏庐、松年等,浙江绍兴人,早在1911年鲁迅任山会初级师范学校校长时起,孙伏园即为鲁迅的学生,此后追随鲁迅至北京、厦门、广州、上海等地。孙伏园参加过“五四运动”,早在1919年就开始了报人生涯。1921年10月《晨报副镌》创刊,他受聘任该刊主编,曾经编发了鲁迅的小说《阿Q正传》和李大钊、瞿秋白、叶圣陶和冰心等人的作品。

1924年10月,鲁迅写了一首诗《我的失恋》,寄给了《晨报》,稿件已经发排,在见报的头天晚上,孙伏园到报馆看大样时,发现该诗被代理总编辑刘勉已抽掉了,抽去稿子,孙伏园已经非常生气了,再加上刘勉已又跑来说那首诗实在要不得,但吞吞吐吐地又说不出理由,于是孙伏园就顺手打了他一个嘴巴,还追着大骂他一顿。第二天,孙伏园就气忿忿地跑到鲁迅先生的寓所,告诉他辞职了。

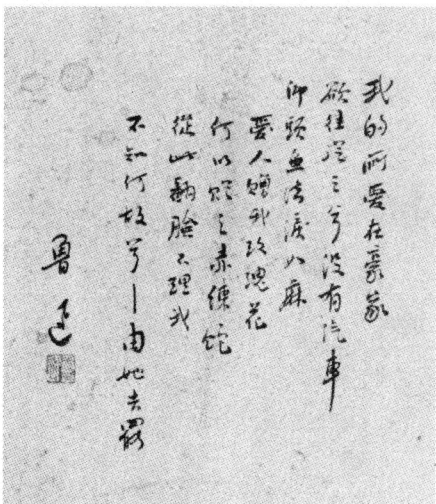

鲁迅《我的失恋》手稿

邵飘萍获悉这件事后,立即驱车登门拜访孙伏园,邀请他主编《京报副刊》。孙伏园当时没有马上应承,他认为《京报》的发行量当时不敌《晨报》,他在《京报》的地位可能也不如《晨报》,就有些犹豫。鲁迅极力劝孙伏园应聘,说:"一定要争这口气,非把《京报》的副刊办好不可。"于是孙伏园就答应了邵飘萍的要求,主持《京报副刊》。

孙伏园是副刊大家,对于办副刊有着独特的心得体会,他认为理想的副刊应该具备几方面的优势和特点:一、既要兼收并蓄,又要避免教科书、讲义的"艰深沉闷的弊病";二、日报的副刊,其正当作用就是供人娱乐,因此文学艺术类作品应是副刊的主要部分;三、对于社会、学术、思想、文学艺术、出版、书籍的批评,也应成为副刊的重要部分;四、可以多登载"不成形的小说,伸长了的短诗,不能演的话剧,描写风景人情的游记和饶有文艺趣味的散文";五、竭诚欢迎新作家。

孙伏园与鲁迅

孙伏园在主持副刊工作方面,还有一个特长就是善于结交朋友。在他的组织下,《京报副刊》有了一个相对稳定的作者群,如鲁迅、周作人、许钦之、荆有麟、吴稚晖、马寅初、林语堂、高一涵、孙福熙等人。内容则兼顾文学、经济、哲学、历史、宗教、伦理、自然科学和文艺等各类。

由于《京报副刊》在文学、学术以及思想上影响较大,读者逐渐增加,发行量也随之扩大,甚至出现一天增加两千以上订户,印厂加班赶印,并紧急增加送报人的情况。而失去孙伏园的《晨报副镌》,不仅鲁迅不再投稿,其他一些有名望的人也不大给它写稿了,不得已换了几任编辑,甚至请徐志摩主编,仍然没有太大起色。

《京报副刊》尤其得到了鲁迅先生的全力支持,在不到两年的时间里,鲁迅为《京报副刊》撰写了三十七篇脍炙人口的杂文。从作者和编辑关系来看,在鲁迅五四时期的文学创作中,孙伏园扮演了颇为重要的角色。所以,鲁迅逝世,孙伏园非常悲痛,并以鲁迅著作及所主编的刊名缀为一联:踏《莽原》,刈《野草》,《热风》《奔流》,一生《呐喊》;痛《毁灭》,叹《而已》,《十月》《噩耗》,万众《彷徨》。

与鲁迅的一点误会

1925 年 1 月,《京报副刊》刊登启事,征求"青年必读书目",于是,有人借此次机会,宣扬青年应该埋头"国故"做学问,两耳不闻窗外事。鲁迅于 2 月 10 日在《京报副刊》发表杂文予以反驳,见下文:

青年必读书:从来没有留心过,所以现在说不出。

附注

但我要珍这机会,略说自己的经验,以供若干读者的参考——

我看中国书时,总觉得就沉静下去,与实人生离开;读外国书——但除了印度——时,往往就与人生接触,想做点事。

中国书虽有劝人入世的话,也多是僵尸的乐观;外国书即使是颓唐和厌世的,但却是活人的颓唐和厌世。

我以为要少——或者竟不——看中国书,多看外国书。

少看中国书,其结果不过不能作文而已。

但现在的青年最要紧的是"行",不是"言"。只要是活人,不能作文算什么大不了的事。

鲁迅的文章反映出他对当时文坛和青年人的精神状况很不满意,他很希望中国的青年们能够站出来,对于中国当时的社会、文明,都毫不忌惮地加以批评,因此,作为青年们发言之地的《莽原》问世了。

1925 年 4 月 24 日,《莽原》周刊作为《京报》的第五种周刊(周五出刊)正式与读者见面。《莽原》除随《京报》附送外,还由《京报》增印了三千份,作为写文章人的报酬,交由北新书局的李少峰代卖。

　　鲁迅和邵飘萍的第一次误会源于《莽原》创刊前。在《莽原》还在酝酿期时，《京报》曾做了一个广告："思想界的一个重要消息：如何改造青年的思想？请自本星期五起快读鲁迅先生主撰的'□□'周刊，详情明日宣布。"第二天，《京报》又登出了出版广告："原有之《图画周刊》(附刊第五种)现在团体解散，不能继续出版，故另刊一种，是为《莽原》。闻其内容大概是思想及文艺之类，文字则或撰述，或翻译，或稗贩，或窃取……但总期率性而言，凭心立论，忠于现世，望彼将来，……由鲁迅先生编辑……"

《莽原》

　　这件事情引起了鲁迅的不满，当时鲁迅在给许广平的信中是这样写的："几天以来，真可谓忙得不堪，除了琐事外，就是那可笑的'□□'周刊。这一件事，本来还不过一种计划，不料有一个学生对邵飘萍一说，他就登出广告来，并且写得那么夸大可笑。第二天我就代拟了一个别的广告，硬令登载，又不许改动，不料他却又加上了几句无聊的案语。"

　　发出广告时，鲁迅手头除百来行稿子以外，什么也没有，但既然受了广告"鞭子"强迫,也不能不跑了,于是催人去做,自己也做,终于才勉强凑成,倒也促成了《莽原》的早日出版。许广平在看了第一期《莽原》后,在给鲁迅的信中这样评价:"使我在寂寞的空气中,不知不觉的发生微笑。"

鲁迅和邵飘萍的第二次隔膜发生在 1925 年北京女师大风波期间。当时鲁迅联合许寿裳等七名教员在《京报》上发表了《对于女子师范大学风潮宣言》。宣言发表后,立即受到攻击,《现代评论》发表了陈西滢的《闲话》,另一篇《六个学生该死》,鲁迅被认为是风潮的幕后策划者。在宣言发表后的第三天,当鲁迅听说女师大学运的反对者去游说邵飘萍,邵飘萍考虑校方的处境,宣布保持中立后,非常生气,他在给许广平的信中说:"至于《京报》事,据我所闻却不止秦小姐一人,还有许多人在运动,结果是说定两面的新闻都不载,但久而久之,也许会反而帮它们(男女一群,所以只好用'它')的。办报的人们,就是这样的东西。……其实报章的宣传,于实际上也没有多大关系。"鲁迅还为孙伏园在《京报》的工作而担心,"但不知于伏园饭碗之安危如何"。

即便两人之间有些误会,鲁迅主持的《莽原》仍然继续出版,鲁迅的《春末闲谈》、《灯下漫笔》、《论"费厄泼赖"应该缓行》等四十余篇杂文和小说,最初都是在这个刊物上与读者见面的。

凭心而论,鲁迅与邵飘萍之间的误会,其实并不在于他们对社会、对政治的见解有何不同,而是因为双方的身份不同。作为文化活动、政治活动的参与者,鲁迅是带有强烈的倾向性的,而邵飘萍作为报道新闻、推广文化的新闻人士,他是本应带有中立态度、心中不先存成见的。正是因为如此,鲁迅才会对邵飘萍生出恶感来。

挂靠在《京报》名下的《莽原》于 1925 年 11 月停刊。从创刊到停办一共出了三十二期,深受进步青年的喜爱,北京女师大学生刘和珍,虽然生活艰难,却预定了全年的《莽原》。总而言之,是一个非常成功的副

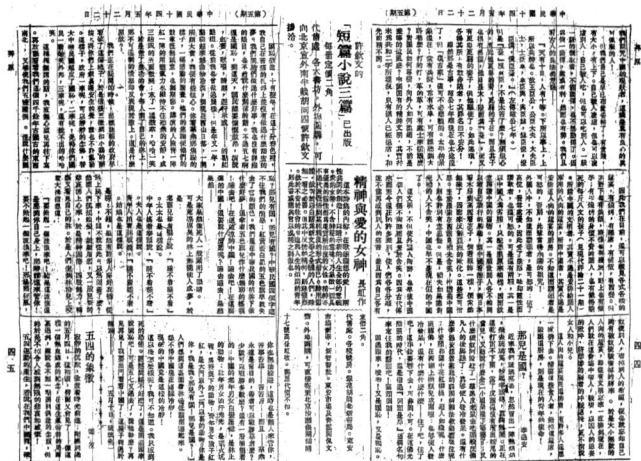

《莽原》的内容及版面

刊。1926年1月，鲁迅再办《莽原》半月刊，改由未名社出版，同年8月，鲁迅被迫离家赴厦门后，《莽原》交给了韦素园主持，1927年12月终刊。

冲在反帝最前线

1925年2月，上海日商"内外棉纱厂"第八厂发现一具童工尸体，胸部曾受重击，工人们认定是被日籍管理人员殴打致死，于是全体罢工。后经上海总商会调停，日商承诺不再打骂工人，此事告一段落。

5月，多家日本纱厂因男工引发工潮，就将所有男工解雇，引起二十二家工厂大罢工，再经总商会调停，工人正准备复工之际，"内外棉纱厂"第八厂再开除数十名工人。于是八名工人代表与资方交涉，期间双方发生冲突，共产党员顾正红被日本人开枪打死。以此为导火线，在全国很快形成了规模空前的反帝爱国运动。

5月30日，上海各高校学生两千多人，前往上海公共租界散发传单、发表演讲揭露事实真相，遭到租界巡捕逮捕。上万学生和群众聚集在巡捕房前，强烈要求释放被捕学生，而英国捕头竟然下令向徒手群众开枪，当场打死十六人，伤几十人，制造了震惊中外的"五卅惨案"。

《京报》是北方最早报道"五卅惨案"的报纸。惨案发生的第二天，《京报》即发表文章《沪租界印捕枪杀学生之惨剧》，详细介绍了惨案发生的原因。6月2日，《京报》以手书体大字加上重点号发表了署名"飘萍"的评论《外人枪毙学生多名巨案》，其中强烈谴责日、英已经是"退化于野蛮阶级之人中豺狼，自称文明绅士之强盗化身"。之后很长一段时间，《京报》二三两个整版和七版的大半个版都是关于"五卅惨案"的报道。

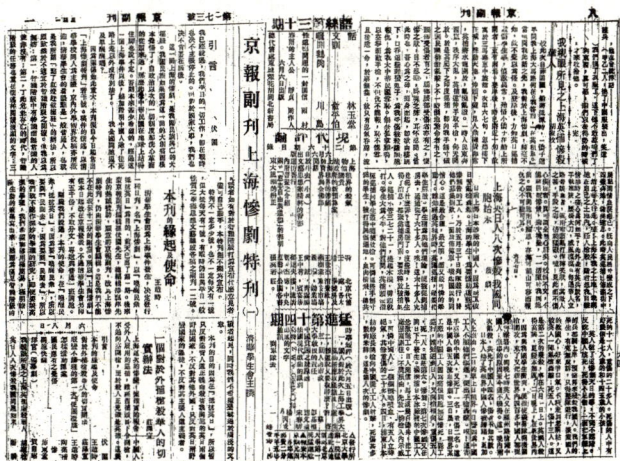

《京报》副刊"上海惨剧（五卅运动）"特刊

　　"五卅惨案"发生后，上海各界群众开展了罢工、罢课、罢市的"三罢"斗争，要求惩办凶手、赔偿损失、抚恤道歉的呼声很高，《世界日报》就认为："此次运动，其目标应力求简单而确定……彼帝国主义非不当打破，不平等条约非不当废除也。然当此时，国人似只宜就事论事，以杀戮吾国民凶手，应负杀人罪责……"然而邵飘萍却敏锐地看到了问题的根源——"勿舍本而逐末，勿有始而鲜终，永久认定最后目标，合全国而为大规模之运动，须知不共戴天之仇，亡国灭种之敌，即此不平等的条约是也"。

邵飘萍想告诉民众，单纯的外交活动并不能扭转时局，"从前吾人主张以外交方法促成此举（注：指中国政府照会各国使团要求修改不平等条约一事）"，但是，现实说明"天下未闻有与虎谋皮而果欣然见授者。列强之拒废不平等条约乃当然之事。故非至一日，吾人在实力上使彼等非将此皮剥下不可，则决勿希望可以外交部之照会求之"。

对于这场轰轰烈烈的反帝爱国运动，帝国主义开始采用武力镇压的手段，调来大批的军舰和海军陆战队，对工人、学生实施血腥镇压。武力镇压并未能达到他们的目的，他们就采取了更为阴险的策略——分裂反帝统一战线。他们与军阀、政客秘密勾结，以所谓"司法调查"、"友谊协商"的骗人伎俩，企图化解危机。

为了揭露当时的军阀、政客与日本帝国主义的勾结，邵飘萍于6月17日发表评论《"五卅"风潮之秘幕——日、英之秘密勾结》，他根据"上海本报特派员之秘密调查"，系统地揭露了日、英勾结制造惨案的事实之后，明确指出："上海之案推源祸始，决不能放松日本。非日本有承认工界要求之前提，亦决不应与之单独妥协。"

惨案发生后，几乎所有的帝国主义国家，都与日英帝国主义站在一起，只有社会主义苏联，对中国表示声援。《京报》还用了相当大的篇幅，刊登了苏联人民对我国民众斗争的同情和支持，大力报道苏联职工联合会中央议会6月4日给中国工人的致敬宣言，以及苏联全境工农为支持中国工农反对英日帝国主义屠杀而举行的示威，捐款接济我国罢工工人的情况。7月20日，又专发了"莫斯科特讯"，"沪案发生以来之莫斯科"等消息，报道了苏联人民为声援中国"五卅"运动而举行的群众大会的情况。这些报道，对处于斗争中的中国无产阶级是一个极大的鼓舞。

在对外态度上，《京报》虽然激进，但并不极端，它的言论反对违背正义人道而杀害我国人的英日暴徒，但并不主张将这种民族主义情绪蔓延到所有的外国人身上——"凡能反对帝国主义,尊重正义人道,同情于我国民所受惨祸之任何国人,吾人皆愿以友爱之态度,与之竭诚携手,以共谋人类之幸福,驱逐帝国主义之暴徒于人类社会之外"。

为了适应发展中的斗争形势,密切配合全国的民众运动,邵飘萍召集报社同人开会,提议《京报》撤消对英日的商品广告。会议决定,完全牺牲英、日厂商这一部分广告费,能立时撤消的立时撤消,须经过交涉退还广告费而后可撤消者,于三日内办好手续停止刊载。6月9日,《京报》刊出"停止英日一切广告声明"。6月15日、16日,《京报》又在二版广告栏用头条、大字刊出启事:"欢迎对外团体广告一律免费"。这样一来,《京报》的广告栏,就几乎全部被各爱国组织、反帝团体有关"五卅"运动的简章、启事、通知、代邮、通告,以及支援"五卅"罢工捐款人的名单等等占据。

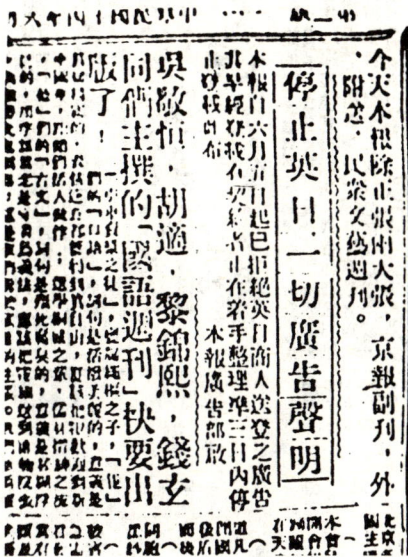

1925 年 6 月 9 日,《京报》"停止英日一切广告声明"

广告历来是报纸的重要经济来源,是报纸生存命脉,邵飘萍的这个决定是重大义而舍金钱,这对于一家自负盈亏的独立报纸来说是十分难得的。而上海的两家大报——《申报》和《新闻报》,则于 7 月 11 日,在广告栏中以大半个版的篇幅刊登了帝国主义分子的反宣传广告《诚言》,引起各界群众的极大不满。

"五卅运动"持续到 9 月,《京报》的报道延续到 10 月,仅从 6 月 1 日

1925 年 6 月 15 日,《京报》广告"欢迎对外团体 广告一律免费"

到 7 月中旬,邵飘萍的署名文章就近三十篇,规模之大、形式之多,在全国报纸中居于前列,而其内容充实、观点激荡,更成为当时非常受关注的一份报纸。

呜呼!"三一八"

作为北京的重要舆论力量,《京报》还是最早报道"三一八"惨案的媒体之一。

3 月 18 日,惨案发生时,邵飘萍正在《京报》馆里。闻讯,他马上惊跳而起,立即增派新闻记者和摄影记者,赴出事地点和有关医院调查采访。

惨案爆发后的第二天,《京报》以醒目的黑底白字大标题刊登文章《国民拥护国权大流血——八国通牒之大反响》,其中详细地介绍了国民大会召开时的情形,包括国民大会的宗旨及提案,以及随后血腥的"国务院门前之屠杀"和大屠杀之后警厅、警卫司令、北京学生总会、国家主义团体等各界的反应,以对事件真实客观的记录还原了当局的恶行:

昨日(18 日)上午十时,北京各界为列强向我国提出无理之最后通牒特在天安门开国民大会,对此作最重要之表示。是日到会团体,异常踊跃,有二百余团体之多,群众约十万余,悲壮激昂,空前未有。

会场布置,台上横列"反对强列最后通牒国民大会"等字,并有口号,"驳复列强最后通牒"、"废除《辛丑条约》"、"撤退外国兵舰",

"驱逐署名最后通牒之各国公使"等字。

十时余开会,由徐季报告开会宗旨,顾孟余演说,次由李焕文、赵晋三、王一飞等相继报告,昨日向执政府及外交部交涉经过,及昨日执政府卫队枪伤代表情形。当赵君(亦系受伤之一)报告时,声泪俱下,台下感动异常,赵君并将昨日受伤最重之杨伯伦君(恐有生命危险)致大会群众书向众宣读。末谓:"我为革命而死,死亦无憾,望大众继续努力。"台下闻之,一致高呼"坚持到底"、"誓死不屈"。

大会由李大钊、徐谦等任主席。黄昌谷宣读国民驳复最后通牒原文,由主席当场提出八项条件,反对八国通牒。提案之内容,特录如左:

一、通电全国民众一致反对八国通牒;

二、通电全世界被压迫民众一致反对八国政府进攻中国;

三、督促北京政府严重驳复八国通牒;

四、驱逐署名最后通牒之八国公使出境;

五、宣布《辛丑条约》无效;

六、驳复八国通牒最后之要求:

(一)废除《辛丑条约》及一切不平等条约,(二)立刻撤退驻京津的外兵外舰及各地的外兵外舰,(三)惩办大沽肇事祸首,(四)抚恤大沽国民军伤亡将士及家属,(五)为死亡将士建立纪念碑,(六)在被杀害将士出殡日,八国驻华各机构均下半旗志哀,(七)由各国政府向中国道歉。

七、严惩昨日执政府卫队枪伤各团体代表之祸首;

八、电勉国民军为反帝国主义而战。

天安门国民大会散后,群众由东单牌楼,东四牌楼直至执政府,时约一点左右,抵执政府时,先由代表与守卫兵交涉,请见总理贾德跃。双方正在交涉之际,人多声杂,言语几不能听清且又拥挤不堪。群众常情,有发言激烈者,亦有发言和平者。忽闻守卫兵士大呼:闲人走开。连呼数声之后,枪声大作。

兵士之枪,已向人丛轰击,一时中弹倒地之男女甚众,满地皆血,哭声震天。未伤者均已逃散。当时大街住户商人及行人一闻枪声连响,群众奔逃,也随之俱惊,关门闭户,相互惊忧。通电车之电线,亦被枪弹击断。直至枪声停半点钟之后,扰乱之众,始渐平患。二点余,执政府之东门口,尚有死尸多具未收,男女伤者,接连由洋车,或送至钱粮胡同官医院,或送至协和医院,或送至疗养病院。拉伤者之车,沿途皆有血流于地,其凄惨之情,不堪久视。

事后经国立各校长代表蒋梦麟、张口惠,教职员代表查良钊分赴国务院、内城官医院、警备司令部、协和医院、警察厅、检察厅、中央医院等处调查其死伤之数目。

据昨晚最后调查所得,死者约三十余人,重伤者五六十人,轻伤者甚众。

《京报》在京城各媒体中率先详细记述了发生大屠杀的前因后果,揭穿了段祺瑞执政府媚外镇压爱国民众的真面目,对正在兴起的爱国反帝运动,起了推波助澜的巨大作用。

邵飘萍在3月18日的《京报》上,除报道以上消息外,还刊载了消息《美侨对最后通牒之反对》和署名文章《为大沽航行事警告同胞》,并全文公布了《外交部致首席使函》。但是该函并未依照《辛丑条约》的实质强硬驳复列强,仅说"本国政府视为超越《辛丑条约》之范围",其措辞软弱,内容空洞,根本不能代表反映民众的意愿。

邵飘萍根据自己亲赴权威方面访问,写下了《世界之空前惨案——不要得意,不要大意》的讨段檄文:

世界各国无论如何专横暴虐之君王,从未闻有对徒手民众之请愿外交而开枪死伤数十百人者！……不问政府借口之理由如何充足，皆不能不课以重大之责任，而况毫无理由可据乎！当犹以为得意，是用心之险狠甚于彼等之所谓暴徒乱党矣。……此项账目，必有结算之一日。……民众方面，本报劝其不必再为与虎谋皮之愚举，昨闻青年界死伤数十百人，既痛惜政府之戕贼人民有如草芥，而种下今后之因。将来革命怒潮中，必有十百倍惨酷于此之事实出现，此真未来之大危机也。政府既抱极端之主张，本报殊不愿青年徒为无益之惨死。政治中之真相，有非徒恃理论与热心所能达到者，故敢劝爱国诸君之勿再大意也。

19日晚，邵飘萍又连夜疾书社论《可谓强有力之政府矣——举国同声痛哭，列强一致赞成》于20日发表。社论说：

英、日诸国迭次对华宣言有云："我们极愿以好意帮助中国，可惜中国老没有一个强有力的政府。"此种慈祥恺悌之言，在长于"内感外感"之段祺瑞等闻之，不禁合掌而深谢曰："善哉善哉，小子敢不勉者？"于是，"武力统一"也，"战而不宣"也，种种活剧，闹得中华四分五裂，杀人盈野，血流成河，寡人之妻，孤人之子，焚烧抢掠，全国无一片干净土。

同日，邵飘萍还发表了一篇锐利的特写《小沙场之战绩》，文中说：

执政与总理，皆多年绾握军符，深谙韬略，前夕之打围游戏，以国务院为小沙场，其军令之严明，指挥之如章，极大战绩，有是为国史要材，佛林佳话者，男女众生，不知死活，摇撼铁门，已中诱敌之计矣。枪弹一鸣，即用包围之阵法，如不善跑，几无一得免焉。故牺牲者皆倒毙于外院，此足证明男女众生之无力冲锋，而卫队旅之能勇敢以追击也。倘非有预定之计划，故杀之深谋，又焉能克奏肤功若此。……院之照壁，弹孔若麻子，此弹纯从内发之证也。而官兵方面，则未伤一个，未死一卒，优劣之势显然，强弱之分若判。本报之意,通缉令之外,不可无一奖励之令焉。……将来算账,垒垒之死尸,皆输赢之筹码也,功垂竹帛,虽欲不居,度无所逃于天地之间。

为了开脱罪责,段祺瑞政府策划了一个颠倒黑白的通缉令,将惨案发生的原因说成是李大钊等人"假借共产党学说,啸聚群众,屡肇事端","率领暴徒数百人,手持枪棍,闯袭国务院,泼火油,抛炸弹,手枪木棍丛击军警,各军警因正当防御,致互有死"。《京报》对此不以为然,"若必强指为暴徒乱党,则死伤之数十百人明明皆有姓名学历可以考查,政府不能以一手掩众目也"。

邵飘萍在另一篇文章中深刻分析了大沽口事件及"三一八"惨案的背景,即帝国主义干涉中国内政的目的是扼杀革命势力,扶持卖国政府。"所以有此侮辱中国国民之妄举者,日本为先锋,英国为灵魂,利用其他各国以压迫中国而已。然日英两国,又各有其相互利用之恶意"。英日帝国"一图南部与长江中部,一图东北与京津",英国为了维护其在南部的利益,而在北方事宜中不得不与日本交换。

《京报》除了揭露事实真相,追踪事件的发展动态,还把注意力投向了惨案中无辜的死难者。3月20日的《京报》三版公布了一个详细的调查结果——《前昨两日死伤之调查》,其中包括"(甲)执政府门前死亡者姓名";"(乙)内城医院死亡者姓名";"(丙)协和医院内死亡者姓名";及"各医院之受伤者姓名",列出了死难者和受伤者的详细名单。在其他报道中,甚至列出了每个受伤者的受伤部位。

在《段派之梦》、《去已迟矣无异逃犯》中,邵飘萍对于段政府和欲辞职的段本人也是讥讽加嘲弄,"恋栈复恋栈,踌躇又踌躇,心死可哀,老羞变怒,于是屠杀民众数十百人,为其生平惟一之政绩,为其老年成佛之津梁,今而言去,一不负法律责任之逃犯而已,呜呼,毫无人味的东西,去而迟矣"。

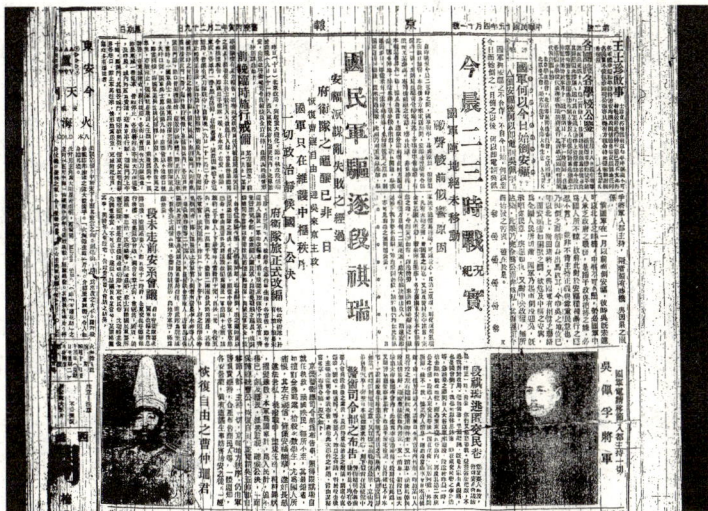

1926 年 4 月 11 日,《京报》关于驱逐段祺瑞的报道

从惨案发生后的第二天开始,《京报》就以大篇幅和强力度报道和关注事件的动向和进展,最多的曾达到日发稿十八篇(3 月 22 日)。邵飘萍白天外出采访,夜间奋笔疾书,双眼布满了血丝。他除亲自采写外,还亲自指导版面安排,把《京报》和《京报副刊》办成讨伐段祺瑞政府的强大舆论阵地,赢得了广泛的赞誉:

> 在北方各报中对于帝国主义者抨击之烈,实无过于吾《京报》,尤以对日本之侵略为最甚。今试检阅民七以至民十五之《京报》,其对于满蒙问题、巴黎会议、华府会议、山东问题,以及临城事件,……最后封锁大沽口,八国通牒事件,每一案出,赴以全力……"

三、凋落:弦断声歇不言悔
(1928 年 6 月—1937 年 7 月)

1928 年,北洋军阀政府垮台,汤修慧即于同年 6 月 12 日再次复活《京报》,在当天的报纸上,发表了汤修慧亲笔撰写的《京报二次复活宣

言》：

> 飘萍先生未死也，……自始至终，抱猛烈之革命新思想。以种
> 种态度及手段，与帝国主义奋斗者也！与凶狠之军阀奋斗者也！
> 与卑劣之旧官僚奋斗者也！与恶浊之旧社会奋斗者也！与如斯之
> 恶劣环境，飘萍先生，只持一枝秃笔，转战数十年。……飘萍先生
> 毕生奋斗最大之武器，唯此《京报》。使《京报》之工作一日不终止，
> 则飘萍先生之志愿亘古如新。此修慧今日所以不敢辞劳避难也。

1929 年 4 月 24 日，邵飘萍逝世三周年，在当天的《京报》上，汤修慧撰文《本报二次停刊之纪念》，其中说道："凡读吾《京报》者，当能忆及民十二以后《京报》之鼎盛时代，议论之激烈，旗帜之鲜明，材料之丰满，复绝一时"，在谈到二次复活后的《京报》时，认为"不克如前此之壮烈"，坦承《京报》已今不如昔。

如果说邵飘萍时代的《京报》是鲜活的、有生命力和战斗力的舆论力量，那么，后邵飘萍时代的《京报》无疑是走了下坡路，新闻报道和评论文章都不复有当年的风采，再也不能在众多大报小报之中独领风骚了。

"七七事变"之后，汤修慧不愿为日寇张目，毅然关闭《京报》，抛弃全部家财、产业，逃出北京，《京报》也随之终结。

汤修慧其人

汤修慧（1892—1986），是我国近代著名的女报人。母亲早逝后，她与父亲相依为命，在金华开了一家照相馆度日。汤修慧在那里经常遇见风度翩翩、一身儒雅的邵飘萍，后得到邵飘萍的资助，在杭州女子师范学校上学，还一度是邵飘萍的学生。1912 年与邵飘萍结婚，《京报》创立后，全力协助邵飘萍料理馆务。

汤修慧与邵飘萍结合，对邵飘萍来说，是得到了亲密的助手；对汤修慧来说，则促使她冲破世俗藩篱，成为一位独立的职业女性。新婚期

间,汤修慧就协助邵飘萍从事办报活动,并经常为《妇女时报》等报刊撰写评论稿件。1916 年,邵飘萍在北京创办新闻编译社,1918 年创办《京报》,这时汤修慧已经成为邵飘萍的得力助手,她所写的关于教育、卫生方面的评论辛辣有力,经常博得读者好评。她不但全力协助飘萍料理馆务,还帮他搞好新闻学的教学,亲自带学生实习。女记者徐凌影曾回忆说:"平大新闻系师生关系很融洽,当时,学生们常去邵先生家,我和汪竞英是江苏人,更受邵夫人汤修慧女士的亲切接待。1925 年西山会议时,记者云集香山,邵师母以《京报》记者身份去碧云寺采访,带我同去。"

作为独当一面的女报人,汤修慧有一般女子没有的胆识。包天笑著的《钏影楼回忆录续编》曾经记载了她随夫逛妓院的故事。为了交际应酬,和那个时代的很多男人一样,邵飘萍经常会去八大胡同,逛逛"红灯区"。汤修慧要求陪邵飘萍一起去,邵飘萍没办法只好带着她。到了妓院,汤修慧也学着男人的样子"叫条子",应召的妓女看到来者也是女人,不禁为之愕然,汤修慧就操着满口吴语和她们称姐道妹地攀谈起来,很快妓女们就解除了顾虑,和她谈得很亲热。八大胡同的妓院各有各的门脸,从一个妓院带着妓女到另一个妓院玩耍叫"过班"。有一次,邵飘萍和朋友带着汤修慧从一个妓院到另一个妓院,"跑厅"过来引领,见汤修慧在其中,便大喊"过班",把她当作了别院的妓女,汤修慧不干了,上去就是一耳光,一时传为笑谈。

汤修慧继承邵飘萍的遗志,活跃于新闻界,表现出她精明果断、泼辣能干的一面。名记者徐铸成,在《报海旧闻》中写有《邵飘萍夫妇》一文,其中有这样几段生动的记叙:

> 1929 年夏,我第三次赴太原采访,正当时局又面临一微妙关头,冯玉祥还被阎锡山软禁于五台建安村,而阎锡山和蒋的关系似乎又发生了裂痕。各方代表云集,采访工作相当紧张。一天傍晚,

汤修慧

我回到正大饭店,正预备休息一下就去吃晚饭,茶房进来说:"住在某号的汤先生请你去一趟。"

站起来迎接我的是一位微胖的中年妇女,一开始她就微笑地说:"你在这里采访很活跃呀,《大公报》的电报和通讯我都拜读过了。"经过照例的寒暄,才知她就是飘萍夫人汤修慧女士。她承继飘萍的遗志,把《京报》这副担子独立挑起来,在那样的年月,真是不容易。

她请我在旅馆餐厅里一起进餐,席间,问了我一些新闻和工作情况,然后说:"能不能在方便中给我们也打些电报?"她看到我有些迟疑,微笑地接着说:"我知道你们《大公报》的规矩,记者是不能兼职的。你放心好了,我们不要你的特殊新闻,只要一般的公开消息,简单地打小电报。"态度这样诚恳,我只得答应了。

吃完饭,她交给我《京报》的发电执照(凭这个发新闻电,每个字三分,由收报人付费),并说:"我明天就回去了,一切费心。你回京后,请常来《京报》谈谈。"说毕,又取出了一百元给我,说:"这算是补贴一点车马费吧。"我还来不及推托,她就告别了。

以后,我大约还在太原住了约一个月,曾为《京报》打了十次电报,写过一两段简短的通讯。至于这一百元,就在太原买了一只手表。这是我生平第一只手表,后来,我大儿子上中学,小儿子结婚,都还带过,仿佛成了"传家宝"。

就在那年秋天，我回家结婚。假满，被调至天津工作，月薪虽一下由三十元"跳"到七十元，但维持一个小家庭也常感拮据。不久，我妹妹又来津上学，眼看孩子快要出世，常不免寅吃卯粮，靠借支度日，也曾几次把妻子带来的一点首饰送进当铺。正在这时，汤先生给我汇来一笔钱，请我兼当《京报》的驻津记者，有新闻时，给北京报馆挂个长途电话。工作是轻松的，每月有几十元，也的确是雪中送炭。但干起来，困难也不少，首先是我只编过教育新闻，天津人地生疏，又不负采访的责任，一般新闻无来源。其次是，电话怎么打呢？自己装不起，又不能在报馆里打。最后，想出了一个法子，教育新闻版一般在十点半钟就可以看大样了，而劝业场商场有一家弹子房深夜还继续营业，我从晚报上看到一些认为值得发的新闻，就"光临"这小球房，先挂个北京电话，一面打球，一面等电话叫通。

真是"天下没有不透风的墙"，这样做了约两个月，胡政之不知怎么知道了！他一天找我个别谈话，很关切似地说："听说你夫人快要分娩了，家里开支要增加了。我已关照会计科，从本月起，你的薪水改为一百元。"他绝口不提《京报》的事，而我是"瞎子吃馄饨"，肚里有数的。第二天，就写信给汤先生，抱歉地把这事辞谢了。

为了复活《京报》，继承邵飘萍的事业，汤修慧奔忙了整整二十六个月，而且她一直忠实地捍卫着邵飘萍。"七七事变"前后，国民政府想褒扬邵飘萍爱国反帝的举动，有些要人干预，认为邵飘萍与苏联、中共有关系，不该褒扬。汤修慧不服，她携带《京报》全部合订本，亲自到南京辩论，后因战争爆发、国都内迁而作罢。

"文革"期间，汤修慧被遣回浙江金华接受劳动改造，她向毛泽东上书陈述冤情，毛泽东得知详情后，亲自出面保护"师娘"。晚年的汤修慧独居在《京报》后院的北屋中,墙上挂着邵飘萍的遗像,对邵飘萍的怀念不时流露在她的言谈中。

后邵飘萍时代的《京报》

20世纪20年代,以新闻为本位的潮流已经日见明显,这与以前报纸以政论为本位的趣味完全不同,这种转变使报纸的任务转以传播新闻信息为主——"报纸之第一任务,在报告读者以最新而又最有趣味的最有关系之各种消息,故构成报纸之最要原厥惟新闻",邵飘萍不仅在理论上认识到了这一点,而且,在《京报》的日常报道中,他也实践了这种具有现代意义的新闻观。如对孙中山北上、"五卅"惨案和"三一八"惨案等重大事件,《京报》的新闻内容详实,形式多样,既有常规报道,又有重点报道,特别报道及连续报道等。

二次复活的《京报》基本上延续了邵飘萍时代的风格,但是在办报的立场和方向上,则发生了微妙的变化。"飘萍先生遇事则纯就民众方面立论,以与环围之军阀官僚奋斗",而在国民党党治下,《京报》"固莫能以革命性独异于众,且限于环境资力,固不可如前此之壮烈……如何主张,使已统一之革命,得以永久成功。是为《京报》此后之最大责任,即以此共策明年此日之成功"。由此可以看出,《京报》虽然一直想要保持原有的风格和特色,但限于"环境资力",已经是力不从心了。

1929年4月24日,《京报》发行特刊《邵飘萍先生被难纪念》。汤修慧为此刊亲撰《先夫子飘萍公行述》及《被难后追述之事实》两文。特刊两大张八版,内刊邵飘萍各个时期的肖像、手稿、墨宝和报馆、编辑室、书房的照片,及孙中山、冯玉祥题词赠送的自身像。对邵飘萍其德其言其功其业,他的诸多好友,张炽章(张季鸾)、潘公弼、潘劭昂等,都在特刊上做了记述。

《京报》在这一时期仍然保留了很多副刊,延续了以往办刊的方针——"附张不载盗拐奸诱的恶性新闻。注重于市政建设及体育消息,最宜于青年学子"。七种副刊在《京报》八版轮流出刊。其中以徐一士主编的《复活》最为有名。"复活栏所载各种材料,趣味浓郁新鲜,并请小说名家特撰历史写实小说,专记近五年来军阀官僚之种种逸闻"。其他副刊有凌霄汉阁主编的《京园剧刊》(周日出版),除了介绍京剧界的活动之外,它对戏剧科学上的整理及精密公正的剧评,为研究旧京剧提供了一个场地;医光社主编的《医光》,在星期一出版,专门研究医学及卫生;影光社主编的《影光》,专载电影批评消息及影评、影片和演员介绍等,在周五出版;另外,还有荒岛社主编的《荒岛》,专载新文艺;此外还有《童苑周刊》《每周活动》《国际》等。

《图画周刊》在1929年1月复刊,除陆续刊登时事政治照片外,还兼及教育、艺术和生活等方面的题材,并注意披露社会的黑暗和下层劳动人民的不幸。其"旧都社会写真"专栏,每期都刊登一幅反映北京市井生活的照片,并在照片下端附上简短的评论文字。1931年第91期"旧社会写真"专栏《卖杂碎》,画面上一个头戴毡帽、身穿棉衣的人正在一口热气腾腾的锅前做杂碎汤,对面,一个衣着破旧的老农一手端大碗,一手拿大饼。附文《卖杂碎赞》:"烩猪羊脂杂碎兮,热薄饼子腾腾。围板凳与大碗兮,俨繁荣之加增。乱曰,北平能力,久已落伍,肝肠肚肺,急时合煮,面粉一袋三元六,煤球百斤四毛五。浮摊既不摆于前门,天桥亦成居留所。长官们,怎知北方人民的苦,吆喝半天,也不过零星贴补。"以照片的形式和幽默讽刺的语言反映民间疾苦,这在当时出版的画报、画刊中是极为罕见的。类似的还有《关东糖摊》、《捡柴》、《补鞋》、《磨刀者》、《拾粪夫》、《洗衣妪》等照片。到1937年6月,《图画周刊》共出三百五十八期,前后总计四百多期,成为北方刊行时间较长的报纸摄影副刊之一。

这一时期,《京报》的常设评论性栏目有三处:一是二版的"评坛";二是三版的"小评一",还有一个是六版的"小评二"。"评坛"的篇幅相

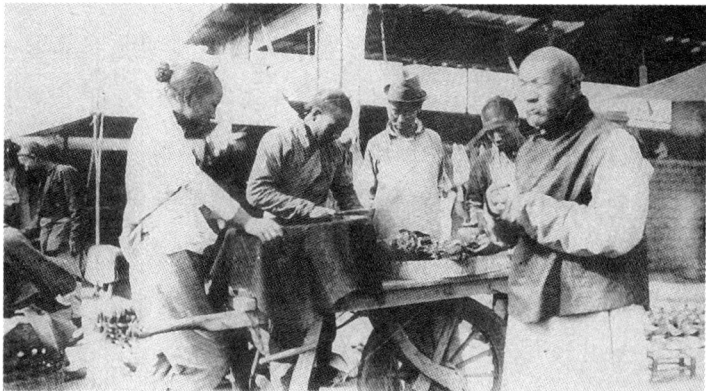

北京街头卖牛羊杂的小摊

对长一些，一般四五百字左右，批判性比较强。"小评一"和"小评二"篇幅相对短小，与"评坛"相比，风格也要柔和很多。关注国计民生，关注政治时事，以民众的立场对政府提出批评建议，或者对国际国内重大事件提出见解和意见，这些是《京报》的评论文章一贯的风格，后期的评论文章也基本秉承了这一特色，只是缺少了邵飘萍时代的锐利和激情。

毁报纾难

作为报人，汤修慧非常注重新闻的时效性、社评的针对性和编务工作的"精编主义"，她坚持了报社自办发行的传统，每天9点之前一定把报纸送到订户手中，否则甘愿受罚，对学者订阅还一律给予八折的优惠。所以，《京报》虽然不复有当年痛快、凌厉的风格，但在当时的北方地区，除《大公报》外，其实力仍然可观。

汤修慧复活《京报》是在1928年国民党北阀军占领北平之后，当时《京报》的宣传宗旨主要是"主义的军队；整理财政；培养民主；低调地整理地方"，但从实际效果来看，它并没有实现自己的抱负。

国民党南京政府成立之初，《京报》揭橥"反腐"，并列举出腐化的种种表现："比如遇事只知摆官架，只知拉拢亲戚，只知出告示，不肯实地调查,立地实行。只知立许多机关,不念财政的困难,民生的疾苦,这都是腐化。"对于张学良允诺日本修筑满蒙铁路一事,《京报》发文《谁负卖国的责任》,批评道:"堂堂国府委员,居然为安福系完成其卖国计划,此非张学良一人之罪案,而国府诸公当负其责也。"

虽然《京报》力图始终保持独立的立场,但作为一家民间报纸,《京报》在当时一直处境艰难,时时感到在夹缝中生存的苦恼。1929年9月29日,《京报》因为登载电通社稿,被当局认为反动,令其停刊,并将社长汤修慧和编辑潘叙伦监视。《京报》于1930年4月1日再次复活,此次复活后的《京报》与《成报》合并刊行,合并后仍使用《京报》的名称。对此,项士元的《浙江新闻史》有载:"《京报》,此报自邵振青被害后,即行停闭,至十七年六月十二日,邵妻汤修慧女士,始复刊。次月,北平记者联合会成立,汤复被选为执行委员,十八年九月二十九日,因登载电通社稿,当局认为反动,即令停刊,并将社长汤修慧编辑潘叙伦监视,近又复活。"

1931年9月18日夜,日本关东军在沈阳北郊柳条湖村附近炸毁了南满铁路的一段路轨,并诬陷中国军队破坏了该段铁路。当天晚上,日军突然向中国东北军驻地北大营和沈阳城发动进攻,爆发了震惊中外的"九一八"事变。《京报》在9月20日报道了这一事件,文章中写道:"我东北军王以哲部,因知日军意在挑衅,即将全军所有枪械收存库内,毫未抵抗。日军乃大举入内。旋即入城,将沈阳各街市官署并将沈迫击炮场占领,炮弹全部焚烧,我军始终毫未抵抗……"

"九一八"事变发生后,国民党当局把国际联盟当作靠山,希望由它出面调解中日危机。《京报》也希望能藉国联的调解使日军迅速撤退,"请国联制止日军以维远东和平,请非战公约各国一致主张公道"。但是,国民党政府采取的不抵抗政策,纵容了日军,他们侵占东北各个城市,而《京报》在小评《所以要镇静》中,还是劝慰国民:"长江流域,有五

1931年9月19日清晨,日本关东军在沈阳外攘门上向中国军队进攻

千万灾民,尚未有安插,各地大水,尚未退,而中国唯一粮食出产地的东三省,全部被占,加以破坏……不是说空话的,所以说要镇静应付,岂可真真小觑于他。"并把解决时局危机的希望寄托在当局身上:"我们以信赖中央的意志,深信日内张副司令报告后,中央必有整个的办法,以慰人望……党国政府和外交当局啊!人们是如何忧愤而属望啊!"

虽然在言论上,当年激进、进步的《京报》这时已经逐渐趋于保守,但绝不可否认它是一份爱国的报纸。

9月20日,《京报》在二版右下角打出了两行黑体大字:"各自诉诸良心永久抵制日货广告",并以双重花边围绕,十分醒目。同日,在"评坛"栏发表评论文章《如何应付这严重困难》,以忧国忧民之语言指出:"日本军队,突然……以武力占领沈阳,这种实践,实在是违背国际公法的举动,异常重大的。本年度,国家内部,既迭有军事,又加以空前大水灾,这次又遭逢外交空前的事变,国难临头,当然是一幕极严重的形势……"对于各界人士纷纷举行的抗日爱国活动,《京报》也做了一些报道。如9月21日三版,发表消息《对日宣战——冀商联通电主张》,"教育"栏则对北京各高校的反日宣传和爱国活动进行了详细的报道。

虽然在"九一八"事变中,《京报》是相信并依赖当局的,然而,作为旁观者,《京报》还是认识到了:"国联可以说公道话,而被侵略的中国,却不能倚靠国联。再说深一点:中国对日外交,若要战胜,必须由国内政治根本做起,勿倚赖何人。"这时的《京报》已经认识到国联不可靠,解决问题的根本出路还是要靠自己。

为了敦促当局,9月27日,《京报》上出现了言辞比较激烈的言论:"不知我们外交当局干什么? 为什么事事落后,不向世界发表声明书? 把过去和现在种种事实和盘托出来呢……事已至此,不否认也是被占领。此时再不厉行自决的革命外交,只等候国联的调查? 未免太迟缓些。""要想美国因为这事帮中国打日本,也是做梦……由此更可见,所谓国际条约制裁,根本上也靠不住。所以一切全在乎自己,这句话,我认为是不错的。"

1931年"九一八"事变后,汤修慧为了办好《京报》,曾寻求过国民党上层人物孙科、胡汉民等人的支持。她和于凤至、刘清扬等人参加了北平市妇女界抗日救国会,主张抗日救国,提议宋庆龄、何香凝自海外归国主持妇女运动。她还亲自做采访工作,足迹遍及太原、泰山等地。

1937年,"七七"卢沟桥事变爆发,中日矛盾进一步升级,中华民族面临前所未有的危机和困难。7月9日,《京报》只用了二版的上半版,对于两天前发生的"七七"事变进行了报道:"丰台日本驻军,近十数日以来,藉口筹备检阅,连日昼夜在卢沟桥永定河沿岸一带,实行实弹射击演习,每夜则炮声隆隆,平市城内均能清晰可闻。前日演习日军,突由数十名而增至二百余名,昨晨拂晓时,日军忽改为散兵线,以宛平县城为目标,实行包围……发炮向城内袭击,是时我城垣上守兵,仍以为日军演习,未疑其他举动,殆日军炮火益形猛烈,我军为自卫起见,不得已乃加以抵抗";"此事之责任,当然应由日方军队负责之。平电所传,我方军政当局所持态度及应付方针,此间颇为赞同云"。这份报道采用

1937卢沟桥事变后,日军占领北京

的是一种第三者的相对客观的语气,在这种情势下,《京报》的这种态度和立场让人颇感失望。

此后,《京报》对事变发生后的动态保持了关注,每日的二版头条都会报道中日双方针对此事的反应和交涉,但基本上也是电文的组合。从事变发生到7月底停刊,《京报》上没有出现任何专门的评论性文字。

1937年7月28日,《京报》出版最后一期,随后即停刊,结束了它十九年的历程。汤修慧只身南下逃难。抗战胜利后,汤修慧回北京,短暂地续办过一段时间,但因负债累累,只好将报馆抵押出去,《京报》又一次停刊,并再也没有恢复过。

《京报》凋落的反思

尽管新闻从业者在现实工作中不断强调新闻的中立与客观,仍然不可否认,任何新闻机构都是某一种力量与利益的代表,是其创办人与经营者意志的反映,从这个意义上说,《京报》是邵飘萍一个人的报纸,他以此为平台,构建了一个言论进步的"公共空间",他是这个空间的主宰,是《京报》体系的核心,是《京报》的灵魂。

邵飘萍认为,新闻业和新闻工作者应当保持自己的独立性,这样才可以在报道中不受挟持,才能正确地反映舆论和引导舆论。《京报》做到了这一点,它和任何党派都无瓜葛,更不想以特殊势力作为报纸的后盾,根基薄弱,但言论还比较自由,更可贵的是,它的独立姿态在其发展过程中被一直延续下来。在汤修慧时期,虽然对国民党政府有一定的依附,也仍坚持"吾《京报》者,邵飘萍先生私人创办之报纸也","《京报》者,代表智识阶级之新闻纸;代表劳动阶级之新闻纸也"。

　　独立的姿态使《京报》能在邵飘萍的倡导和主持下,坚持它的民众立场,"必使政府听命于正当民意之前"。在邵飘萍的主持下,《京报》成为当时北京舆论界的先锋和号角。在废除不平等条约运动、国民会议运动及后来的反奉运动中,《京报》都以公正的态度和鲜明的立场,赢得了广大读者,实现了《京报》创刊时的初衷。

　　《京报》的辉煌与当时的时代背景是密不可分的。邵飘萍时代,帝国主义对中国的加紧侵略和各派军阀的连年混战,使民族危机和国内政治经济危机都格外突出,革命力量因此蓬勃发展,苏联十月革命的成功在一定程度上也促进了革命势力的增长。邵飘萍和《京报》顺应时代潮流,把斗争的矛头指向军阀统治和帝国主义的压迫,体现了鲜明的革命性。

　　邵飘萍曾认为,中国的新闻事业"尚在幼稚时代",和西方国家比较起来还不发达,并罗列出四点原因:一是政治不修明。政治的开明程度,社会的文明程度与新闻事业的发达程度是成正比例的。二是工商业不振兴。工商业不振兴,广告和发行就做不好,上海是商业中心,广告的力量"足以产生规模较大之一二新闻机关";而北京为政治中心,工业、商业不足以供养报业,因此,"虽有较为可以注意之新闻纸,而论其营业,总不离乎津贴本位与机关新闻之臭味"。经济的不发达,使新闻业不得不听命于政治势力。三是教育不普及。报纸缺少广泛读者,直接影响了报纸的经营。四是交通不便利,而交通便利与否,关系新闻时效的发挥和新闻传播范围的大小。

南京中央日报社

二次复活后的《京报》面临的环境就是不利于报纸生存和发展的。国民党政权建立之后,全国政治中心又从北平迁到了南京,日本帝国主义的势力逐渐渗入华北,动荡混乱的局势,一份严肃的革命报纸即使是生存都是困难的。当时,隶属国民党中央的中央通讯社不仅垄断了新闻来源,而且拥有无线电传播新闻的专用权,《世界日报》《大公报》《申报》等各大报纸纷纷拓展地盘和领域,都朝着集中、垄断的方向发展,形成多报或一报多刊的体系,意在竞争中占得先机,而势单力薄的《京报》根本无法与这些强大的对手抗衡。1928年,国民党政府推行"党化新闻界"的政策,"九一八"之后,它又依靠官方新闻网络,垄断了新闻的发布权和评论权,还辅有严格的书报检查制度,进一步控制全国的舆论。在这种环境下,《京报》很难有所作为是可以理解的。

作为当事人,汤修慧曾指出"莫能以革命性独异于众"是《京报》衰落的主要原因,而复活后的《京报》之所以不能以革命性独树一帜,汤修慧认为在于环境和资力所限。其"环境"是指外界环境,即复活后《京报》所处的政治、经济背景,而所谓"资力",应该是指汤修慧本人的能力。尽管在邵飘萍去世后,汤修慧竭力延续《京报》的风格,在评论写作、新闻采访、经营管理等方面,力图保持过去的优势,但事实证明,她并没有成功。

世人称邵飘萍为"新闻全才"，他独立创办新闻编译社，创办《京报》和众多副刊，使《京报》在他主持期间生机盎然，他的业务能力和创业能力是汤修慧不能比拟的。失去了邵飘萍的《京报》，很难再恢复其鼎盛期时的那种"敏捷的锐气、深邃的洞察力、宽阔的视野和澎湃的激情"了。

第三部分
乱世悲歌：书生报国一枝笔

一、人散曲未终

幸运的失意者

一个新时代开始的时候,之前的旧时代并不会就此落幕,此时的历史舞台,就像一出实验话剧一般,演员们在同一个舞台、同一个时空下,走动于两个布景之间,讲着不同时代的话,演绎着不同的剧情。然而,人还是同样的那批人。

每到社会变革的时代,总会有这么一场喧嚣与骚动的大戏。

在 20 世纪 20 年代,一个新旧交替的关键时期,就曾有这么一批人,在新旧两出戏中往来穿梭。他们中的有些人,注定要成为为旧时代落幕、为新时代奔走的重要角色。

当时,段祺瑞、吴佩孚、张作霖、阎锡山、冯玉祥、张宗昌等军阀就是旧时代与新时代交替时期的关键人物。他们各具个性,极富传奇色彩,但他们都有一个共同的身份,那就是封建军阀。

"封建军阀"中之"封建"有两层含义:一是将军阀类比于唐代的藩镇割据等,是与中央集权、大一统相对而言的"封建",这里所指的"封建"主要是从政治上层的角度观察;二是指他们赖以生存的经济关系和他们作为帝国主义在中国的代理这一身份。

　　作为名记者,邵飘萍交游广泛,其中也包括大大小小的军阀。邵飘萍对他们公私分明,嬉笑怒骂,并不以为忤。但其中也有例外,那就是对冯玉祥。

　　冯玉祥出生于一个下级军官家庭。11岁时,他就在清朝军队挂上了名,随后辍学,投身兵营。武昌起义爆发后,发动参与滦州起义,失败后被革职。清朝覆灭后,陆建章奉袁世凯之命编练左路备补军,重新起用冯玉祥,并令其赴河北招兵,这是冯玉祥建立自己队伍的开始。他自定招兵标准,只收农村质朴精壮的青年,凡当过兵的一概不要,以保证队伍作风的纯正。石友三、佟麟阁、孙良诚、刘汝明、冯治安、过之纲等大将便是这次被招收入伍的。1913年,他又赴河南郾城一带招募新兵。这次招收的有田金凯、吉鸿昌、梁冠英等人,再加上前来投靠他的旧部李鸣钟、韩复榘,这些人后来成为他建立西北军的骨干。

　　1922年春,第一次直奉大战爆发。吴佩孚急调冯玉祥率部到郑州,当时河南省督军是赵倜,赵倜表面上是支持直系的,但暗地里却与奉系勾结。5月,赵倜派兵偷袭郑州。双方激战三日,赵军被彻底打垮。这场直奉大战,最终以直系获胜、奉系张作霖退回东北老家告终。战后论功行赏,冯玉祥被任命为河南督军。冯玉祥就任河南督军后,又大举招募新兵,使自己的兵力扩充成五个旅,总兵力达五万人。

　　1922年秋,上海一家英文杂志评选出十二名在世的最伟大的中国人,排在第一名的是革命之父孙中山,冯玉祥名列第二。在军阀割据的年代,能够赢得这样的好评,一定是有其过人之处的。舆论虽然对冯玉祥有好感,但上任不到半年的冯玉祥很快就被免了官职。原因是他

冯玉祥

多次拒绝吴佩孚推荐来的官员，并戏弄吴佩孚。

据传，在吴佩孚50岁生日那天，冯玉祥送了两缸清水作为生日礼物，并附信写道："君子之交淡如水。焕章（冯玉祥的字）虽不敢以君子自比，然足下实君子也，言清行清，洁如清水，故焕章不敢不以清水待也。"意思是说若不收下这两缸清水，就等于自认不是君子而是小人；若收下这清水，则是甘遭戏弄。吴佩孚虽然心中甚为不快，但不得不强作笑容，将清水收下了。

还有一次是在各路军阀的欢宴上。席间，主人召来二十多名妓女助兴。冯玉祥看不过去，从外面找了个丐婆到席前哭诉，她每哭一声，冯玉祥就给银元一块，使得满座大为扫兴，早早散席。

其实，吴佩孚也并非庸才，尤其是在用人方面有自己的一套方法，不会因关系而滥用。他的同学王兆中前来投靠他，吴佩孚斟酌后，让他当了个上校副官。王兆中十分不满，认为自己"文武兼资，尤富于政治常识"，请求去河南当县长。吴佩孚不以为然，在申请上批了"豫民何辜？"发还。王兆中见县长不成，又申请当旅长。他在申请上写："愿提一旅之师讨平两广，将来报捷洛阳，解甲归田，以种树自娱。"没想到这次吴佩孚批得更简单："且去种树。"

但冯玉祥性格如此倔强、张扬，特别是常在众人面前损害吴的尊严，使吴佩孚下决心把他从河南赶走。吴调冯任北京陆军检阅使，陆军检阅使是一个闲职,没有别的部队需要冯玉祥检阅,只能检阅他自己的第11师。

冯玉祥到北京后,驻兵南苑、通州等偏远之处,这倒给了冯玉祥一次专心练兵的机会。在以后的整整两年里,他静心训练军队,带出了一支劲旅。他经常夜访军营查看情况,还悄悄躲在士兵的营房附近,听士兵们谈话,了解他们的真实想法和对军官的评价。在有红军之前,不论是什么军队,极少有高级将领能像冯玉祥这样去了解士兵。

志同道合

身在军界的冯玉祥很注意和地方保持联系,对名记者邵飘萍仰慕已久。1923年6月7日,邵飘萍应冯玉祥的约请来到南苑驻地,与冯玉祥进行了第一次长谈,双方对时局和社会问题的看法有许多不谋而合之处。第二天,《京报》刊登了这次谈话的部分内容。

1924年5月,冯玉祥在南苑兵营举行阅兵式,曹锟、吴佩孚等人坐在阅兵台上。为了扩大影响,他还邀请了北京各界代表人物前去参观,邵飘萍也在被邀之列。

阅兵式上,冯玉祥大声发问:"你们是什么人的军队?"队列中的官兵齐声回答:"老百姓的军队。"冯玉祥又问:"你们吃穿用是什么人给的?"答曰:"老百姓给的。"冯玉祥还命令鹿钟麟率部操练大刀,以示对军械不足的不满,并以日军为假设敌,提醒人们勿忘国耻。

阅兵完毕,冯玉祥邀请新闻界人士座谈。席间,众人对这支队伍的威武赞不绝口,冯玉祥的脸上露出得意的微笑。惟有邵飘萍在发言时,直言部队的弱点和面临的困难,力主冯玉祥屯兵西北,说西北是中国惟一没有被帝国主义染指的净土,"借以时日,必可使西北富业发达,物产丰富,调剂全国之人口,施以化兵为农工之大政策"。

冯玉祥对邵飘萍的一席话大为叹服,觉得他并不是一位简单的报人。当晚,他又邀邵飘萍单独长谈,邵飘萍又积极建议冯玉祥去苏联考

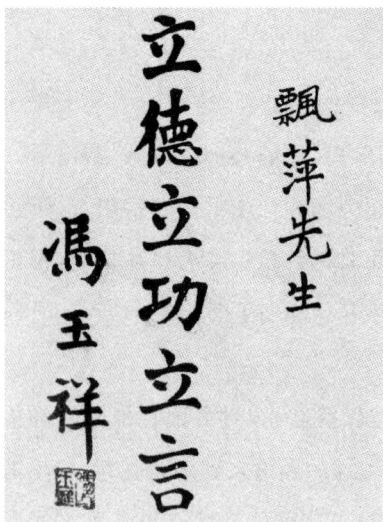

飘萍先生

立德立功立言

冯玉祥

冯玉祥赠邵飘萍手书

察学习，说"目前在国内须立即与南方革命力量取得联系，将部队改编为国民革命军。待南方展开北伐战争时，即为之声援。此乃正当之出路，而非北洋军阀混战可比"。这些建议后来都被冯玉祥采纳。

倡共和，迎中山

第一次直奉战争后，北京政权为直系军阀曹锟、吴佩孚控制。张作霖积极准备反攻，并与皖系军阀卢永祥和广东的孙中山组成反直三角联盟。吴佩孚则一面准备对东北的奉系军阀作战，一面把势力伸向南方，积极推进"武力统一"。1924 年 9 月，直系军阀齐燮元、孙传芳从江苏、福建进攻卢永祥，张作霖以反对攻浙为由，率军向热河、山海关进攻，第二次直奉战争爆发。

正当两军在前方相持、北京空虚的时候，冯玉祥乘机起事。10 月 21 日，冯玉祥率部昼夜行军，从热河前线秘密回师北京，包围总统府，囚禁了贿选总统曹锟，史称"北京政变"。

政变发生的当天下午，邵飘萍就赶到北苑与冯玉祥会晤，对于邵飘萍提出的各种问题，冯玉祥都给予了详细的答复。24 日，《京报》以第二版大半个版面，刊出《冯检阅使与本社邵君谈话》，访问记的标题是邵飘萍亲自书写的，同时还配发了冯玉祥的 4 寸照片。第三版又刊登了《冯军驻京后之京畿治安》、《冯玉祥等主张和平通电》、《冯检阅使之布告》等文稿。

25 日，冯玉祥按早前邵飘萍的建议，宣布将参加这次政变的部队，改称为"中华民国国民军"，并发电邀请孙中山北上，共商国是。

电文称："辛亥革命，未见全功，以致先生政策无由展施。今幸偕同友军，戡定首都，此后一切建设大计，尚赖先生指示，万望速驾北来，俾亲教诲。"为了表示诚意，又推举孙中山信赖的国民党人李书城、李烈钧分任陆军总长和参谋总长。

对冯玉祥的姿态，孙中山给予了积极的回应。他回电表示："义旗聿举，大憝肃清。诸兄功在国家，同深庆幸，建设大计，即欲决定，拟即日北上，与诸兄晤商。"对北京政变后的政治时局，孙中山明显抱有极大的希望。

从10月31日至12月1日，《京报》特别发行了8期增刊《时局论坛》，宣布："军阀崩溃，内战将终，国民宜亟起而注意改革。……凡各关于改革政治之文字，不问主张异同，党派何属，倘有相当价值，本报一律欢迎。……各团体个人一切社外来稿，均陆续为之发表，征求国人之公论，以作切磋交换之机关。"《时局论坛》的稿件不断对时局有所进言，深受民众的欢迎。同时，《京报》还有赞颂国民军"不扰民、真爱国、誓死救国"文章，对他们严明的纪律表示钦佩，并希望他们能把革命不断向前推进。

然而，曾经答应冯玉祥不进关内的张作霖，推翻了自己的诺言，待曹锟、吴佩孚一下台，便挥军入关。而冯玉祥又错误地请出了赋闲的段祺瑞出面来维持局面，所以就在孙中山北上时，北京又有了一个以段祺瑞为首的段、张、冯三人联合政府。那么，这个三人联合政府的出台，邵飘萍有没有估计到？或者说，他有没有考虑过冯玉祥会无法独立支撑北京政局？从现有的资料来看，他没有对这个问题做出评论。也许，面对瞬息万变而又波谲云诡的政治，任何人都无法做到算无遗策，邵飘萍也不例外。

冯玉祥没有料到，自己发起的这个三人联合政府，会成为共和制度

1924 年,梁鸿志、冯玉祥、张作霖、段祺瑞等在天津段宅(前排
左起)

的又一道阻碍。段祺瑞和张作霖联合起来,排斥了冯玉祥,冯玉祥被迫
于11月25日提出辞呈,发出下野通电,避居京西天台山,而这时候的孙
中山,还在赶往北京的途中。

11月13日,孙中山北上成行,偕同前往的有宋庆龄、高君宇、汪精
卫、李石曾、戴季陶、孔祥熙等三十余人,他们由广州黄埔到香港,11月
17日抵达上海。为了忠告日本的朝野臣民,珍惜同文同种之情,取消
"二十一条"及一切不合理特权,发扬互助合作精神,孙中山一行又特意
取道日本,在神户高等女校孙中山做了"大亚洲主义"的演讲。

邵飘萍对主张"废除不平等条约,召开国民会议,以求中国之统一
与建设"的孙中山非常拥护,他启盼孙中山早日抵京。《京报》几乎每天
报道孙中山的消息,并表彰广东革命政府的功绩。邵飘萍的报道使南
方革命政府的形象大大提升,引起北方军阀政客们的极大不满。

12月4日,孙中山一行到了天津,受到当地一百多个团体、一万余
人的热烈欢迎。《京报》接连刊登《孙中山先生绕道日本来津》、《北京各
团体筹备欢迎孙中山》、《中山抵津盛况》等通讯,对孙中山的到来表示
欢迎。孙中山为了对《京报》表示感谢,特意派人把一张写有"京报社惠

存·孙文赠"的照片送给邵飘萍，
这是孙中山赠予北京新闻界的第
一张照片。

　　邵飘萍收到孙中山的照片后，
立即准备编发，并于 6 日登出广告，
说《京报》在中山先生到京之日，将
赠送肖像一幅；随报附送，不另收
费。同一天，邵飘萍又发《因何欢
迎中山先生》一文，表明自己的立
场："欢迎有主义有主张，真诚革
命，数十年如一日，毫不含糊之中
山先生；欢迎贫贱不移，威武不屈，
失败不馁，成功不居之中山先生；
欢迎反对帝国主义，反对不平等条

孙中山与宋庆龄（1924 年）

约，反对国际资本掠夺，绝对不排外也不媚外之中山先生。"

　　遗憾的是，因天气寒冷，舟车劳顿，加上公务繁忙，孙中山病倒了，
进京的日子被迫一拖再拖。这一期间，《京报》没有停止对孙中山的宣
传。报纸陆续刊登了孙中山在日本的演讲"大亚洲主义"，又将孙中山
在东京、大阪、神户国民党欢迎会上的长篇演说，印成单张，随赠读者。
12 月 26 日，邵飘萍在《京报》附刊《图画周刊》创刊号上登出孙中山的全
身像，并在照片旁亲笔标注"全国景仰之中山先生"。

　　终于，孙中山在 1924 年的最后一天抱病进京。尽管那天天气不
好，还是有近十万人聚集到前门火车站去欢迎孙中山。当孙中山走出
专车时，国立北京艺术学院的乐队奏起了中国乐曲，成千上万的人为一
睹他的风采而欢呼。

　　《京报》于当日刊出《中山先生来京养病欢迎预记》，邵飘萍作了题

为《欢迎中山先生》的特别评论,并随报赠送中山先生的肖像。1月2日,《京报》发号外,报道北京各界对孙中山的热情欢迎。9日,《京报》附刊《图画周刊》以"中山先生来京纪念号"为名又刊登了欢迎中山先生的照片近二十幅。

此时,冯玉祥已被排挤出局,段祺瑞以中国政府的名义发表"致使团书",宣布尊重与外国签订的一切条约,并积极筹划召开"善后会议",以结成联盟,与国民会议对抗。孙中山毅然召开中外记者招待会,重申自己的主张:对内召开国民会议,结束军阀统治;对外废除不平等条约,反对帝国主义侵略。1925年1月4日,国民会议促成会成立,大批进步人士参与其中,已和国民党合作的共产党也派出多名党员协助工作。

邵飘萍旗帜鲜明地反对段祺瑞,他讥讽临时执政段氏是"武夫拥戴,授以屠刀","善后会议"则"因不无怀疑之点,未敢积极歌颂之"。相反,邵飘萍在《京报》撰言,称国民会议是"训练国民之唯一的好机会","国民之盼望国民会议实现,几乎全体一致",表示"本报对于国民会议促成会,当然竭诚以为作声援"。

国民会议促成会一成立,《京报》即率先报道。此后,《京报》几乎天天以大块版面,报道有关情况。邵飘萍还参加各界召开的促进会,亲自奔走呼号。1925年2月27口,《京报》登载《北京妇女国民会议促成会筹备处启事》,内云:"本会于24日开筹备会,……并请汪精卫、李石曾、邵飘萍、李守常(作者注:李大钊)诸先生及廖仲凯夫人、伍智梅女士、鲍夫人等演讲。"

3月1日,国民会议促成会全国代表大会在北京开幕,大会宣布了"人民自由与权力,应由人民力争;人民应有打倒军阀与打倒帝国主义之坚强信念;国民会议为团结全国人民进行战斗与夺取权力之机关"三项宗旨。第二天,《京报》上就出现了大会消息,并且每日都对会场内外的情况做详尽报道。

为拉拢邵飘萍，善后会议秘书厅曾致函邀他做顾问，信是这样写的：

敬启者：

会议开始，一切善后问题之解决，应以国民同情为指归。素仰台端，主持谠论，导扬民隐。特聘先生为顾问。尚祈南钺时锡。籍匡不逮。

此致
邵振青先生台鉴

善后会议秘书厅
二月二十日

邵飘萍当然不会去为他们做帮闲，就写信拒绝：

敬启者：

顷接大函，以善后会议顾问一席见委，无任惭惶。振青自惟学识谫陋，且十余年来未与政治发生直接之关系。顾问名义，责任重大，愧不敢承，应请收回成命，以授贤者。关于善后之一切进行，振青凡可为力之处，应无不尽力，故不在乎名义有无也！敢布愚忱，尚希亮察。顺颂

勋祺

邵振青
三月三日

虽说要"凡可为力之处，应无不尽力"，但这两封信在 3 月 4 日的《京报》上被公之于众。邵飘萍以此来表明立场，可见帮的还是倒忙。

革命尚未成功

1925 年 3 月 12 日，国民会议促成会全国代表大会尚在会期，孙中山却壮志未酬身先死。他在临终前预立了三份遗嘱，这三份遗嘱是《家事遗嘱》、《遗嘱》和《致苏联遗书》。前两份遗嘱由孙中山口授，汪精卫

笔录。《致苏联遗书》则是由孙中山以英语口授,他的苏联顾问鲍罗廷等笔录。孙中山在病危之中,仍念念不忘救中国、救民众,在遗嘱中谆谆以此为嘱:

> 余致力国民革命凡四十年,其目的在求中国之自由平等。积四十年之经验深知欲达到此目的,必须唤起民众及联合世界上以平等待我之民族,共同奋斗。现在革命尚未成功,凡我同志,务须依照余所著《建国方略》、《建国大纲》、《三民主义》及《第一次全国代表大会宣言》,继续努力,以求贯彻。最近主张开国民会议及废除不平等条约,尤须于最短期间促其实现。是所至嘱!

孙中山晚年得到苏联的帮助,俄国革命的成功给他很大的鼓舞,他亲自制订了"联俄、联共、扶助农工"三大政策,强调"今后之革命非以俄为师断无成就"。孙中山临终前夕,再次把希望寄托于苏联,特地口授了《致苏联遗书》。这份遗书的中文译文是:

苏维埃社会主义共和国大联合中央执行委员会亲爱的同志:

> 我在此身患不治之症,我的心念此时转向于你们,转向于我党及我国的将来。你们是自由的共和国大联合之首领。此自由的共和国大联合,是不朽的列宁与被压迫民族的世界之真正遗产。帝国主义下的难民,将藉此以保卫其自由,从古代奴役战争偏私为基础之国际制度中谋解放。

> 我遗下的是国民党。我希望国民党在完成其由帝国主义制度解放中国及其他被侵略国之历史的工作中,与你们合力共作。命运使我必须放下我未竟之业,移交于彼谨守国民党主义与教训而组织我真正同志之人。故我已嘱咐国民党进行民族革命运动之工作,俾中国可免帝国主义加诸中国的半殖民地状况之羁缚。为达到此项目的起见,我已命国民党长此继续与你们提携。我深信,你们政府也必继续前此予我国之援助。

亲爱的同志，当此与你们诀别之际，我愿表示我热烈的希望，希望不久即将破晓，斯时苏联以良友及盟国而欢迎强盛独立之中国，两国在争取世界被压迫民族自由之大战中，携手并进，以取得胜利。

谨以兄弟之谊，祝你们平安！

北京中山公园孙中山灵堂

中山先生逝世，举国哀悼。孙中山逝世当天，《京报》发号外，把这一消息通报国人。第二天，《京报》又以整版报道，发孙中山的遗像，刊出《孙中山先生传略》和邵飘萍亲撰的《哀悼孙中山先生》一文，对孙中山的一生给予了高度评价。

3月14日，《京报》以通栏大字标题登出《痛悼孙中山先生·国内外一致》，组织群众悼念孙中山。3月15日，孙中山的灵柩被送往北京西山碧云寺暂厝，三十万人送至西直门，万人送至碧云寺，并举行公祭。《京报》派记者沿途拍照，4月7日，附刊《图画周刊》出《中山先生出殡纪念号》,刊出出殡中的各种照片二十多幅。《京报》印刷所还用上等相纸发行纪念明信片二十五种,供民众收藏。

被尊为"国父"的孙中山是中国革命的先行者,他的一生为中国革命奔走呼号,但始终未能把中国领到他预期的轨道上。他反对鼓励阶级斗争,也不提倡用暴力手段去消除本国的不公正根源,求和解而不想进行持久的斗争。一位美国专家曾经这样评价他:"他看起来仿佛是唐·吉诃德式的而不是革命家式的奇怪人物,但更显出他是个纯粹的人。"这种品质似乎注定了他在领导中国革命的过程中往往功亏一篑。

关注中国局势的美国《时代》周刊,从来没有选择孙中山作为封面人物。也许,在他们看来,孙中山拥有的只不过是名声,而中国需要的是一个强有力的领导人。两年后,一位孙中山逝世时不在他身边的人,登上了《时代》周刊的封面,这个人就是蒋介石。

"城头变幻大王旗",中国政治舞台主角频繁更替,"你方唱罢我登场"。潮起,潮落;人来,人往。一切似乎都已结束,一切又都重新开始。

二、黑名单上的人

西北军的高级顾问

1925年1月,在北京失势的冯玉祥被段祺瑞打发到西北,任西北边防督办,驻地为察、绥、甘、青、宁一带。管辖的地面虽然广阔,却很荒凉贫瘠,但正如邵飘萍在早前的提醒,西北也有其优势,所以冯玉祥也就随遇而安,在此安营扎寨,这就是西北军的由来。

为了给冯玉祥的西北军助力,1925年2月15日,《京报》特别增发附刊《西北周刊》,创刊号上刊登着冯玉祥将军赠送邵飘萍的近影。头版就是邵飘萍亲自撰写的重要文章——《开发西北之重要关系》,文章宣称:"本刊发行之目的,在于开发西北,欲图西北之开发,不可不先引起国人注意西北问题,共同讨论,以供边防当局之参考。"

文章主要论述了开发西北的重要性,把开发西北的理由总结为两大点:

一、巩固国防。自列强对华侵略以来,我国国防之不修,已非一日,故如满洲蒙古西藏旅大威海青岛等等要地,皆成列强势力根据,处于主人地位之我国,反无过问之权,……实最可痛心之事,循是以往,亡国灭种,可以立待,地图变色,人民为奴,殆事实之不可逃。在吾人之理想,以为国家养兵,竭人民之膏血,原为谋国运之向上与安全。然自内乱发生,频年混战,所谓国军逆军之别,无非成王败寇之谈。故今后捍卫西北之军人,当知在对外国防上可以独挡一面而无愧者,方可称为国军。西北方面,与他处不同,尚不无我国可以完全行使主权之干净土焉,然今后国防之益加巩固,乃开发西北者之责也。

二、减除兵祸。西屯一片膏腴之地,若能开发地利,实观屯垦,则非但本地土匪无处安身,可以绝迹,且当移兵实兵,使无用坐食之后,悉化为农工,自食其力,渐成土著,军费负担,即可渐减,不言裁兵而已收裁兵之效。

对邵飘萍的这些见解,冯玉祥非常赞同,他想和邵飘萍文武结合干一番大事业。1925 年 11 月,冯玉祥亲笔写聘书聘邵飘萍为高级顾问:

聘　书

特聘

邵飘萍先生为本署高等顾问

此聘

冯玉祥

中华民国十四年十一月二十七日

邵飘萍与冯玉祥为什么能如此惺惺相惜呢? 中国有句古话"道不同,不相与谋",最根本的原因还在于两人政见相合,同为当时潮流之进步人士,都想在大时代的风浪里多做些事情罢了。

从两人一见如故,到北京政变,再到后来的联合郭松龄讨伐张作霖,直至1926年4月殉国,邵飘萍和《京报》对冯玉祥的态度,始终没有变化过。邵夫人汤修慧曾有文说:"国民军兴,本报实为党人与军人同志唯一之喉舌。"这句话是符合客观实际的。

既然是国民革命军的"喉舌",那就必定是军阀政客的公敌。据说,吴佩孚就曾因邵飘萍的报道,气得咬牙切齿,浑身发抖,欲置之死地而后快。

一份公开的"黑名单"

中华民国15年,也就是公元1926年,是一个多灾多难的年份,并尤以3月18日为甚,因为这是"民国以来最黑暗的一天"。在这一天,发生了震惊中外的"三一八"惨案。

惨案发生后不久,段祺瑞执政府的办公桌上就出现了一份"黑名单",名单上的人都是段祺瑞执政府的反对者,邵飘萍的名字赫然在目。

对这个黑名单,鲁迅先生《大衍发微》一文认为,从中可以看出许多秘密,当局的目的可以归纳为以下五个:

甲、"改组"两个机关:

1. 俄国退还庚子赔款委员会;

2. 清室善后委员会。

乙、"扫除"三个半学校:

1. 中俄大学;

2. 中法大学;

3. 女子师范大学;

4. 北京大学之一部分。

丙、"扑灭"四种报章:

1.《京报》;

2.《世界日报》及《晚报》;

3.《国民新报》;

4.《国民晚报》。

丁、"逼死"两种副刊:

1.《京报副刊》;

2.《国民新报副刊》。

戊、妨害三种期刊:

1.《猛进》;

2.《语丝》;

3.《莽原》。

从这段归纳中可以看出,邵飘萍不但名列黑名单,而且他主办的报纸、出版的副刊,甚至与他有关的刊物,统统成为北洋当局的眼中钉、肉中刺。

民国以来最黑暗的一天

当局对邵飘萍的不满久已有之,但为什么会发展到如此地步,要把《京报》、孙伏园主编的《京报副刊》和鲁迅先生主编的《莽原》,凡是与邵飘萍有关的都归入"扑灭"、"逼死"之列,务必赶尽杀绝呢? 这究竟是积怨已久的借题发挥,还是突然爆发的政见分歧?

要弄清楚其中的原因,还得回溯到 1925 年。"善后会议"前,邵飘萍在报纸上刊登了他拒绝当顾问的消息,使得当局非常恼火。"五卅惨案"发生后,邵飘萍旗帜鲜明地反对帝国主义,使得把帝国主义作为靠山的军阀们如坐针毡。1925 年 11 月,身在北京的《京报》详细报道了国民党广东代表大会的情况,并刊登了汪精卫、谭平山、毛泽东等人的演讲,特别是宣传了孙中山"联俄、联共、扶助农工"的三大政策,这更是对一向视共产主义为"洪水猛兽"的当局的极大忤逆。

双方矛盾进一步加剧是在 1926 年。

1926 年 1 月 14 日、2 月 17 日,北京民众数万人举行"反日讨张(作

广州国民政府旧址

霖),反英讨吴(佩孚)"国民大会,提出"要求广州国民政府出师北伐,反对张吴联合","联合全世界被压迫人民一致反抗日本帝国主义"等政治要求,并举行游行示威。2月18日,邵飘萍在《京报》发表了《广州治绩为全国第一》一文,他大赞:"广东革命政府,已有巩固之基础,军事定后,财政之统一可期……所训练之军队,每到一处,即肃清土匪,安辑人民,使市商不惊,商旅安业,故师行所过,皆箪食壶浆以迎。"这段话在北洋当局看来,不啻为"大逆不道"的言论:宣传广东革命政府的政绩,并认为广东政府得民心、顺民意,不就是在不点名地批评北京政府天怒人怨、失道寡助吗?

3月1日,邵飘萍在《京报》上报道了《国民讨张吴大会成立》的消息,这个大会就如何讨伐张吴之办法,形成七条决议见于报端:"一、发宣言宣布张、吴祸国罪状;二、宣布英日援助张、吴延长中国内乱,实现侵略之罪恶;三、电促全国组织军民,讨伐张、吴;四、组织演讲队,广为宣传;五、组织军队中之前敌宣传队,向民众宣传;六、组织慰劳伤兵团,慰劳讨伐张、吴之伤兵;七、组织检查英日货物团,切实抵制。"同日,《京报》又发表《反英讨吴大会致国民军将领电》,鼓励冯玉祥、鹿钟麟的国民革命军坚持爱国反帝斗争,表示只要"国民军一日从事反吴战争,民众即一日拥护国民军"。

3月7日,奉系军舰在大沽口北塘登陆,被国民军击退。国民军为阻止奉军继续用军舰送兵,铺设水雷封锁大沽口,并规定任何船舰不得开入,外国船舰也必须白天行驶和接受检查。3月12日下午3时,两艘日本军舰不顾驻守炮台的国民军以旗语制止,欲强行驶入大沽口。国民军立即朝天放空炮警告,日舰却以实弹炮击炮台,打伤国民军十三人。在忍无可忍的情况下,国民军予以还击,将日舰逐出了大沽口。事后,国民军向日本公使提出抗议,而日本政府反以破坏《辛丑条约》为借口,公然向中国提出"抗议",并纠集《辛丑条约》其他七国公使,于3月16日发出最后通牒,提出"对外国船泊不加任何干涉"等五项无理要求,限段祺瑞政府在48小时以内答复。17日,八个帝国主义国家的军舰聚集大沽口,对中国进行威胁。

鹿钟麟

通牒期间,《京报》上登满了来自社会各界的抗议书,《北京国民外交代表团等百余团体为大沽事件递外交部公函》:

> 大沽事件,屈在日本,事实显然,乃《辛丑条约》关系各国,竟向我国提出最后通牒,限我四十八小时答复,侮辱国体,侵犯主权,莫此为甚。查《辛丑条约》本系帝国主义者强迫订立不平等条约之

一,国人早已大声疾呼,运动废除。矧此次事件,且非条约所许,纯为干涉内政侵略中国之举动耶。此而可忍,孰不可忍。现在国民闻状之下,莫不缨冠披发,誓死反抗,存亡关头,在此一举。务祈总长据理力争,勿稍退让,于必要时,即以铁血相抗,亦所不惜,全国民众誓为后盾也。兹派代表晋谒大部,面陈一切,务希予以接纳为幸。

《留日归国学生对大沽事件发出激昂之通电》称:

现北京开反日大会,参加民众,三十余万,无不挥拳痛恨,誓志抵抗,并提出严重之抗议,正义之要求,如倭奴恃其顽强,抗不承认,则即驱其公使与之宣战。其意气之慷慨,热血之沸腾,实足以显我民气壮我国威矣。务望各地同胞亦开国民大会,一致要求倭奴,赔我损害,向我道歉,要撤其军舰,更其公使,惩其作祸领事,刑其行凶日兵。同时更组织讨张反日团体,歼灭张贼,以去其走狗,抵制日货,以绝其资粮。立志务坚,努力务久。勿仅沸短时之血,勿仅发不行之言。则大沽耻辱,必可赖以昭雪。外交目的,必可赖以达到。

《广东代表团抗议大沽事件书》:

本月十二日,中国防守大沽之国民军,横遭日本炮舰及驱逐舰炮击,致死伤者甚多,……日本此种行动,实系仇视中国之行动,……中国国民认为此种行动,显然为日本表示援助张作霖,以恢复其关内势力之政策。日本为此,系谋日本及其他帝国主义利益,完全敌视中国国民现在废除不平等条约之运动。……时时干涉中国国民铲除内乱祸首、国贼张作霖之运动,……日本应负干涉内政及扰乱中国之责。毫无疑问,日本动辄引条约为种种干涉中国行动之护符。此更足见中国国民废除不平等条约之主张,有充分之理由矣。因日本主张条约权利,徒使张作霖受其利益,而张作霖背叛中国政府之举动,益形猖獗。

《国民党北京市党部、北京孙文主义学会告国人书》:

　　我党总理孙先生有言,帝国主义一日不打倒,世界便一日没有
和平;不平等条约一日不取消,中国便一日没有独立和自由。同胞
们! 去年的五卅惨案,还未解决,沙基的血迹尚在鲜红,而今八帝
帝国主义者,又为大沽事件向我国提出最后通牒了。大沽炮台与
日舰发生炮击事,屈在日本,事实俱在,理亏明显。帝国主义者,不
惟不知自罪,反敢向我先提出严重抗议,继之以最后通牒。这是什
么道理? 不过是借口维护《辛丑条约》罢了。其实违反《辛丑条约》
的还是他们呢。同胞们!《辛丑条约》,就是八国联军攻破北京时
强迫我们订的不平等条约呵! 我们如果还有一点血气,早就应该
努力把它废除。起来吧! 为争我们国民的人格,为争我国家的独
立和自由,为争世界的永久和平,我们要以鲜血来消灭不平等条
约,我们要以头颅来打倒帝国主义。

　　如此集中地刊发社会各界的抗议书,而且矛头都对准了以日本为
代表的帝国主义,即便《京报》不加任何按语、评论,也足以说明这份报
纸和办报者邵飘萍的政治立场了。

　　3月18日,北京,春寒料峭。中共北方区委组织北京总工会、学生
联合会等六十多个团体和八十多所学校共约五千多人在天安门前集
会。李大钊发表演说,号召大家"用五四精神、五卅热血,反抗帝国主义
的联合进攻,反对军阀的卖国行动"。会后,二千多名群众结队前往段
祺瑞执政府请愿。

　　当队伍来到段政府国务院门前时,遭到埋伏军警的排枪射击和大
刀砍杀,当场打死四十七人,伤二百多人。几天后,鲁迅发表了著名杂
文《纪念刘和珍君》,愤怒地称3月18日是"民国以来最黑暗的一天"。
同一天,《晨报》副刊发表闻一多的文章,称3月18日"烈士们的死难不

仅是爱国,而且是伟大的诗"。刘半农、赵元任为纪念而作歌:

> 呜呼三月一十八,北京杀人如乱麻!
>
> 养官本是为卫国,谁知化作豺与蛇!
>
> 民贼大试毒辣手,高标廉价卖中华!
>
> 半天黄尘翻血花,甘拜异种作爹妈!
>
> 晚来城郭啼寒鸦,愿泉其首籍其家!
>
> 悲风带雪吹! 死者今已矣,
>
> 地流赤血成血洼! 生者肯放他?!
>
> 死者血中躺,伤者血中爬!
>
> 呜呼! 三月一十八,北京杀人如乱麻!

惨案之后,邵飘萍连续在《京报》第二、第三版的头条位置,以醒目的黑底白字手写标题,刊登群众集会抗议八国通牒、执政府杀人、段祺瑞召开秘密会议阴谋捕人等报道。

3月23日下午,北京各界万余人,在北大举行"三一八"死难烈士追悼会。北大三院门前扎着彩牌楼,左书"先烈之血",右书"革命之花",横书"三一八死难烈士追悼大会"。沿途的墙壁上,挂满了挽联诗词花圈。其中有一副挽联是这样写的:

> 请愿原非上策,但豺狼已在当途,于无可如何之际,亦不妨试他一试,又谁知铁道无情,人心似虎,可怜济济英才,尽随霹雳一声消失去!
>
> 革命岂可再迟,且英日正扼咽喉,在危急存亡之秋,也必须争了又争,庶几乎固步可拿,民主足补,凡我芸芸民众,快团结加紧干起来!

下午一时,会议主席、时任国民党市党部代表的陈毅首先发表演说,痛斥段祺瑞执政府丧权辱国、祸国殃民的罪行。可是他讲完话以后,等了好久还不见有人登台演说。正在他为冷场感到焦急时,突然有

北京各界追悼"三一八"死难烈士

一人揽起长衫,跃步登台,这个人就是《京报》社长邵飘萍。他演说中指责当局:"世界各国无论如何专横暴虐之君主,从未闻有对徒手民众之请愿外交而开枪死伤数十百人者!"但血债总有结算之日,他警告段祺瑞不要欺人太甚。同时,他又提醒大家,爱国切莫大意,要提防当局的迫害。

邵飘萍的演说震动了全场,与会者群情激愤,纷纷登台表态,大会最后通过三项提案:

一、通电全国定 3 月 18 日为废约纪念节;

二、在天安门建立"三一八"殉难烈士纪念碑;

三、筹备"三一八"殉难烈士国葬典礼。

"三一八"惨案发生后,担任北洋政府总理的段祺瑞被迫辞去所有职务。此后他退居天津,成为虔诚的佛教徒,每日吃斋、诵经、看书、下棋。1933 年,坚决不做日本汉奸傀儡,被蒋介石接到上海居住。

惨案以后,仅从 3 月 19 日起开始统计,《京报》在 3 月下旬的十二天内,登载各种消息、评论、通电、文章一百二十篇,平均每天十篇以上,最多的 3 月 22 日达十八篇。《京报副刊》从 439 号到 475 号内刊登文章一百零三篇。从 4 月初到 21 日邵飘萍被捕,《京报》刊登各类讨伐文章四十余篇,4 月 6 日、7 日,每天仍有六篇之多。这些报道涉及面广,影响深远,却也把邵飘萍送入险境。

1926 年 3 月底,背靠帝国主义的直奉联军占领天津,张作霖、吴佩孚立即召开军事会议,决定攻进北京之后,要镇压革命,逮捕进步人士,尤其是对邵飘萍,一定要杀掉。

北京此时已是一片白色恐怖,有的人害怕、退却、不革命了,有的人离京南下,保存实力。李大钊和国共两党的领导机关也一起迁入东交民巷苏联大使馆西院的兵营里。家人和朋友都劝邵飘萍暂时避避风头,可邵飘萍思前顾后,还是决定留守《京报》,他似乎做好了迎接风雨的准备。而等待他的,又是怎样的一场腥风血雨呢?

三、生死冤家张作霖

枪杆子与笔杆子

张作霖,字雨亭,是北洋奉系军阀首领,在日本军国主义支持下长期雄霸东北,俨然是盘踞一方的土皇帝。

张作霖幼年家境贫寒,为谋生,他卖过包子,当过货郎,学过木匠,后跟随继父学兽医、相马。甲午战争爆发后,他加入驻营口田庄台的毅军,后因表现出众,被提拔为伍长。战争失败后,他回到故里,投身草莽,1902 年被清政府收编。

武昌起义后,张作霖起兵勤王,任"奉天国民保安会"军事部副部长,镇压革命军,受到清廷破格奖赏,出任"关外练兵大臣",成为奉天省地方最大的军事首领。袁世凯出任大总统,他被任命为第 27 师中将师长;袁世凯称帝,他被封为子爵、盛武将军,督理奉天军务兼巡按使;袁死后,他被北京政府任命为奉天督军兼省长、东三省巡阅使,并在日本支持下长期盘踞东北,成为奉系军阀首领。此后,张作霖以东北为基地,向关内扩张势力。

无论关内的政治局势怎样变化,张作霖似乎并没受到什么影响,越是乱世,政权变更得越是频繁,对他越是有利——他可以在关外为所欲为,关起门来称王,打开大门受赏,这就是张作霖起家的基本过程。当然,他并不甘心局促于东北,随着实力的逐渐扩张,他也想要问鼎中原。

张作霖

1922年4月,张作霖发动第一次直奉战争。战败后,张作霖挟"东三省议会"推举自己为东三省保安总司令,宣布东北自治。1924年发动第二次直奉战争,打败直系军阀,控制北洋政府。1927年6月,张作霖在北京就任北洋军政府陆海军大元帅,代表中华民国行使统治权,成为国家最高统治者,并组成北洋军阀统治时期第32届、也是最后一届内阁,成为北洋军政权最后一个统治者。

就职一年以后,由于张作霖没有满足日本帝国主义的全部要求,被日本关东军炸死于奉天皇姑屯附近的铁路线上。张作霖的遗嘱,仿刘备死后的遗诏,上书:"余不幸归途遇险,今病势已笃,殆朝暮间人矣。余自京发从军,早自誓以身报国,今年五十有四,死已非夭,惟是报国之志未遂,不免耿耿尔。今以奉天重任付之学良,望汝善为料理,延聘贤良,修明内政,以慰父老悬悬之望,更望我袍泽同仁,事事以国家人民为重,戮力同心,精诚团结,余身虽死,亦瞑目矣。"

对于这样一位起兵于草莽的军阀,世人多有贬损,但也还是难以理解张作霖为什么会杀戮一位有名望的记者? 一位新闻记者为什么会有如此高额"成本"的付出? 由此,也留下了一个话题:当年的邵飘萍是如何以笔为旗,与这位杀人不眨眼的军阀头子对着干的?

与其说邵飘萍反感张作霖,还不如说他憎恶以张作霖为代表的地方军阀。他曾在一篇时评中写道:

> 吾人所以反对张作霖者,固因其违反民意,妄肆野心以武力逞威权,视战争如儿戏。独夫民贼,不应再听其专横,此就消极方面言也。惟其如此,故虽拥有东省之富庶,而财政紊乱,胡匪猖獗,暴敛横征,社会破产。数次侵略关内之战,皆耗费数千万金,何莫非东省人民之所负担,充其舍近图远穷兵黩武之虚荣心理。东省民力,将无复得资休养之期。推翻张作霖,即为划除整体地方之障碍,此就积极方面言也。

在他的心目中,地方军阀不但是穷兵黩武的代表,更是内乱不休的祸根。

当然,对于邵飘萍的这些言论,张作霖不会把它当成威胁。土匪出身的张作霖相信的是丛林法则,他不认为摇动笔杆子的书生能够撼动自己的统治,除非那书生真的煽动起了一批武装的反对者。

1918年2月,张作霖抢劫政府军械,邵飘萍为此撰写了一篇报道《张作霖自由行动》:

> 奉天督军张作霖,初以马贼身份投剑来归,遂升擢而为师长,更驱逐昔为奉天督军现为陆军总长之段芝贵,取而代之。"张作霖"三个字乃渐成中外瞩目之一奇特名词。至于今所谓"大东三省主义",所谓"奉天会议",所谓"未来之副总统",所谓"第二张勋",时时见之于报纸,虽虚实参半,褒贬不同,委之马贼出身之张作霖亦

沈阳张作霖"大帅府"

足以自豪也矣……

消息传来,此当中原多故、西北云扰之时,张督军忽遣一旅之师,截留政府所购枪械二万余支,陈兵滦州,观光津沽。当局莫知其命意,商民一夕而数惊。

寥寥数笔,邵飘萍即活灵活现地描画出了土匪出身的军阀张作霖的嘴脸,也得罪了这位东北土皇帝。张作霖即便再装聋作哑,再崇尚实用,也不会对一个整天给自己揭短的报人保持宽容。

这种钱我不要,枪毙我也不要

最让张作霖耿耿于怀的是1925年年底,邵飘萍对起兵倒戈的奉系旧部郭松龄的支持。

郭松龄是张作霖手下的一名副军长,与张学良情同手足。在第二次直奉战争中,他战功显赫,为奉军获胜立下汗马功劳。但是他是个新派人物,很看不惯军阀部队内一些陈规陋习,不时进言要改革军队,这就得罪了奉系的一些元老,张作霖和亲信杨宇霆也对他百般挑剔,另眼看待。他觉得奉军积习太深,张作霖脑筋太旧,赏罚不公,恩信不立,自己在这样的队伍里是不会有前途的。

邵飘萍对张作霖从来没有好感,但对奉系中以郭松龄为代表的一些思想比较革新的人物,则非常关注,《京报》也曾发表过不少赞扬郭松龄的文章。当邵飘萍知道郭松龄有倒戈反张之意时,他便更加抓紧做郭松龄的工作。邵飘萍还在冯玉祥、郭松龄之间穿针引线,支持他们签立密约,联合起来反对张作霖。

当时,冯玉祥驻京郊,郭松龄在天津,祝文秀经常专程替邵飘萍送密件。对此,祝文秀曾回忆说:

> 我经常为飘萍秘密送递文件,往返于京津、东北等地。飘萍每次要我代他去送信时,总是先朝我上下打量一下,然后把信拿出来,告诉我送信的地点,同时叮嘱我衣装打扮要华丽一点,阔气一点,有派头一点,应对时要机灵一点。

祝文秀为此还特意花高价买了一件华丽的旗袍。

冯玉祥与郭松龄于1925年11月22日签下密约。冯玉祥支持郭松龄回师关外,驱逐张作霖,做东北第一人。23日,郭松龄在滦州召开军事会议,以倡导和平为名,宣布回师奉天,准备兵谏。通电宣称:

> 松龄等为国家之元气计,为东三省之安全计,请愿倡导和平,班师出关,要求万恶主战之杨宇霆即日去职。推举张军团长汉卿为司令,以巩固三省之根本,发达三省之实业,保卫三省人民为职志。

郭松龄率部于11月29日占领绥中,30日改称东北国民军总司令。24日,冯玉祥也发出通电,历数张作霖的罪状,劝他引咎下野,以谢国人,并调整军队部署,以示对郭松龄倒戈的支持。郭军迅速推进,轻取榆关、绥中,12月3日,又在大雪天战胜退守兴城的由张作相率领的奉军。

12 月 7 日，一大张两整版的《京报特刊》以厚厚的铜版纸精印，上面满满当当全是最近左右时局的重要人物的照片，异常醒目。在每个人物下面，邵飘萍亲自撰写了介绍语，比如："保护京畿治安京畿警卫总司令兼京畿警察总监"鹿钟麟，"时势造英雄首先倒奉"之孙传芳，"通电外无所成自岳州赴汉口"之吴佩孚，"东北国民军之崛起倒戈击奉"之郭松龄，"忠孝两难"之张学良，"一世之枭亲离众叛"之张作霖，"鲁民公敌"张宗昌，"直民公敌"李景林，"甘心助逆"之张作相等。特刊一出，洛阳纸贵，京城民论沸腾。

在郭松龄节节取胜，进逼张作霖老巢奉天时，邵飘萍又撰文鼓励张学良"父让子继"，这些言论甚至流播到前线，奉系军心为之动摇，节节失利。已被郭松龄搞得焦头烂额的张作霖即刻汇款三十万元，赠给邵飘萍，想堵住他的嘴。三十万元，这个数字比袁世凯收买梁启超还多出十万，开创了军阀收买舆论界的新纪录。然而，邵飘萍却并不买他的账，他当即将三十万悉数退回，他对家人说："张作霖出三十万元收买我，这种钱我不要，枪毙我也不要！"

抵住诱惑的邵飘萍在《京报》上欢呼："西北和东北国民军之合力打倒奉张一派素与国民福利不相容、为中国革新前途大障碍之横暴势力。"并评价这一革命行动："虽不敢谓中国之政治面目即自是进于康衢大道，然至少可认为服从民意，警醒军阀，使中国发生一种新机运之益的行为。"还指出《京报》的这种评价反映了民意："凡曾受奉派恶势力之蹂躏，且比较奉派与国军两方主义与纪律之孰为优劣者，固莫不欢呼而承认也！"

邵飘萍似乎又和上次冯玉祥电邀孙中山北上的时候一样，对事态的发展充满了乐观情绪，却没有考虑到此事背后盘根错节的各方关系。

日本人对郭松龄倒戈反张十分关注。滦州举义后，日本政府即刻发表声明，"满蒙与日本有密切关系，对蒙满发生的事件，日本不能持旁观态度",但未表明在张作霖、郭松龄之间支持哪一个。他们静观事态的发展,一心想利用张郭战争来扩大对东北的侵略,伺机从张郭二人中选最得力的进行交易。

奉天日本关东军司令部

他们首先与郭松龄接触,但很快就意识到,一旦让郭当权,日本在蒙满的特殊利益将有丧失的危险。于是他们又把宝押在了张作霖身上。日方向张作霖提出关东租界地租期、南满铁路管理权延长九十九年、日本在蒙满享有种种特权,以及承认"二十一条"中关于蒙满地位的条款等条件,以此来换取支援。

12月19日,邵飘萍在《京报》揭露了日本与张作霖相勾结的阴谋:"然关于历来以中日亲善为口头禅之日本则何如乎?……东省日军阀之秘密援助张作霖,对东北国民军予以种种之不利,郭司令已正式提出质问,要求世界各国之公评。"

一个星期后,邵又在《京报》评论道:"日本所谓关东军司令者,以表面中立之饰辞,阴止东北国民军讨张之前进。如此办理,则虽张作霖众叛亲离,不留一兵一将,尚可以安居沈阳,是日本欲使沈阳与中国分离,成为化外。"

张作霖为了保住自己的位子,不惜出卖国家主权和牺牲民族利益。不久,日本关东军就对郭松龄发出了警告,接着又出兵一个师团直接进行干涉。1925年12月23日,郭松龄的部队遭到奉军和日军的联合夹攻,兵败被俘,翌日就被杨宇霆下令枪杀。

郭松龄被杀害后,邵飘萍在《京报》上总结失败的原因时,指出最大的败因是日本关东军的干涉。他在《日本暗助奉张之战功》一文中抨击:

> 日本阻止郭军之前进,各省严守中立态度,实际则使郭军中途淹留,奉张可以从容备战,致从九死一生中获得最后之胜利。故此次郭军之败,乃日本助张政策之成功,日本亦何爱于奉张乎？简而言之,日本侵略东省之成功而已。日本之外交,颇为敏捷而普避嫌疑,然今次竟不避嫌疑以补充守备名义而增兵东省,亦可知其大非得已矣！

真相披露后,在北方掀起了反日反张的民众运动,于是乎张作霖"乃有必死飘萍之心矣"。

春秋绝笔

1926年4月,张作霖、吴佩孚、阎锡山三面夹攻冯玉祥的国民军,正在赴苏联考察途中的冯玉祥不得不命令带兵的鹿钟麟率部退回南口至大同一线,开往西北地区。4月16日,《京报》报道了国民军总撤退的消息,并发表了《欢送国民军》的评论,内云:

> 凡人常失败狼狈之际,最足以验其节操,军队也然。现其败退之时,而秩序井然,纪律严整如故,此其所以为国民第一军也！……纪律堪为全国之模范,能实践"不扰民真爱民"之训言。……本报对撤退者加以安慰,即寓对进展者加以勉励之意,……能使北京市民高枕无忧,一如国民军未撤之日。

4月18日,张作霖的先头部队——张宗昌率领的直鲁联军开进北京。"狗肉将军"张宗昌的部队军纪最差,奸淫掳掠,无恶不作,至于封几家报馆,抓几个有"赤化"嫌疑的书生,更是不在话下。不日,直鲁联军公布了所谓的《维护地方治安公告》,共计二十七条,其中特别规定:"宣传共产,鼓吹赤化,不分首从,一律处以死刑。"

邵飘萍在亲友的苦劝下,把《京报》交给夫人汤修慧维持出版,自己躲进了东交民巷俄国使馆,并在六国饭店开了一个房间。他自己已经记不清这是第几次逃难了,但断没有想到这一次真的是一个劫数。

4月22日,邵飘萍在《京报》上刊登《飘萍启事》。在启事中,邵飘萍以皮里阳秋的文字总结了"鄙人之罪":

> 鄙人至现在止,尚无党籍(将来不敢予定),既非国民党,更非共产党。各方师友,知之甚悉,无待声明。时至今日,凡有怨仇,动辄以赤化布党诬陷,认为报复之唯一时机。甚至有捏造团体名义,邮寄传单,对鄙人横加攻击者。究竟此类机关何在?主持何人?会员几许?恐彼等自思亦将哑然失笑也。但鄙人自省,实有罪焉,今亦不妨布之于社会。鄙人之罪,一不该反对段祺瑞及其党羽之恋栈无耻;二不该主张法律追究段、贾等之惨杀多数民众(被屠杀者大多数为无辜学生,段命令已自承认);三不该希望取消不平等条约;四不该人云亦云承认国民第一军纪律之不错(鄙人从未参与任何一派之机密,所以赞成国民军者,只在纪律一点,即枪毙亦不否认,故该军退去以后尚发表一篇欢送之文);五不该说章士钊自己嫖赌,不配言整顿学风(鄙人若为教育总长亦不配言整顿学风)。有此数罪,私仇公敌,早伺在旁,今即机会到来,则被诬为赤化布党,岂不宜哉!横逆之来源,亦可以了然而不待查考矣。承各界友人以传单见告,特此答陈,借博一粲。

这是邵飘萍的绝笔。通篇看似为自己辩解,但处处可见"反语",反倒像是一篇檄文。两天后,邵飘萍不幸被捕。

四、血洒天桥

谁是告密者

天桥这个地方,元朝时还是大都的南郊。明嘉靖年间增筑外城,天坛、先农坛的北墙外,有一条东西走向的河,是皇帝从皇宫到两坛祭祀的必经之地。为此,这里建起了颇为壮观的汉白玉桥,以通"御路","天桥"由此得名。清朝乾隆年间,原本荒凉寥寂的天桥开始繁荣,这里艺人云集,演艺游乐、杂耍项目繁多,令人乐不思蜀,可谓"酒旗戏鼓天桥市,多少游人不忆家",是北京著名的娱乐街和商业区。

同时,天桥也是中国政治风云的历史见证。天桥南大道西侧刑场在 20 世纪 20 年代是许多人恐惧的地方和关注的焦点。这里记录的哀怨与悲壮、风光与飘零数也数不清。邵飘萍是其中死得冤枉、死得壮烈、死得有尊严的一位。

本来邵飘萍藏身于东交民巷的六国饭店,军阀是无法进入使馆区捉人的,他们就收买了一个与邵飘萍相识的报人张翰举,答应事成之后给他两万大洋,并许诺造币厂厂长一职。张翰举见奖赏丰厚,就不惜出卖人格和友情,前往使馆区四处寻找邵飘萍的踪影。在六国饭店见到邵飘萍之后,他谎称奉系军阀顾虑外人和舆论的力量,并不敢对邵飘萍下毒手,而且他已与张学良取得默契,只要邵飘萍改变作风,不仅其人身安全可以保证,《京报》也可以照常出版。

邵飘萍性格洒脱,但心思却很细密,住在使馆区的他行为很谨慎,却始终放心不下报馆,不时想回报馆看看情况。他打电话给张翰举,张翰举以"人格"担保邵飘萍不会出事。邵飘萍听信了张翰举的允诺,贸然走出六国饭店,打道回府。就在他处理完报务和家务之后,准备返回六国饭店时,在魏染胡同南口,他被早已等候在此的北洋侦缉队包围了。曾经提醒"爱国诸君注意"的邵飘萍这次却被人暗算了。

东交民巷六国饭店

再说说张翰举此人。张翰举是安徽人,其生前还有一"雅号"——"夜壶张三",也称"张野狐"。他是北京《大陆报》的社长。不过他采访新闻是专门奔走于八大胡同和梨园界之间的,专以刺探消息、造谣生事为能事。这"夜壶张三"一嘴脏话俚语,张口便是桃色新闻,可称得上是今日"八卦记者"的先辈。同是报界同行,邵飘萍平时和张翰举多有接触,一来二去就成了"朋友"。

可悲的是,有的时候,一个不值得做朋友的人,会阴差阳错地成为你一生中最可怕的"灾星",就比如张翰举之于邵飘萍。

邵飘萍深具才子文人的气质,他才华出众,风度翩翩,热情而倜傥不羁。因此,天南地北、三教九流中的许多人,都乐于和他交朋友。旧社会的戏曲演员,被人看作"下九流",而邵飘萍却视这些人为朋友和兄弟,杨小楼、马连良、韩世昌及荀慧生等,都是他家的座上客。

荀慧生出身贫寒,为生活所迫,7岁就被卖给河北梆子艺人庞启发为艺徒,整天练功、学戏,没有接受过教育,是邵飘萍鼓励他学文化。邵飘萍对荀慧生讲:要作一个好演员,就必须明了戏情戏理,没有文化是不行的。在邵飘萍和其他一些朋友的鼓励下,荀慧生勤奋自学,终于闯过难关,能写会念了。邵飘萍又建议他读报,让他通过读报继续提高文化水平,还启发他记日记——这样既可以提高写作能力,又可以在忆及往事时有据可查。于是荀慧生于1925年的农历九月开始写日记,记录人事交往,演出情况,更多的是记下了他人演出后的观感,是一部研究荀派表演艺术的第一手宝贵材料。

邵飘萍成名后,个人生活非常讲究,出入都是小汽车,他是民国第一位自备汽车采访的记者,汽车也给他的工作带来了很多便利,使他能够大模大样地出入一些别的记者进入不了的场合,连他的香烟都是特制的(上有"振青"的字样)。有一定经济能力的邵飘萍喜欢周济人,对有困难的人非常关心体贴。别人有所需求时,只要他口袋里有钱,总是慷慨帮助,即使弄到自己一文不名,他也不在乎。有一次为了帮助一个青年学生买书,他将自己口袋

荀慧生

中的钱全部送给了他。回到家里给朋友写信,信写好到邮局付邮资时,才发现口袋里连一分钱也没有了,只好临时把戴的一副眼镜当在邮局附近的当铺里,这才把信发走。

青年们因为经济困难,上不了学,有求于他时,他总是热情地帮助,直至无条件地承担他们的学费。每逢新学期开学,不见原来接受他帮助的青年人前来领取学费时,他都非常着急。知道地址的就写信去查

问,住址不清楚的,就在报上刊登启事,催他们来领。1922 年 1 月 19 日的《京报》上就有这样一则广告:

> 青年会学生李君鉴:前由鄙人担任每月辅助学膳费,乃两月余未来支取,亦无消息。因名号、住址、电话号数均已遗失,无从函送。见此广告,希速于上午 11 时来本馆一谈,至为盼祷。知名不具。

这个"知名不具"的人就是邵飘萍。邵飘萍的这些举动经常让接到资助和看到启事的人,大为感动。邵飘萍广结友好,不分三教九流,真诚相待,不负他人,但万万没想到却最终丧命小人之手。

小人的报应

不过,正所谓"恶有恶报"。邵飘萍牺牲后,张翰举也身败名裂。军阀对先前给予他的承诺,采取不认账的流氓伎俩,张翰举不仅没有捞到任何好处,反而从此成为京城报界人人弹讥的靶子。此后不久,张翰举就因为一桩"梅兰芳宅枪击案"而呜呼哀哉,到地府向邵飘萍认罪去了。

这桩所谓名噪一时的"梅兰芳宅枪击案",还要从 1926 年人们竞相议论的"梅孟之恋"说起。

"梅"是指名气如日中天的京剧大师梅兰芳,"孟"则是当时名满京华的余派老生演员孟小冬。孟小冬出生于上海,自小受家庭熏陶,喜好唱戏。1925 年,北京"第一舞台"上演一出大戏,出演大轴的是梅兰芳和杨小楼的《霸王别姬》,其次是余叔岩和尚小云的《打渔杀家》,再就是孟小冬和裘桂仙合演的《上天台》。此次演出之后,孟小冬声名鹊起,以后她的演出卖座率几乎与梅兰芳、杨小楼、余叔岩等不相上下。

这场恋爱是如何发生的,现已无从得知。最早曝光"梅孟之恋"的是《北洋画报》。1926 年 8 月 28 日,《北洋画报》上有一篇署名"傲翁"的文章说:"小冬听从记者意见,决定嫁,新郎不是阔佬,也不是督军省长之类,而是梅兰芳。"并刊发了梅、孟两位的各一张照片,照片下的文字则是"将娶孟小冬之梅兰芳（戏装）"和"将嫁梅兰芳之孟小冬（旗装）"。"梅孟之恋"因名人效应而引得世人瞩目。

1927年9月14日,在北京东四十条梅兰芳友人冯耿光公馆,发生了一起枪击案。事情源于京城中一纨绔子弟王惟琛。他一直暗恋孟小冬,可始终得不到孟小冬的肯定答复,在百般愁苦之际,听说孟小冬被梅兰芳"抢了去",他一时想不开,就持枪闯入冯宅,欲找梅兰芳理论。当时,梅兰芳和几个朋友正在吃午饭,佣人进来通报,说有一个"约20岁左右的大学生"要和梅兰芳当面谈谈。

在座的张翰举听了后自告奋勇,要先去调解。他来到客厅,还未开

梅兰芳《生死恨》剧照

口,就见王惟琛从口袋里掏出一把手枪,抵住张翰举并叫道:"你叫梅兰芳出来见我!"当他听说梅兰芳不在时,便要梅家赔偿他五万元,作为自己的精神补偿费。拿到"赔偿"之后的王惟琛,将张翰举挟持为人质,一步步离开冯宅。刚走到大门口,王惟琛发现他已经被军警死死包围了,连周围屋顶上都有荷枪实弹的军警。他方寸大乱,紧张中扣动了扳机,张翰举应声倒下。见人质已死,军警们众枪齐发,王惟琛当场毙命,此后他又被枭首示众三日。

在报人管翼贤的《北京报纸小史》一文中,有这样一段记载,说:

张翰举素与梅兰芳最契。时有某大吏之子,与名坤某交往甚密,花费金钱甚多,而某坤伶又欲委身梅郎。大吏子不能忍,拟以手枪对付情敌,数至梅郎私寓寻仇未果。某日,梅郎应东四十条银

行家冯耿光之召,大夯子跟踪而至。适野狐亦在冯处,张氏素好事,当时声言,愿作调人,即与大夯子同车寻某坤伶,未见,复回冯宅。冯宅骤以电话告知宪兵司令部,谓有强盗持枪索款。兵至,即向屋内开枪。恰值张氏与大夯子谈话,二人同死于枪弹之下。事毕,将大夯之子首悬于正阳门外示众,指为强盗云。

这段文字,与上述事实相去不远。

孟小冬

这场混乱中,死得最冤的是张翰举。事后梅兰芳深感歉疚,他包揽了后事,并赠送给张家位于麻草园的房屋一幢和现金两千元。而所谓"梅孟之恋",也终于未能长久。孟小冬后来跟随了上海滩的"闻人"杜月笙,60年代死于台湾。

以身殉道,以身殉报

1926年4月25日,《北京晚报》刊登了"京报馆被封"和"邵飘萍先生被捕"的消息,北京各界名流闻风而动,全力进行营救。以杨度为首的十三位代表前往石老娘胡同求见张学良将军。张学良毫不隐讳地说:"逮捕飘萍一事,老帅和子玉(吴佩孚)及各将领早已有此种决定,并定一经捕到,即时就地枪决。此时飘萍是否尚在人世,且不可知。余与飘萍私交亦不浅,时有函札往来。惟此次碍难挽回,并非因其记者关系,实以其宣传赤化,流毒社会,贻害青年,罪在不赦,碍难做主。"

代表们又恳请军方能本着尊重舆论的善意,释放或监禁邵飘萍,免除其死罪。张学良始终不为动容,他说:"飘萍虽死,已可扬名,诸君何必如此强我所难……此事实无挽回余地。"同日,《黄报》社长薛大克送急件给张学良,《东方时社》记者张培风也去求张学良网开一面,但这些努力都是徒劳的。

4月26日凌晨一时许,警厅把邵飘萍提解至督战执法处,"严刑讯问,胫骨为断",秘密判处他死刑,所拟罪状为:

> 京报社长邵振青,勾结赤俄,宣传赤化,罪大恶极,实无可恕,着即执行枪决,以为炯戒,此令。

凌晨4时30分,邵飘萍被押赴天桥刑场。临刑前,他还向监刑官拱手道别,并且用满含嘲弄的语气调侃道:"诸位免送!"然后他昂首面对尚未露出一丝晨曦的天空,哈哈大笑,枪响之后,他的笑声也戛然而止。

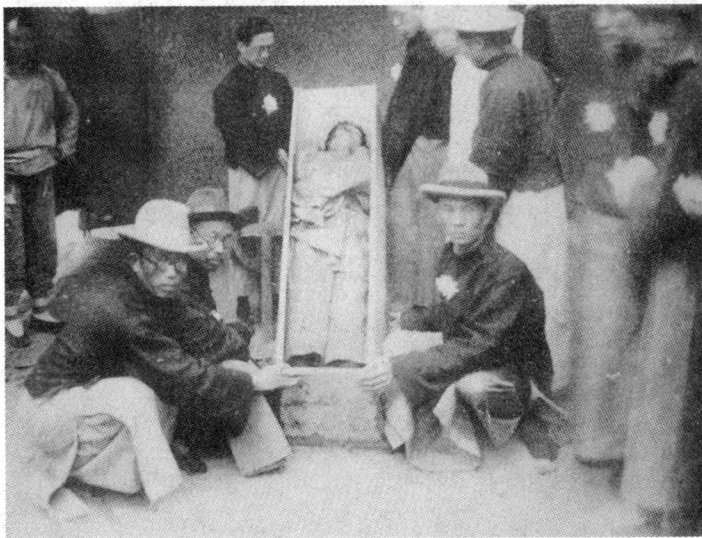

刚刚挖掘出的邵飘萍遗体

邵飘萍饮弹身亡,他的遗体被收殓在一口薄棺材里,浮埋于崇文门外义冢墓地上,墓前插着一块长条木牌作标志,上书"邵飘萍墓"。

4月27日,邵飘萍的亲属、同事同乡和好友,一起来到崇文门外二郎庙,找到了邵飘萍的浮灵。他们打开棺盖,只见邵飘萍浑身鲜血,头发蓬乱,双目怒视。子弹是从后脑进入,从脸部左颊穿出,惨不忍睹。汤修慧和祝文秀当即晕绝,众人大恸。从起穴到从殓,京剧名家马连良冒着生命危险为邵飘萍留影。

整个丧期,邵飘萍的两个儿子——邵贵生、邵祥生一直住在东交民巷的德国医院,以防军阀斩草除根,他的侄儿邵逸轩为他披麻戴孝。邵飘萍的棺木被安置于北京近郊的天宁寺,他的灵柩在这座北京城南的荒寺中,听凭风雨销蚀,直到 1985 年才入土为安。

邵飘萍被害的消息震动了国内外。《时事新报》撰文哀悼邵飘萍,赞誉他躯体虽死而精神不死,"上海公团联合会,各省旅沪公民协会,沪杭各报馆,均有电代为呼吁;江苏省党部并发表宣言唤醒民众,谓此非邵氏一人之问题,北京日本记者协会亦发表宣言,谓此种暴庚之行为,在人道上既难默许,亦为法治国之大污点,各报并多撰文哀悼"。

《向导》周报发表文章,陈述了邵飘萍蒙难的经过:"奉军在北京之暴行,北京各报多惮不敢言,惟《京报》社长邵飘萍尚以深刻讽刺之笔,据实直书,因此大遭奉军首领之忌,欲杀之而甘心。邵卒被其友人所卖而被捕,判以死刑,于 4 月 26 日枪毙。……至此以后,北京报纸愈噤若寒蝉,不敢有所陈述。较激烈的分子,多纷纷逃出北京。"文章赞扬邵飘萍是"北方舆论界平常反对帝国主义及奉系军阀最激烈"者,号召"全国舆论界,应该为邵飘萍君之死而力争言论的自由和人权的保障"。

冯玉祥得知邵飘萍被害,顿时失声痛哭,他大呼"振青是为我而死"。直到 1928 年 7 月,他对北京新闻界发表演说,还赞扬邵飘萍"主持《京报》握一枝毛锥,与拥有几十万枝枪支之军阀搏斗,卓绝奋勇,只知有真理,有是非,而不知其他,不屈于最凶残的军阀之刀剑枪炮,其大无畏之精神,安得不令全社会人士敬服"!

邵飘萍被军阀如此明目张胆地公开杀害,在 20 世纪的中国历史上开了一个极为恶劣的先例。民国资深记者陶菊隐先生在《北洋军阀统治时期史话》一书中称:"自从民国成立以来,北京新闻界虽备受反动军阀的残酷压迫,但新闻记者公开被处死刑,这还是第一次。"

五、萍水相逢百日间

一样飘萍身世

旧时代的尾声,往往是最黑暗的。而黑暗的最后,往往充满了血腥。

悲剧一旦开始,就要以更加疯狂的状态持续下去,直到疯狂者被彻底击垮为止。

然而,往者已矣,作为后人只能说一句:他们的鲜血没有白流。但这句话,与他们鲜活的生命、淋漓的元气相比,显得那么苍白。

北洋军阀统治时期,北京新闻业的入行门槛很低,用两三百元就可以办一个简单的通讯社。虽然政权更替频繁,今天骂了谁,明天可能那个人就上台执政了,使得新闻这个行业充满风险,但这并不影响新闻人趋之若鹜。也正因如此,报人因言获罪,因文字贾祸的案件屡见不鲜,在北洋军阀当政时期的报人案件中,又以"青萍白水案"最为有名,其中"青萍"是指邵飘萍,"白水"为林白水。

邵飘萍原名邵振青,飘萍只是他的笔名。他的老朋友,也是民国时期的著名报人包天笑曾经劝过邵飘萍别用这个名字,因为"飘萍两字不好,有轻浮之意"。邵飘萍答曰:"人生如断梗飘萍,有何不可?"这一问一答,恰是邵飘萍命运的写照。

林白水的本名是林万里,字少泉,笔名白水,"泉"字身首异处即为"白水"。他笔锋犀利,文章亦庄亦谐,辛辣无比,深受普通民众的欢迎,以致"白水"之名淹没了他的本名。林白水主持的《社会日报》社,距离《京报》馆不远,他的住所也与邵飘萍住地相近。邵飘萍被害不久,林白水也被张宗昌枪杀了。

林白水(1874—1926),出身于福州一户"书香门第"。19岁时,才华已很出众,但他坚决不去参加科举考试,而是应聘当了私塾老师。那户人家也姓林,几个受教的子侄林长民、林肇民、林尹民、林觉民,后来都是鼎鼎大名的人物。

林白水的叔叔林少谷是北洋海军的右营参将,在甲午海战中,英勇殉国。他遗下两个未成年的孩子,全靠二十岁的林白水抚养。这使林白水更加认识到教育是救国的第一要义,因此他主持创办了福州第一所正式学校——福州蒙学堂。在他的学生中间,后来有十几个人参加了黄花岗起义,成为革命烈士。

千秋白水文章

自1901年林白水参与创办《杭州白话报》后,他便和报纸结下不解之缘,前后自办过七八份不同的报纸。他是中国近代提倡白话文的先驱,也是我国新闻史上最早用白话文写作的政论家之一。

1904年他创办的《中国白话报》是一份形式和内容都非常独特的报纸。那一时期报刊不分家,名为"报",实际是期刊,先是半月刊,后是旬刊。该报发行量从创刊时的数百份到后来增至上千份,报纸的所有文章几乎都是林白水自己写的。慈禧太后70岁生日的时候,林白水发表了一副对联:

今日幸西苑,明日幸颐和,何日再幸圆明园?四百兆骨髓全枯,只剩一人何有幸?!

五十失琉球,六十失台湾,七十又失东三省!五万里版图弥蹙,每逢万寿必无疆!

此对联字字辛辣,把慈禧太后的嘴脸刻画得入骨三分,一时广为传诵。

在林白水创办的报刊中,最有名的是《新社会报》与《社会日报》。

1922 年春,《新社会报》因攻击吴佩孚遭封闭。林白水索性把报名改为《社会日报》,并发表社论说:"自今伊始,斩去'新社会报'之'新'字,如斩首然,所以自刑也。"他的文风辛辣尖刻、冷峭凌厉,令当局十分畏惧,有时竟会想出下三滥的手法来对付他。曹锟贿选总统期间,林白水揭穿了他给每个议员每月津贴六百元、每张选票五千元大洋等内幕,并把那些受贿的议员斥为"猪仔",在报上痛骂不已。曹锟无奈,派人将报馆封闭,把林白水"请"到侦缉队软禁了三个多月,直到他坐稳了总统的宝座才放人。

1923 年 1 月 25 日的《社会日报》时评针对潘复骂道:

> 你们山东人应该知道,你那位贵同乡潘大少名复,快要做山东省长了。讲起这位潘大少,他的做官成绩,实在可惊。他统共做了一年零几个月的财政次长兼盐署署长,在北京就买了两所大房子,连装饰一切,大约花去十万块钱。又在天津英界,盖一座大洋房,光是地皮,就有十亩之大,一切工程地价,统共花去十五万块钱。你想,一年半的次长,能有二十五万买房子的大成绩,其他古董、器具、陈设怕不也得花十几万块钱吗?就这一项简简单单的大房子,已经值得四十万左右,那么这位潘大少的穿衣、吃饭、赌钱、经商、供给姨太……

潘复是谁?潘复(1883—1936),出身官宦之家,自幼从父读书,家训甚严,在学业上颇有成就。他博览群书,涉猎报刊杂志,精通时务,深为当时士大夫阶级所称道。1920 年 1 月,潘复当上了财政次长兼盐务署长,是靳云鹏组阁任国务总理后一手提拔起来的。从此以后,潘复利用靳云鹏的关系,奔走于北洋军阀各派系之间,寻找更多的政治靠山。因为靳云鹏与张作霖是儿女亲家,故张作霖对潘复也倍加赏识。张作霖嗜赌,潘复就投其所好,在赌场中故意认输献媚于张作霖,成为上层官员们互相口传的一个笑柄。

1926 年 6 月 18 日,张作霖以大元帅名义任命潘复组阁,这是北京政府第 32 任内阁,也是最后一任内阁,潘阁名单如下:

国务总理	潘　复
内务总长	沈瑞霖
财政总长	阎泽溥
外交总长	王荫泰
军事总长	何丰林
司法总长	姚　震
教育总长	刘　哲
实业总长	张景惠
农工总长	刘尚清
交通总长	潘复(兼)

潘复得势,与张宗昌如影随形。林白水看不惯,于 8 月 5 日写了时评《官僚之运气》,骂吴佩孚、张宗昌,更骂潘复:

> 狗有狗运,猪有猪运,督办亦有督办运,苟运气未到,不怕你有大来头,终难如愿也。某君者,人皆号称为某军阀之肾囊,因其终日系在某军阀之胯下,亦步亦趋,不离晷刻,有类于肾囊累赘,终日悬于腿间也。此君热心做官,热心刮地皮,固是有口皆碑,而此次既不能得优缺总长,乃并一优缺督办,亦不能得,……可见表面炎炎赫赫之某肾囊,由总长降格求为督办;终不可得,结果不免于刮池子之玩笑,甚矣运气之不能不讲也。

8 月 5 日,潘复看到《官僚之运气》的当晚,先是令人给林白水打电话,要他在报上更正并且请罪,林以"言论自由,岂容暴力干涉"断然拒绝。潘复恼羞成怒,在张宗昌面前告状,要求将林白水立即处死。

1926 年 8 月 6 日凌晨一点,北京宪兵司令王琦诱捕了林白水。

林白水被捕的消息传出,京中友好纷纷前去营救,杨度、薛大可等苦求张宗昌,薛大可更是长跪不起,但同样没能挽救林白水的性命。

8月6日清晨4点10分,林白水被押赴天桥刑场,以"通敌有证"的罪名枪决。当时的情形,据天桥春茗园茶馆的小老板介绍:"七八个宪兵从一辆人力车上拽下一个穿白布大褂的白发老人。老人被宪兵簇拥着推上垃圾堆坡上,身子尚未立稳,枪就响了。"

这一天离邵飘萍被杀相距不过百日。两个著名报人因为"说人话,不说鬼话"、"说真话,不说假话"在同一地点遭公开杀戮,被世人慨叹地称为"萍水相逢百日间"(1928年北京《自立晚报》的新闻标题)。

邵飘萍与林白水先后因抨击军阀而遭杀害,常被后人赞颂。但在当时的研究系议员刘以芬的眼里,林白水却是一个"色厉内荏"的人。刘以芬在《民国政史拾遗》一书中说,有一个叫张弧的人,清末的时候在福建提学使手下办学务,专门请林白水来主理小学堂,两人交情匪浅。后来,张弧在军阀政府里当了财政次长,随后又升任财长,做官期间,经常资助林白水。当张弧的资助满足不了林白水的欲望时,林白水就在自己办的《社会日报》上撰文抨击,说张弧没什么理财本事,只会打麻将而已。这个故事的真假无从考证,但就其一生来看,正如其同乡、著名记者邓拓1962年说的:"无论如何,最后盖棺论定,毕竟还是为反抗封建军阀、官僚而遭杀害的。"

幸运的成舍我

就在林白水被杀的第二天,《世界日报》社长成舍我也被宪兵司令部强行逮捕。那时京城中无人相信他能够死里逃生。有些特别关心的朋友,还等在天桥刑场附近,准备做最后的辞别。

但出乎所有人的意料,被捕后第四天,成舍我就回到《世界日报》照常工作。第二天报上登了条特别启事:"平此次被捕,情势危急。幸蒙军事当局及宪兵司令王君景韩,曲予矜全,业于十日下午七时安全回寓。被捕期间,承各方师友竭力营救,再生之德,没齿难忘。除即日分别叩谢之外,恐劳锦注,谨先奉闻,伏维垂察。成平谨启。"

这则启事中提及的"王君景韩",就是抓了林白水的王琦。当晚他抓走成舍我后,赶去请示张宗昌,恰巧那天张宗昌新娶了一位姨太太,副官说:"王司令,你怎会这样不凑巧,今晚大帅好日子,只要人抓到了,什么时候都可以杀,何必抢在此刻,来惹大帅恶心呢?"成舍我就这样暂时保住了性命。

成舍我的夫人被邵飘萍、林白水的遇难吓破了胆子,她跑到孙宝琦府上泣跪哀求。为什么求助孙宝琦?这是因为成舍我的《世界晚报》曾经多次有恩于他。1923年曹锟当上总统,翌年孙宝琦出任国务总理。他上任不久,遭到财政总长王克敏等同僚的强烈反对。由于京城许多报馆拿了王克敏的津贴,所以舆论界出现了"拥王反孙"的局面。

京城的民众多同情孙宝琦,因为王克敏乃"金佛朗案"的罪魁祸首,早已失去了人心。此时的《世界晚报》顺乎民意,对孙表示了同情;而张恨水在副刊《夜光》上也常作几首打油诗讥讽王克敏。孤立无援的孙宝琦对成舍我可谓感激涕零,尤其获悉"成舍我不过是二十多岁的青年,就有如此见解",更表钦佩。后来他派儿子到成府致谢,留下一张两百大洋的支票,但被成舍我拒绝了。

1924年,《世界晚报》刊登国务院所发关于德发债票分配的通电。声称,德发债票如果可以解决,尚可收现款一千五百万余元。此款已由国务会议决定,由财政部开列分配清单,提经国会两院议决,才能分发。

"德发债票"在当时是一个各方都非常敏感的问题。第一次世界大战中,当中国向德国宣战后,对德国战前在中国发行的各种债票停止支付本金和利息。战争结束后,按国际惯例应该恢复支付,中国为向德国索取战争赔偿,继续拒绝支付。1921年,中德协约规定,德国将现洋四百万元,津浦、湖广铁路债券及到期的息票支付中国政府,作为战争赔偿。从此,对这批德国债票,各方都虎视眈眈。这次关于德发债票将由中央财政掌控调配的消息,是由与王克敏不和的孙宝琦故意泄露给《世界晚报》的。第二天,《京报》等报纸也刊登了这个消息。

孙宝琦

这件"不宜声张"的事情公开之后,国务院秘书厅大为窘迫,赶快出面否认,说此乃奸人捏造,意在挑拨,国务院秘书长王继增函请京师警察厅对《京报》严加惩办。不愿当"替罪羊"的邵飘萍十分不满。他以首先登载的《世界晚报》无人问罪,而转载的《京报》反而要法办,在报纸上公开质问王继增和孙宝琦。由于德发债票的问题始终没有定论,再加上与曹琨、王克敏等人的矛盾,孙宝琦不久被迫辞职,这件事情也就不了了之了。

因为这些关系渊源,孙宝琦对成舍我的事情感到责无旁贷,他二话没说便直接找张宗昌说情。张宗昌列举了成舍我的"三大罪状":第一是恶毒反奉;第二是和冯玉祥有密切关系;第三是接受了广州孙中山革命党的十万元宣传费。

孙宝琦亲自赶回去取证,并写信附上报馆欠银行款项的账单,以及私人债主的名单、债款数目和一些当票,证明成舍我的报馆"都是由他个人辛苦经营,白手起家,从没有任何背景。他本身生活十分艰苦,恐怕十万元之说,未必可靠"。张宗昌回话:"成舍我罪情重大,本应枪毙,既承亲嘱,可改处有期徒刑。"孙宝琦又亲自去要求保释,张宗昌答复要审查最近十天的报纸内容才可决定。几经交涉,张宗昌终于在第四天下午,派一名副官把成舍我带到孙宝琦在永康胡同的私人花园。这位副官拿出一张大卡片,上面写着:"兹送上成舍我一名,请查收。"孙宝琦也写了一张回卡:"兹收到成舍我一名,孙宝琦。"成舍我被张宗昌当作"礼物"送还孙宝琦,免除了杀身之祸,也为民国保留了一位名记者。

正气长存

1926年8月,郭春霖、徐宝璜、成舍我、孟宪章、胡政之、张恨水、金诚夫、张季鸾、黄天鹏等八十余人,倡议为邵飘萍、林白水两人合开追悼会。《京报》刊出"通启":"当军阀盘踞之秋,正瓦釜雷鸣之日,而邵、林两先生独持政论,竟以身殉,人尽呼冤,世间惋惜……"

8月19日,北京市长何其巩,在下斜街全浙会馆主持邵飘萍、林白水的追悼会,追悼会极尽哀荣。会场当中高悬一联,把两人的名字嵌入其中:

　　　　一样飘萍身世,
　　　　千秋白水文章。

冯玉祥撰:

　　　　二人直笔拟鳞经,发伏摘奸,直史高风堪继武;
　　　　百战关山犁虎穴,秉公旌直,北邙宿草亦增光。

何其巩撰:

　　　　两公直笔秉春秋,严贬荣褒,疾首斥奸宁玉碎;
　　　　千秋大名垂竹帛,英风正气,招魂息壤有灵来。

著名报人林步随撰:

　　　　笔有阳秋,文字真成孙盛祸;
　　　　狱无佐证,士民争讼陆机冤。

这里的"阳秋"即春秋,东晋简文帝郑后小字"阿春",因此讳"春"为

"阳"。东晋大将桓温北伐失败，名士孙盛作《晋阳秋》，大加嘲讽，因此下狱。陆机兵败遭诬陷，被成都王司马颖杀害，同属冤案。此联的意思是指记者为历史写"初稿"而蒙冤被害，实在是冤枉啊！

"青萍白水"案后，北京新闻界一时万马齐喑，陷于一片血色恐怖之中，人们似乎明白了一个道理：不管闲事是个人自由最好的保障，振臂一呼应者云集的英雄不好当。但也正如同被奉系军阀杀害的李大钊所言：

> 人生的目的，在发展自己的生命，可是也有为发展生命必须牺牲生命的时候。因为平凡的发展，有时不如壮烈的牺牲足以延长生命的音响和光华。绝美的风景，多在奇险的山川。绝壮的音乐，多是悲凉的韵调。高尚的生活，常在壮烈的牺牲中。

历史似乎注定要让那些有高度道德和理性精神的人比常人经历更多的苦难，付出更大的代价，有些时甚至是生命的代价。

为了彻底推翻北洋军阀的反动统治，1926 年 7 月，国民革命军约十万人从广东分三路正式出师北伐，蒋介石任总司令。以共产党员和共青团员为骨干的第四军叶挺独立团，担任北伐先遣队，他们英勇善战，获得了"铁军"的光荣称号。在民众和舆论的支持下，国民革命军迅速向前推进：西路军解放了湖南，攻克了湖北武汉，中路军解放了江西，东路军解放了福建。

在北伐军胜利进军的同时，退守绥远一带的冯玉祥的国民军，在苏联和中共的帮助下，1926 年 9 月中旬在五原誓师。刚从苏联回国没多久的冯玉祥，率国民军集体加入了国民党，担任了国民联军总司令。11 月，国民军占领甘肃、陕西两省，在北方策应北伐军的进军。不久，又从潼关、紫荆关进入河南作战，有力地配合了南方北伐军的战斗。

1927 年初，北伐军先后击溃北洋军阀吴佩孚、孙传芳等军队的主力，占领了半个中国，取得了伟大的胜利。

1928 年 12 月 29 日，张学良在东北，不顾日本人的反对，排除杨宇霆的

"纪念北伐胜利"特刊

身穿中山装的张学良与蒋介石

干扰,毅然宣布"易帜"。南京国民政府任命张学良为东北边防司令长官。
在就职典礼上,张学良身穿中山服,向总理遗像宣誓。至此,全国统一,北洋
军阀割据的局面终告结束,中国进入到下一个历史轮回。

附：

邵飘萍与《京报》大事年表

1886 年

10 月 11 日,生于浙江省东阳紫溪村。

1899 年

应科举考试,中秀才。

1906 年

考入浙江省立高等学堂(现浙江大学前身)。

1907 年

与秋瑾建立通信联系,为《申报》写地方通讯。

1908 年

与陈布雷、张任天办《一日报》,初次尝试办报。

1909 年

任金华中学历史、国文教员,并被《申报》聘为特约通讯员。

秋,与沈小仍完婚。

1911 年

12 月,参与筹组《汉民日报》。

1912 年

1 月 3 日,任《汉民日报》主笔,正式进入新闻界。

1 月 22 日,任《浙江军政府公报》编辑。

年初,与汤修慧结婚。

1913 年

春,任《汉民日报》主笔及经理,兼《申报》、《新闻报》特约通讯员,并被推为省报界公会干事长。

5 月 9 日,发表时评《呜呼,共和国人民之生命财产》。

秋,白朗起义爆发,撰《草木皆兵》一文,对袁世凯进行辛辣的讥讽。

8 月 10 日,被都督朱瑞以"扰害治安"罪和"二次革命"嫌疑罪名逮捕,《汉民日报》遭封闭。

秋,被营救出狱,回金华。不久返回杭州,暂任教于女子师范学校。

1914 年

春,东渡日本,入东京法政大学,并与同窗潘公弼、马文车组织"东京通讯社"。

1915 年

春,袁政府与日本进行的"二十一条"交易内幕曝光,邵飘萍电报国内,与国内舆论界一道揭露国耻。

1916 年

春,应上海新闻界的联合邀请,放弃学业,返回国内,在沪主持《时报》、《申报》、《时事新报》笔政,投入护国反袁运动,直至袁世凯在举国声讨中死去。

7 月,赴京出任《申报》驻京特别记者,成为中国新闻史上第一个享有特派员称号的记者。

同月,创办"新闻编译社",是北京第一家国人通讯社。

11 月,参加爱国政治文化团体——南社。

1917 年

春，为章士钊代管《甲寅》。

6 月，张勋复辟，"新闻编译社"被迫暂停。

7 月 15 日，"新闻编译社"恢复发稿。

1918 年

春夏，支持学生救国会，筹办《京报》。

10 月 5 日，独立出资创办《京报》、附刊《小京报》，自任社长。

10 月 14 日，北京大学"新闻学研究会"创立，出任导师，亲自授课。

10 月 20 日，担任《国民》杂志社顾问。

1919 年

5 月，关注巴黎和会和中国山东问题，积极参与各种爱国活动。

5 月 3 日，到北大全体学生大会上作重要演说，点燃学生们的爱国激情。

5 月 4 日，紧密配合爱国学生运动，对"五四运动"予以全力支持。

8 月 22 日，遭北京政府通缉，《京报》被封，避逃天津、上海。

冬，经张季鸾推荐，受聘于日本《朝日新闻》社。

1920 年

在日期间，潜心研究马克思主义，著有《综合研究各国社会思潮》、《新俄国之研究》。

3 月，助力李大钊、高君宇、邓中夏、罗章龙等人发起组织的马克思主义研究会。

4 月，《综合研究各国社会思潮》由商务印书馆出版发行。

5 月 5 日，在《妇女杂志》发表《避妊问题之研究》，把人口问题提高到"国策"地位。

5 月 25 日，在《东方杂志》发表《俄国新政府之过去现在未来》一文，阐发对俄政策。

8月,《新俄国之研究》出版发行。

9月20日,《京报》复刊。

1921年

1月22日—2月5日,《京报》连载《犹太人与俄国社会》,说明犹太人在俄国革命中的重要性。

1月20日,《京报》辟《青年之友》专版。首期刊登了《人生哲学与唯物史观》、《劳农政府中之三女杰》等文章。

4月19日,《京报》辟《北京社会》专版,开始揭露北京社会生活的真实情况。

4月24日,《京报》刊登《马克思主义之分化》一文,并首次刊登马克思和夫人燕妮的肖像照片。

5月13日,《京报》报道苏共第14次代表大会,发表《列宁最近之演说》一文。

5月22日,《京报》馆、新闻编译社首次搬迁。

5月25日,《京报》报道列宁的俄国经济沿革论。

7月9日—27日,《京报》刊登《太平洋会议与我国》,突出太平洋会议的重要意义。

8月14日,《京报》馆征聘西北各处访员。

12月16日,《京报》发评论《二十一条之提出于大会》,疾呼政府、国民奋起废弃"二十一条"。

1922年

1月上旬,集资筹办昭明印刷局。

1月25日、26日,《京报》载《香港水手罢工情形之详记》,报道香港海员大罢工。

3月开始,支持由北京马克思学说研究会以会员个人名义发起的非宗教运动。

3 月 26 日,《京报》开始由昭明印刷局承印。

4 月 26 日,发《京报增刊》,纪念詹天佑铜像揭幕。

4 月 28 日,《京报》刊登《避妊问题之研究》,宣扬"少生少死,少生多教"。

8 月 20 日,亲撰评论《促中俄外交关系之进步——欢迎苏俄代表越飞君》,力倡中苏建交。

8 月 24 日,民权运动大同盟在北京湖南会馆召开成立大会,《京报》发表邓中夏等共产党人的文章,号召人民起来争取民主权利。

9 月 29 日、30 日,《京报》登《萍安罢工五日记》,记录了中共领导的安源煤矿大罢工。

10 月 10 日,《京报》首发《经济新刊》。

10 月 23 日,《京报》首发《小说周刊》。

11 月 9 日,《京报》载文《越飞招待各界代表志盛》,纪念俄国革命五周年。

11 月 24 日,《京报》刊登列宁在共产国际大会上的演说《国家资本主义为革命应有步骤》。

1923 年

年初,北京平民大学添设新闻学,聘邵飘萍为主任教员,讲授新闻采访学。

1 月 16 日,《京报》附刊《经济半月刊》登载李大钊在北京大学经济学会的演讲——《社会主义下的经济基础》。

2 月 6 日,《京报》以"京汉路工人昨起大罢工"的大字标题发布京汉铁路大罢工消息。

2 月 8 日,《京报》以《昨日长辛店枪击工人大惨剧》为题,详细报道"二七"惨案发生的经过和真相。

2 月 11 日,《京报》附刊《教育新刊》,登载瞿秋白的文章《苏维埃俄罗斯之教育政策》。

3月9日,《京报》刊登"第三国际慰问京汉路工"的消息。

5月5日,《京报》公开发行马克思主义研究会编辑的《纪念马克思特刊》,免费赠送订户。

9月,《实际应用新闻学》出版发行。

1924年

春,受聘于国立政法大学,讲授采访学、报纸编辑、经营管理等科目。

2月16日,《京报》以《北大教授请恢复中俄国交致书顾少川王儒堂表示意见》为题,发表北大四十余名教授的意见,力促中苏建交。

2月30日,《京报》发行《列宁特刊》,免费赠送订户。

6月1日,亲自书写"中俄协定昨已正式签字"的通栏大标题和"我国昨日正式承认苏俄"、"为中俄建交前途庆祝"的副标题刊于《京报》。

夏,《新闻学总论》出版发行,与《实际应用新闻学》成为中国最早一批新闻学著作。

应冯玉祥之邀,赴南苑观看督军阅兵式,建议冯玉祥赴苏考察学习、投靠国民革命军。

10月,邀请孙伏园主编《京报副刊》。

10月下旬,《京报》在舆论上积极支持冯玉祥发动的"北京政变"。

12月5日,《京报副刊》发刊,此后又借助社会力量增办各种副刊达二十余种。

同月,关注孙中山先生北上,赞誉广东革命政府的功绩,积极支持孙中山主政。

1925年

1月20日,京报附刊《图画周刊》创刊号上登出"全国景仰之中山先生"的照片。

1月27日,邵飘萍被冯玉祥聘为西北督军高等顾问。

2月24日,在北京妇女国民会议促成会筹备会演讲。

3月14日,《京报》大字标题报道《痛悼孙中山先生国内外一致》,缅怀孙中山。

3月28日,《京报》刊登北京大学声明,驳斥教育部严防李大钊等共产党训令。

4月2日,《京报》组织发动民众为孙中山先生哀悼和送灵。

4月21日,鲁迅先生主编的《莽原》创刊。

6月1日,《京报》以"本社30日下午3时上海专电 沪租界印捕枪杀学生之惨剧"的大标题报道"五卅"惨案。

6月2日—5日,《京报》进一步报道"五卅"惨案和全国各界的反应、声援,公开署名"飘萍",发表《外人枪毙学生多名巨案》《愿国民注意根本问题》等评论,提出"打倒外国强盗!严惩外国凶手!"

6月9日,《京报》刊出"停止英、日一切广告声明"。

6月10—16日,《京报》广告栏刊登启事:"一律免费,为爱国组织、反帝团体刊登简章、通知、通告……"

6月1日至7月中旬,《京报》报道"五卅"运动的版面扩大到三个整版和第七版的大半版,署名"飘萍"的评论文章达二十八篇。

10月26日,《京报》迁入位于宣武门外骡马市大街魏染胡同的新报馆。

11月,《京报》支持冯、郭联合倒张。

12月24日,《京报》发文说明冯、郭联合倒张失败的原因是日、张勾结。

1926年

3月1日,《京报》刊登《国民讨张吴大会成立》的消息及探讨如何讨伐张作霖、吴佩孚。

3月9日,《京报》发表《反英讨吴大会致国民军将领电》,鼓励冯玉祥、鹿钟麟的国民军坚持反帝爱国斗争。

"三一八"惨案爆发后,《世界之空前惨案——不要得意,不要大意》、《可谓强有力之政府矣——举国同声痛哭,列强一致赞成》、《警告司法界与国民军——段、贾等可逍遥法外乎? 各方注意屠杀案要点》和特写《小沙场之战绩》等文章陆续发表,堪称讨段檄文。

3月22日,参加"三一八"死难烈士追悼会并登台发表演说。

3月底,被当局列入黑名单,《京报》及附刊《京报副刊》、《莽原》被列入"扑灭"之列。

4月中旬,直鲁联军开进北京城,称邵飘萍为"卢布记者",邵飘萍进东交民巷六国饭店暂避。

4月22日,《京报》第二版刊出《飘萍启事》。

4月23日,邵飘萍被捕。

4月25日,北京新闻界代表出面与张学良谈判营救,无果。

4月26日凌晨4点20分,邵飘萍壮烈殉国,年仅40岁。